110ss Foto: ls

Detlef Krell

Sächsische Schweiz

„Ich habe auf meinen Reisen durch das südliche Deutschland, die Schweiz, Salzburg, Österreich und Schlesien sehr viel Schönes dieser Art gesehen, doch solche herrlichen Felsengruppen sind mir dort nirgends aufgestoßen"

Carl Merkel, 1826,
im „Taschenbuch für Freunde der schönen Natur"

Impressum

Detlef Krell
Sächsische Schweiz
erschienen im
Reise Know-How Verlag Peter Rump GmbH
Osnabrücker Str. 79, 33649 Bielefeld

7., neu bearbeitete und komplett aktualisierte Auflage 2010

Gestaltung
Umschlag: G. Pawlak, P. Rump (Layout);
Katja Schmelzer (Realisierung)
Inhalt: G. Pawlak (Layout),
Barbara Bossinger (Realisierung)
Karten: Catherine Raisin, der Verlag
Fotos: Lothar Sprenger
Titelfoto: Lothar Sprenger (Motiv: Naturdenkmal Bastei)

Lektorat (Aktualisierung): Katja Schmelzer

Druck und Bindung: Media Print, Paderborn

ISBN 978-3-8317-1910-5
Printed in Germany

Dieses Buch ist erhältlich in jeder Buchhandlung Deutschlands, der Schweiz, Österreichs, Belgiens und der Niederlande. Bitte informieren Sie Ihren Buchhändler über folgende Bezugsadressen:

Deutschland
Prolit GmbH, Postfach 9, D–35461 Fernwald (Annerod)
sowie alle Barsortimente

Schweiz
AVA-buch 2000, Postfach, CH–8910 Affoltern

Österreich
Mohr Morawa Buchvertrieb GmbH, Sulzengasse 2, A–1230 Wien

Niederlande, Belgien
Willems Adventure, www.willemsadventure.nl

Wer im Buchhandel trotzdem kein Glück hat, bekommt unsere Bücher auch über unseren **Büchershop im Internet: www.reise-know-how.de**

Wir freuen uns über Kritik, Kommentare und Verbesserungsvorschläge, gerne auch per E-Mail an info@reise-know-how.de.

Alle Informationen in diesem Buch sind vom Autor mit größter Sorgfalt gesammelt und vom Lektorat des Verlages gewissenhaft bearbeitet und überprüft worden. Da inhaltliche und sachliche Fehler nicht ausgeschlossen werden können, erklärt der Verlag, dass alle Angaben im Sinne der Produkthaftung ohne Garantie erfolgen und dass Verlag wie Autor keinerlei Verantwortung und Haftung für inhaltliche und sachliche Fehler übernehmen. Die Nennung von Firmen und ihren Produkten und ihre Reihenfolge sind als Beispiel ohne Wertung gegenüber anderen anzusehen. Qualitäts- und Quantitätsangaben sind rein subjektive Einschätzungen des Autors und dienen keinesfalls der Bewertung von Firmen oder Produkten.

Detlef Krell

Sächsische Schweiz

600ss Foto: ls

Vorwort

Mit der Sächsischen Schweiz wird man nie fertig. Den Gratweg über die Schrammsteine, den Blick vom Großen Zschirnstein oder vom Brand, die Kahnfahrt durch die moosdunkle Kirnitzschklamm, den Sonnenaufgang über der Bastei und die Dämmerung an der Kaiserkrone, die Einsamkeit der Affensteine, das kann man zwar in ein paar Tagen alles erleben. Aber dann kehrt man zurück und geht wieder diese Wege, bei anderem Wetter, in einer anderen Stimmung oder Jahreszeit, und man begegnet dieser Landschaft wie beim ersten Mal.

Als Sächsische Schweiz wird das Sandsteingebirge zwischen Pirna, der Stadt der Erker, Giebel und Portale, und der deutsch-tschechischen Grenze bezeichnet, im Südwesten begrenzt durch die Elbe-Nebenflüsse Bahra und Gottleuba, im Nordosten durch Hohnstein und Sebnitz. Das Elbsandsteingebirge zieht sich über die Landesgrenze hinweg bis nach Böhmen. Maler und Dichter der Romantik waren die ersten, die diese Landschaft als Reise- und Wanderziel entdeckten.

Ein Viertel des Gebietes, rund 93 Quadratkilometer, ist seit Oktober 1990 Nationalpark, der einzige in Sachsen. Von den deutschen Nationalparks ist dieser einer der kleinsten, aber zweifellos einer der attraktivsten.

Es erübrigt sich, Wanderwege bis in jede Ecke vorzuschreiben. Das wäre für 1200 Kilometer markierte Wanderwege ja auch nicht annähernd möglich, zumal sich unzählige Varianten anbieten. Dieses Buch wendet sich an Reisende, die das Elbsandsteingebirge vor allem auf Wanderungen entdecken wollen, sei es an einem Wochenende oder bei einem längeren Urlaub. Es beschreibt Sehenswürdigkeiten in den Kur- und Ferienorten, im Überblick die von dort aus möglichen Routen und ein, zwei Touren jeweils ausführlicher. Dabei wird auch ein Exkurs über die Grenze unternommen, denn Böhmische und Sächsische Schweiz bilden eine naturräumliche Einheit.

Im zweiten Teil geht es elbabwärts nach Dresden. Spaziergänge führen durch die achthundertjährige Stadt im Elbtal. Exkurse abseits ausgetretener Pfade machen mit Kultur und Geschichte der Elbmetropole bekannt. Dazu Tipps für Kneipen und Restaurants, Museen und Galerien, Hinterhöfe und Boulevards.

Abgerundet wird das Urlaubshandbuch durch Ausflüge nach Meißen und entlang der Sächsischen Weinstraße.

Detlef Krell

Exkurse

Inhalt

Preiskategorien der Gaststätten in diesem Buch

- **Preisklasse €:** Auswahl von Hauptgerichten unter 10 €
- **Preisklasse €€:** Hauptgerichte ab 10 €

Dresden zu Fuß

Ausflüge rund um Dresden

Anhang

Kartenverzeichnis

132ss Foto: ls

601ss Foto: ls

Praktische
Reisetipps

Informationsstellen

Sächsische Schweiz und Dresden im Internet

- **www.nationalpark-saechsische-schweiz.de,** Nationalparkverwaltung, mit Informationen, Wander- und Ausflugstipps, Links zu weiteren Großschutzgebieten.
- **www.elbsandsteingebirge.de,** Wanderwege, Aussichtspunkte, Klettersport, Verkehr, Gastronomie, Unterkunft, Kulturangebot.
- **www.ssi-heft.de,** Sächsische-Schweiz-Initiative, sehr informativ, mit Archiv der Vereinszeitschrift.
- **www.saechsische-schweiz.de,** Homepage des Tourismusverbandes. Online-Bestellmöglichkeiten und Wandertipps, aktuelle Termine.
- **www.oberelbe.de,** Offizielle Präsentation des Landkreises Sächsische Schweiz.
- **www.rundumdresden.de,** wie der Name sagt: Touristisches zwischen Meißen und Elbsandsteingebirge.
- **www.teufelsturm.de,** die größte Datenbank über das Klettern in der Sächsischen Schweiz.
- **www.gipfelbuch.de,** Historisches und Aktuelles rund ums Klettern und die Sächsische Schweiz.
- **www.pbrana.cz,** Böhmische Schweiz, auch auf Deutsch, Unterkünfte mit Online-Buchung.
- **www.cztour.cz,** Touristinformation Böhmische Schweiz, auch deutsch.
- **www.ceskesvycarsko.cz,** Nationalpark Böhmische Schweiz, deutsch.
- **www.festung-koenigstein.de,** alles zur Festung Königstein.
- **www.dvb.de,** Dresdner Verkehrsbetriebe.
- **www.vvo-online.de,** Verkehrsverbund Oberelbe
- **www.lokomotive.de/sachsen,** Seite für Eisenbahnfreunde: Schmalspurbahnen und Dampflokomotiven in Sachsen.
- **www.czippe.homepage.t-online.de,** Archiv zur Geschichte bekannter Sehenswürdigkeiten und zur Historie des Bergsteigens im Elbsandsteingebirge.
- **www.wanderweb.de,** Verzeichnis von Wander-, Kletter- und Reisehomepages.
- **www.wanderpfade.de,** 281 Wanderziele in der Sächsischen Schweiz.
- **www.luzicke-hory.cz/lausgeb.html,** alphabetisches Ortsverzeichnis (tschechisch/deutsch) des Lausitzer Gebirges

S. 12/13: Spätsommer im Elbtal

Aussicht von der Teufelsspitze auf die Affensteine

001ss Foto: ls

mit angrenzenden Gebieten der Böhmischen Schweiz, Geschichte und touristische Tipps, sehr informativ.

- **www.zwillingsstiege.de,** alles über Klettersteige und Stiegen in der Sächsischen Schweiz. Mit Videoclips.
- **www.dresden-tourist.de,** Homepage der Dresden-Werbung und Tourismus GmbH.
- **www.cybersax.de,** das Stadtmagazin SAX, mit aktuellen Informationen und Veranstaltungstipps, zahlreiche Links zu Kultur und Wirtschaft in Dresden und Umgebung.
- **www.elberadweg.de,** Informationen zu allen Abschnitten des Elberadweges, mit Newsletter.
- **www.igeltour-dresden.de,** mit vielfältigem Programm: Spaziergänge, Führungen, Wanderungen, Vorträge.
- **www.frauenkirche-dresden.de,** ausführlich über Geschichte und Wiederaufbau der Dresdner Frauenkirche.
- **www.mdr.de/frauenkirche,** Chronik des Wiederaufbaus der Frauenkirche.

Nationalpark

- **Informationsstelle Amselfallbaude,** Ausstellungsraum in der historischen Baude (mit Gastwirtschaft) im Amselgrund zwischen Kurort Rathen und Rathewalde. Themen: Nationalpark, Geologie, Tier- und Pflanzenwelt, Totholz. Für Jugendliche: Spezielle Experimentierplätze. Für die Kleinen: Naturspielecke mit einer richtigen Höhle. Tgl. geöffnet: Apr. und Okt. 10–16 Uhr, Mai–Sept. 10–17 Uhr, Tel. (035975) 81219.
- **Informationsstelle Eishaus,** Zwei Ausstellungsräume im historischen Kühlhaus auf dem Großen Winterberg bei

Schmilka. Themen: Die Naturausstattung der Winterbergkuppe, die touristische Entwicklung des Großen Winterberges, Multivision (Thema: Ökosystem Wald), Rundumsichtkamera, geologisches Reliefmodell. Tgl. geöffnet: Apr. und Okt. 10–16 Uhr, Mai–Sept. 10–18 Uhr, Telefon über Gasthaus Großer Winterberg (035022) 40050.

- **Informationsstelle Hinterhermsdorf,** Im Haus des Gastes Ausstellung zum Lebensraum Kirnitzsch und zum Thema Nationalpark. Geöffnet: von Ostern bis 31. Okt.: Mo–Fr 9–18 Uhr, Sa/So 10–17 Uhr, ab 1. Nov.: Mo–Fr 9–16 Uhr, Tel. (035974) 5210.
- **Informationsstelle Neumannmühle,** Kleiner Ausstellungsbereich (Obergeschoss) im Technischen Denkmal. Informationen zu den historischen Waldberufen und zum Nationalpark. Tägl. geöffnet: Mai–Okt. 10–18 Uhr.
- **Nationalparkhaus Bad Schandau,** Besucherzentrum und Begegnungsstätte der Sächsischen Landesstiftung für Natur und Umwelt in Bad Schandau. Großzügige Ausstellungsetagen zum besonderen Anliegen des Nationalparks und darüber hinaus. Informationen zur Nationalparkregion. Multivisionen, interaktive Modelle und 3D-Präsentationen, dreisprachig (deutsch, tschechisch, englisch). Veranstaltungsprogramm. Ein Schwerpunkt ist die grenzüberschreitende Zusammenarbeit mit Tschechien. Café/Restaurant mit regionalen und ökologischen Spezialitäten. Tägl. geöffnet: Apr.–Okt. 9–18 Uhr, Nov.–März 9–17 Uhr (außer Mo), Info-Tel. (035022) 50240.

Gästeämter

- **Tourismusverband Sächsische Schweiz e.V.,** Bahnhofstraße 21, 01796 Pirna, Tel. (03501) 470147, Fax (03501) 470148, www.saechsische-schweiz.de (zentrale Zimmervermittlung, Informationen).
- **Stadtinformation,** Kulturpalast, Wilschuffer Str., Tel. (0351)50160160.

  Prager Straße 10 (Pavillon 5 Minuten vom Hauptbahnhof), 01069 Dresden. Tel. (0351) 49192100.

  Theaterplatz 2, Tel. (0351) 2079929.
- **Touristservice Pirna,** Im Canalettohaus, Am Markt 7, 01796 Pirna, Tel. (03501) 556447.
- **Gästeamt Stadt Wehlen,** Markt 7, 01829 Stadt Wehlen, Tel. (035024) 70414.
- **Bad Schandauer Kur- und Tourismus GmbH,** Haus des Gastes, Markt 12, 01814 Bad Schandau, Tel. (035022) 90030/33.
- **Gästeamt Hohnstein,** Rathausstraße 9, 01814 Hohnstein, Tel. (035975) 86813.
- **Haus des Gastes Königstein,** Schreiberberg 2, 01824 Königstein, Tel. (035021) 68261
- **Haus des Gastes Hinterhermsdorf,** Weifbergstraße 1, 01855 Hinterhermsdorf, Tel. (035974) 5210.

- **Verkehrsamt Sebnitz,** Neustädter Weg 10, 01855 Sebnitz, Tel. (035971) 70960.
- **Fremdenverkehrsamt Kurort Gohrisch,** Kurhaus Gohrisch, Königsteiner Straße 14, 01824 Gohrisch, Tel. (035021) 76630.
- **Touristinformation Kirnitzschtal, Walterdorf, Kleingießhübel, Bad Schandau, Prossen,** Im Bahnhof 6, 01814 Bad Schandau, Tel. (035022) 41247, Fax (035022) 41248.
- **Fremdenverkehrsbüro Lohmen,** Schloss Lohmen 1, 01847 Lohmen, Tel. (03501) 581024.
- **Haus des Gastes Kurort Rathen,** Füllhölzelweg 1, 01824 Kurort Rathen, Tel. (035024) 70422.
- **Gemeindeverwaltung Rosenthal-Bielatal,** Schulstr. 1, 01824 Rosenthal-Bielatal, Tel. (035033) 70291.
- **Stolpen-Information,** Markt 5, 01833 Stolpen, Tel. (035973) 27313.
- **Touristinformation Neustadt,** J.-S.-Bach-Str. 15, 01844 Neustadt, Tel. (03596) 19433.
- **Gemeindeverwaltung Struppen,** Hauptstraße 48, 01796 Struppen, Tel. (035020) 70418.
- **Stadtverwaltung Liebstadt,** Kirchplatz 2, 01825 Liebstadt, Tel. (035025) 5610.
- **Bad Gottleuba-Berggießhübel GmbH,** Siedlung 1, 01816 Bad Gottleuba, Tel. (035023) 52980.
- **Gemeindeverwaltung Dürrröhrsdorf-Dittersbach,** Hauptstraße 122, 01823 Dürrröhrsdorf-Dittersbach, Tel. (035026) 97524.

Bergwacht

- **Bereitschaft Sebnitz,** Schillerstraße 44a, 01855 Sebnitz, Tel. (035971) 747-0, www.bergwacht-sebnitz.de.
- **Bergunfallstelle Rathen,** Niederrathen, Im Amselgrund, 01824 Kurort Rathen, Tel. (035024) 447.
- **Notruf:** 112

Anreise

Mit der Bahn

- **S-Bahn-Linie 1** (aus Meißen-Triebischtal) von Dresden (-Neustadt, -Mitte, -Hbf.) über Pirna in die Sächsische Schweiz. Endstation: Schöna. 30-Minuten-Takt-Verkehr, in Hauptverkehrszeiten öfter. Familientageskarte (2 Erw., 4 Kinder) 15 €, gilt bis 4 Uhr des Folgetages im Verbundraum, Kleingruppenkarte (5 Pers.), 23 €. Internet: www.vvo-online.de.
- Fahrzeiten nach Bad Schandau **(IC/EC-Bahnhof)** von

– Dresden	47 Minuten
– Hamburg	ca. 5 Stunden
– Berlin	3 Stunden
– Prag	1 Stunde 45 Minuten

Schiff

Linien- und Sonderfahrten zwischen Meißen und Děčín.
• **Sächsische Dampfschifffahrt,** Hertha-Lindner-Straße 10, Dresden, Tel. (0351) 866090.

Auto

Bis Dresden über BAB 4/13, weiter auf der B 172.

Bus und Straßenbahn

Neben der S-Bahn-Linie 1 ermöglichen das relativ dichte Busliniennetz und die historische Kirnitzschtalbahn, die Nationalparkregion ohne eigenes Auto zu erschließen (www.vss-pirna.de).

Die wichtigsten **Busverbindungen:**

• 236	Pirna – Hohnstein – Sebnitz
• 237	Pirna – Bastei – Rathewalde Hohnstein – Sebnitz
• 238	Pirna – Mockethal – Stadt Wehlen
• 241	Hinterhermsdorf – Bad Schandau – Pirna – Dresden
• 242	Königstein – Rosenthal – Schweizermühle
• 244	Königstein – Papstdorf – Pfaffendorf
• 245	Pirna – Leupoldishain – Rosenthal – Schweizermühle
• 250/251	Reinhardtsdorf-Schöna – Krippen – Bad Schandau, Bahnhof – Kleingießhübel – Krippen – Bad Schandau, Bahnhof
• 253	Bad Schandau – Prossen – Waltersdorf – Hocksteinschänke (– Bastei – Pirna)
• 255/256	Bad Schandau – Ostrau/Schmilka
• 260	Bad Schandau – Sebnitz
• 269	Sebnitz – Ottendorf – Hinterhermsdorf – Sebnitz – Ottendorf

• **Kirnitzschtalbahn** (elektrische Straßenbahn): zwischen Bad Schandau und Lichtenhainer Wasserfall über Stadtpark, Ostrauer Brücke, Waldhäusel, Ostrauer Mühle (Zeltplatz), Mittelndorfer Mühle, Forsthaus, Nasser Grund, Beuthenfall, Lichtenhainer Wasserfall. Fährt tgl. zwischen 9.30 und 19.00 Uhr im 30-Minuten-Takt, Winterfahrplan seltener. Fahrzeit etwa 30 Minuten (8 Kilometer). Fahrpreis für volle Strecke: 3,50 €, Tageskarte 6 €, 10-Fahrten-Karte 28 €.

• **Oberelbische Verkehrsgesellschaft Pirna-Sebnitz,** Tel. (03501) 7920, www.ovps.com.

Blick vom Weifbergturm bei Hinterhermsdorf

002ss Foto: ls

Wandern

Stadtführungen, Wanderungen

● **igeltour – Die StattReiser in Dresden,** Pulsnitzer Str. 10, 01099 Dresden, Tel. (0351) 8044557, www.igeltour-dresden.de. Stadtrundgänge und Führungen zu Themen der Sozial-, Kultur- und Wirtschaftsgeschichte Dresdens, auf Spuren von Literaten und bildenden Künstlern, Wein-Wanderungen, Dresdner Stadtteil-Geschichten, Wanderungen ins Dresdner Umland. Unterwegs in der Sächsischen Schweiz: Auf dem Malerweg mit Caspar David Friedrich, Wanderungen auf abgelegenen Pfaden. Teilnahme bis auf wenige Ausnahmen ohne Anmeldung. Halbjährliches Programmheft.

Wandern ohne Gepäck

Pauschalangebote für rund einwöchige Wanderungen, bei denen außer der Unterkunft auch Gepäcktransfer und Touren-Informationen gebucht werden.

● **Themen:** Wandern durch die Sächsisch-Böhmische Schweiz, Große Sächsische Schweiz-Tour, Faszination Nationalpark.

● **Information und Buchung:** Sächsische Schweiz Tours, Schandauer Str. 50a, 01855 Hinterhermsdorf, Tel. (035974) 50550, www.sax-ch-tours.de.

Wanderkarten

● **Topografische Karten des Landesvermessungsamtes Sachsen,** Nr. 43 Sächsische Schweiz, Pirna; Nr. 44 Berggießhübel, Bad Gottleuba, Bielatal; Nr. 45 Sächsische

Schweiz, Bad Schandau, Sebnitz. Alle 1:25.000, mit markierten Wanderwegen und touristischen Erläuterungen auf der Rückseite.

- **Wanderkarte des LSG Sächsische Schweiz, Schrammsteingebiet,** Landesvermessungsamt Sachsen. 1:10.000, mit markierten Wanderwegen und am Rand touristischen Erläuterungen, Nebenkarten 1:5000 Affensteine und Schrammsteine.
- **Wanderkarte des LSG Sächsische Schweiz, Gebiet Rathen/Hohnstein,** Landesvermessungsamt Sachsen. 1:10.000, mit markierten Wanderwegen und touristischen Erläuterungen auf der Rückseite.
- **Böhm-Wanderkarten,** Rolf Böhm Kartographischer Verlag, Berlin. 1:10.000: Schrammsteine – Affensteine; Kleiner Zschand; Großer Zschand; Hinterhermsdorf und die Schleusen; Die Bastei; Brand – Hohnstein; Bielatalgebiet; 1:30.000 und 1:40.000: Übersichtskarten Sächsische Schweiz, 1:40.000: Übersichtskarte Böhmische Schweiz; alle sehr detailreich.
- **Ceskosaske Svycrsko (Böhm.-Sächsische Schweiz),** Edition des Klubs tschechischer Touristen, Nr. 12/13, Wanderkarte 1:50.000. Erläuterungen auf der Rückseite. Nr. 13 ist die deutschsprachige Ausgabe, auf dem Titelblatt vermerkt.
- **Krásnolipsko,** Wanderkarte 1:25.000. Hrsg. Klub tschechischer Touristen, deutschsprachige Ausgabe, mit Erläuterungen auf der Rückseite, die wohl beste Wanderkarte für die östliche Böhmische Schweiz.
- **Kompass – Wander- und Radtourenkarte Sächsische Schweiz,** 1:50.000. Mit Lexikon Sächsische Schweiz, durch den kleinen Maßstab zum Wandern nur eingeschränkt, für Radtouren gut geeignet.
- **Wanderkarte Sächsisch-Böhmische Schweiz,** 1:30.000, Verlag Dr. Barthel, Leipzig. Empfohlen vom Sächsischen Wandersport- und Bergsteigerverband.
- **Informationsblatt zur Grobplanung von Touren,** Nationalparkverwaltung Sächsische Schweiz. Kostenloses Faltblatt mit Übersichtskarte der wichtigsten Ziele im Nationalpark, öffentliche Verkehrsverbindungen, erhältlich in den Infostellen des Nationalparks.

Wandern ohne Grenze

Seit dem Beitritt der Tschechischen Republik zum **„Schengener Raum“** Ende 2007 gibt es an der deutsch-tschechischen Grenze keine Personenkontrollen in der bisherigen Form mehr. Die Grenze darf im Prinzip zu jeder Zeit und an jeder Stelle überschritten werden. Allerdings sind im grenznahen Raum bis hin zu den Dresdner Bahnhöfen (an Zügen, die aus Tschechien kommen) Einzelkontrollen üblich. Deshalb sollten auch **Wanderer ihren Ausweis bei sich haben.**

Eine weitere Einschränkung wird durch den Naturschutz diktiert. Innerhalb der Kernzone des Nationalparks darf auch grenzüberschreitend **nur auf den markierten Wegen** gegangen werden.

Zur Orientierung werden hier die **bisherigen Grenzübergänge** aufgeführt, die nun ohne Kontroll-Prozedur noch immer günstige Verbindungen zwischen Sachsen und Böhmen bieten:

- **Sebnitz/Dolní Poustevna** (Straße)
- **Sebnitz, Forellenschänke/Mikulášovice, Tanecnice** (Wanderweg)
- **Hinterhermsdorf/Mikulášovice** (Wanderweg)
- **Hinterhermsdorf/Zadní Doubice** (Wanderweg)
- **Schmilka/Hřensko** (Straße, Fußweg)
- **Schöna/Hřensko** (Fähre)
- **Schöna/Dolní Zleb** (Elberadweg, Wanderweg)
- **Bad Schandau/Děčín** (Bahn)
- **Rosenthal/Jílove Sněžnik** (Straße, Wanderweg)
- **Bahratal/Petrovice** (Straße)
- **Fürstenau/Fojtovice** (Wanderweg)

Unterkunft

Aktuelle Gastgeberverzeichnisse werden jährlich vom Tourismusverband in Bad Schandau und den Fremdenverkehrsämtern herausgegeben. Zwischen Wanderquartier und Luxushotel ist in der Sächsischen Schweiz alles zu haben. Besonders

Preiskategorien

Um dem Leser eine Vorstellung zu vermitteln, in welchem Preisrahmen sich die in diesem Buch vorgestellten Unterkünfte bewegen, wurden sie in drei Preisklassen unterteilt. Die Preise gelten jeweils für **zwei Personen im Doppelzimmer mit Frühstück.**

- **Untere Preisklasse €:** bis 50 €
- **Mittlere Preisklasse €€:** bis 80 €
- **Obere Preisklasse €€€:** über 80 €

beliebt sind Ferienwohnungen und Pensionen. Während der Sommerferien, zu Pfingsten und zu Silvester kann es schon passieren, dass alle Betten ausgebucht sind. Außerhalb dieser Zeiten findet man auch ohne Anmeldung eine Bleibe.

Einige **Hotels, Pensionen** und **Wanderquartiere** werden im Text unter den jeweiligen Orten aufgeführt.

Privatunterkünfte, Pensionen

- **Tourismusverband Sächsische Schweiz e.V,** Bahnhofstraße 21, 01796 Pirna, Tel. (03501) 470147, Fax (03501) 470148.
- **Gästeämter** der Orte s. „Informationsstellen".

Herbergen

- **Jugendherberge Pirna,** Zum Wesenitzbogen, Pirna-Copitz, Tel. (03501) 445601.
- **Jugendherberge Bad Schandau/Ostrau,** Dorfstraße 14, Bad Schandau-Ostrau, Tel. (035022) 42408.
- **Naturfreundehaus Burg Hohnstein,** Am Markt 1, Hohnstein, Tel. (035975) 81202, Fax 81203.
- **Kinder- und Erholungszentrum An der Grenzbaude,** Bergweg 28, Sebnitz, Tel. (035971) 5980.
- **Jugendherberge und Naturfreundehaus am Zirkelstein,** Schöna, Tel. (035028) 80425.
- **Naturfreundehaus Königstein,** Halbestadt 13, Königstein, Tel. (035022) 99480. Ein- bis Vierbettzimmer, Kunstgalerie, Sportanlagen.
- **Freizeitstätte „Waldschratbaude",** Neubau 28, Bahratal, Tel. (035023) 69331, mit FeWo und Zeltplatz.
- **Jugendfreizeitstätte „Spukschloss",** Buchenhain 34f, Bahratal, Tel. (035023) 62844.
- **Kinder- und Jugenddorf „Erna",** Pionierlagerstraße 89a, Gohrisch/OT Papstdorf, Tel. (035028) 80513.
- **Jugendpension „Forstmühle",** Krippengrund 72, Kleingießhübel, Tel. (035028) 80400.
- **Erholungsstätte „Ochelbaude",** Am Sebnitzbach 8, Rathmannsdorf, Tel. (035022) 599960.
- **Jugendpension „Waldhof" Schöna,** Marktweg 112, Bad Schandau, Tel. (035028) 80342, hauseigene Pferde.

Campingplätze

- **Camping Ostrauer Mühle,** Im Kirnitzschtal, Bad Schandau, Tel. (035022) 42742. Duschen und Waschräume, WC, Parkplatz, Grillmöglichkeit, Gaststätte, Imbiss, Einkaufsmöglichkeit, Kochgelegenheit, Kinderspielplatz, Tiere erlaubt.
- **Camping Königstein,** Schandauer Straße 25e (Elbufer), Königstein, Tel. (035021) 68224.
- **Touristencamp „Entenfarm" Hohnstein,** Schandauer Straße 11, Hohnstein, Tel. (035975) 84455, www.camping-

entenfarm.de. Duschen und Waschräume, WC, Parkplatz, Grillmöglichkeit, Imbiss, Kühlschrankbenutzung, Kochgelegenheit, Kinderspielplatz, Fahrradverleih, Tiere erlaubt.

- **Campingplatz Thorwaldblick,** Schandauer Straße 37, Hinterhermsdorf, Familie Peh, Tel. (035973) 50648. Stellplätze für Caravan und Wohnmobile.
- **Camping & Freizeitpark Luxoase,** Arnsdorfer Straße 1, Kleinröhrsdorf, Tel. (035952) 56666, www.luxoase.de.
- **Naturbad Naherholungszentrum,** Äußere Pillnitzer Straße, Pirna-Copitz, Tel. (03501) 523773.
- **Touristikzentrum Sebnitz,** Albert-Kunze-Weg 36, Sebnitz, Tel. (035971) 52514.
- **Campingplatz Stolpen,** Bahnhofstraße, Burgstadt Stolpen, Tel. (035973) 24473.
- **Caravanplatz Burg Stolpen am Burghotel,** Schlossstraße 12, Stolpen, Tel. (035973) 26234.

Museen und Ausstellungen

- **Festung Königstein,** Tel. (035021) 64607, Apr.–Sept. tgl. 9–20 Uhr, Okt. bis 18 Uhr, Nov.–März bis 17 Uhr, 24. Dezember geschlossen. Auf der Festung mehrere Museen, ausführliche Angaben unter „Königstein".
- **Stadtmuseum Pirna,** Klosterhof 2/3, Tel. (03501) 527985, Di–So 10–17 Uhr.
- **Botanische Sammlungen im Landschloss Zuschendorf,** Liebstädter Straße 53, Pirna, Fax (03501) 527734, Di–Fr 10–18 Uhr, Sa/So bis 17 Uhr.
- **Richard-Wagner-Museum,** Richard Wagner-Straße 6, Graupa, Tel. (03501) 548229, Di–So 9–12 Uhr und 13–16 Uhr.
- **Robert-Sterl-Haus,** Robert-Sterl-Str. 30, Naundorf, Tel. (035020) 70216, Mai–Okt. Mi, Do und So 10–17 Uhr.
- **Heimatmuseum und Pflanzengarten Stadt Wehlen,** Lohmener Straße 18, Tel. (035024) 70413 (Fremdenverkehrsbüro), Mai–Okt. tgl. 8–18 Uhr.
- **Naturfreundehaus Burg Hohnstein,** Am Markt, Tel. (035975) 81202, Apr.–Okt. 9–17 Uhr.
- **Burgruine Stolpen,** Schlossstraße 10, Tel. (035973) 6387, tgl. 9–17 Uhr.
- **Stadtmuseum Stolpen,** Am Markt 26, Tel. (035973) 28029, Di–So 14–16 Uhr.
- **Heimatmuseum Bad Schandau,** Badallee 10, Tel. (035022) 42173, Di–Fr 14–17 Uhr, Sa 10–17 Uhr.
- **Sebnitzer Kunstblumen- und Heimatmuseum Prof. Alfred Meiche,** Hertigswalder Straße 12, Tel. (035971) 52590, Di–So 10–17 Uhr, Schauwerkstatt der Seidenblumenmanufaktur: Tel. (035971) 53181, Di–So 10–17 Uhr, Mo nur Verkauf.

- **Grenzstein-Lapidarium Kurort Gohrisch,** Sandweg 43, Tel. (035021) 68545, tgl. geöffnet, telefonische Anfragen 16–17 Uhr.
- **Waldarbeiterstube Hinterhermsdorf,** Neudorfstraße 2, Tel. (035974) 50225 (Fremdenverkehrsbüro), Mai–Okt. tgl. 10–12 Uhr und 13.30–16 Uhr.
- **Friedrich-Gottlob-Keller-Gedenkstätte und Holzschliffmuseum Krippen,** Keller-Straße 76, Tel. (035028) 80516, Mai–Okt. Sa 9.30–11.30 Uhr.
- **Heimathaus Polenz,** Polenztalstraße 78, Tel. (03596) 569202.
- **Stadtmuseum Neustadt/Sachsen,** Malzgasse 7, Tel. (03596) 505506, Di–So 10–12, 13–16 Uhr.
- **Bauernmuseum Nentmannsdorf,** Nentmannsdorf 35a, Bahretal, Tel. (035025) 51853, Sa/So 10–18 Uhr.
- **Schloss Kuckuckstein,** Am Schlossberg 1, Liebstadt, Tel. (035025) 50283, Mi–So 10–18 Uhr, mit Freimaurerloge.
- **Heimatmuseum Dohna,** Am Markt 2, Tel. (035229) 512628, Di 14–18 Uhr, Mi und Do 14–16 Uhr, Sa/So bis 17 Uhr.
- **Miniaturausstellung „Kleine Sächsische Schweiz“,** Familie Lorenz, Schustergasse 8, Dorf Wehlen, Tel. (035024) 70631, Ostern–Ende Okt. tgl. 10–18 Uhr.
- **Feuerwehrmuseum Papstdorf,** Alte Hauptstraße 29c, Tel. (035021) 68171.

Freizeiteinrichtungen

Freibäder/Erlebnisbäder

- **Bad Schandau,** Toskana-Therme, Rudolf-Sendig-Str. 8a, Tel. (035022) 54610, Mo–Do, So 10–22 Uhr, Fr/Sa bis 24 Uhr, bei Vollmond bis 2 Uhr, Baden in Licht und Musik.
- **Berggießhübel,** Erlebnisbad, Talstraße, Tel. (035023) 62379, Mai–Aug. 10–20 Uhr, Sept. 10–18 Uhr.
- **Cunnersdorf,** Waldbad, Cunnersdorfer Str. 2, Tel. (035021) 68953, Mai–Sept. 10–18 Uhr, Juni–Aug. 9–20 Uhr.
- **Goßdorf,** Freibad, Tel. (035975) 81718.
- **Heidenau,** Albert-Schweitzer-Bad, Hauptstraße 5, Tel. (03529) 512346.
- **Hertigswalde,** Freibad, Kunze-Weg 36, Tel. (035971) 52514.
- **Hohnstein,** Stadtbad, Am Stadtbad 1, Tel. (035975) 81287, Mai/Juni tgl. 10–18 Uhr, Juli/Aug. 10–19 Uhr, Sept. 12–18 Uhr.
- **Neustadt,** monte mare, Götzingerstraße 12, Tel. (03596) 502070, Mo 14–21 Uhr, Di–Do und So 10–21 Uhr, Fr 10–22 Uhr, Sa 10–23 Uhr. Wellen- und Außenbecken, Karibik-Gastronomie.

- **Pirna,** Geibeltbad, Rottwerndorfer Str. 56c, Tel. (03501) 710909, Ganzjahresbad, Saunalandschaft.
- **Pirna,** Waldcamping Natursee, Äußere Pillnitzer Str., Tel. (03501) 7640, mit FKK.
- **Polenz,** Waldbad, Flämmigtweg 22, Tel. (03596) 604778.
- **Reinhardtsdorf,** Waldbad, Tel. (035028) 80737, Juni-Aug. 11–19 Uhr.
- **Rathewalde,** Erlebnisbad, Schulweg 4, Tel. (035975) 80994, Mai 10–18 Uhr, Juni–Sept. 10–19 Uhr.
- **Sebnitz,** Dr. Petzold-Kräutervitalbad, Hammerstraße 1, Tel. (035971) 52533, Freibad, Saunen, Naturheilbäder, Mo–Do 14–22 Uhr, Fr/Sa 14–23 Uhr, So 10–22 Uhr.
- **Stolpen,** Stadtbad, Schloßberg, Mo–Do 13–19 Uhr, Fr 13–20 Uhr, Sa 10–20 Uhr, So 10–19 Uhr.
- **Wehlen,** Erlebnisbad, Saarstraße 5, Tel. (035020) 70249.

Freizeitzentrum

- **Soli Vital, Sport- und Freizeitzentrum Sebnitz,** Schandauer Straße 100, Tel. (035971) 57498, tgl. 10–23 Uhr (Tennis, Badminton, Fitnessstudio, Sauna, Solarium, Kosmetik, Restaurant).

Für behinderte Gäste

- **Basteiaussicht,** mit Rollstühlen befahrbar, die Basteibrücke allerdings nicht.
- **Lichtenhainer Wasserfall,** Fahrt durch das Kirnitzschtal, Wasserfall mit Rollstühlen erreichbar.
- **Weg zum Amselsee,** sehr gut für Rollstuhlfahrer geeignet, ohne Hilfe.
- **Felsenbühne Rathen,** Besuch ohne Hilfe und vorherige Absprache mit dem Personal nicht möglich, Transfer von der Dampferanlegestelle bis zur Felsenbühne möglich.
- **Festung Königstein,** auf Anfrage Durchfahrt zum Parkplatz an der Kasse möglich; Aufzug zum Plateau, Rundgang nicht vollständig mit Rollstühlen befahrbar.
- **Herkulessäulen Bielatal,** Durchfahrt bis zum Parkplatz unter den Herkulessäulen möglich; Straße zur Ottomühle (und weiter) problemlos befahrbar.
- **Miniaturenpark „Kleine Sächsische Schweiz".**
- **Elb-Dampferfahrten,** Raddampfer für Rollstühle geeignet.
- **Elberadweg,** mit Rollstuhl gut befahrbar.

602ss Foto: ls

Elbsandsteingebirge – Entdeckung einer Landschaft

Landschaft und Geologie

Das Elbsandsteingebirge liegt zwischen dem Lausitzer Granitmassiv im Norden, dem Elbtalschiefergebirge im Westen und dem Osterzgebirge im Südwesten. Es ist Bestandteil einer Mittelgebirgsschwelle, die sich zwischen Lausitzer Bergland und Erzgebirge erstreckt. Seine **höchsten Erhebungen** sind der Děčínský Sněžnik (Hoher oder Tetschener Schneeberg, 726 m), der Große Zschirnstein (562 m) und der Große Winterberg (552 m).

Landschaftsformen

Charakteristisch für die Sächsische Schweiz ist nicht die Höhe der Berge, sondern die **Formenvielfalt** von Felswänden, freistehenden Felsen und Tälern. Flussläufe und Witterung modellierten diesen Sandstein zu einer filigranen Landschaftsskulptur: Plateaus mit Tafelbergen, Klammen, Schluchten und Gründe, mit Waben überzogene Gesteinspakete („Bänke"), Nadeln, Brücken, Türme, Zinnen, Moospolster, Farndickicht, abgestorbene Bäume.

Naturräumlich gliedert sich das Gebirge in vier Hauptformen: Erstens die **Felsreviere** mit Plateaus, Türmen, Nadeln aus Sandstein; zweitens die hochgelegenen **Ebenheiten,** darauf stehen Tafelberge wie Miniatur-Elbsandsteingebirge (Lilienstein); drittens die nach Süden ansteigenden **Waldreviere** und viertens das **Elbtal.**

Klima

So unterschiedlich diese Landschaftsformen, so verschieden das Klima. In der Mittagshitze, wenn sich die nackten Felsterrassen wüstengleich aufheizen, liegen die tiefen Gründe immer noch feucht und kühl. Haushohe Felswände lassen

S. 26/27: Wanderung in der Vorderen Sächsischen Schweiz

Blick über die Breite Kluft vom Aussichtspunkt Schrammsteinweg

004ss Foto: ls

kaum einen Sonnenstrahl ein. Im Jahresdurchschnitt ist es in der Sächsischen Schweiz milder und trockener als im benachbarten Lausitzer Gebirge und im Erzgebirge. Die mittlere Jahrestemperatur beträgt 6–8 Grad Celsius, die jährliche, mittlere Niederschlagsmenge zwischen 600 und 900 Millimeter.

Landschaftsräume

Die 380 Quadratkilometer große Sächsische Schweiz setzt sich aus drei Landschaftsräumen zusammen: Die kleinere **Vordere Sächsische Schweiz** (zwischen Pirna und Rathen), die höhergelegene, mächtigere **Hintere Sächsische Schweiz** und **Böhmische Schweiz** (zwischen Bad Schandau und Prebischtor) und das **linkselbische Bergland** (bis zum Osterzgebirge).

Geologie

Zu Beginn der Oberkreidezeit vor 100 Millionen Jahren lagen weite Teile des mitteleuropäischen Grundgebirges unter einem **Kreidemeer.** Flüsse transportierten vom umliegenden Festland sandige Verwitterungs- und Abtragungsprodukte herbei. Dafür hatten sie 7 Millionen Jahre Zeit. Als das Meer sich wieder senkte, blieb eine 600 Meter dicke Ablagerung zurück. Material genug für ein Gebirge, genauer: für eine Erosionslandschaft. Aus losem Sand wurde unterschiedlich fester und von Tonschichten horizontal strukturierter **Sandstein.**

Bevor nun Flüsse und Bäche durch Erosion die Formen herausarbeiten konnten, ereignete sich zum Ende der Kreidezeit die **Lausitzer Störung.** Dabei wurde das Lausitzer Granitmassiv ein Stück auf den Sandstein geschoben. Unter diesem tektonischen Druck richtete sich der Sandsteinblock am anderen Ende ein Stück auf. Derart verspannt, zerbröckelte er in zwei Kluftsysteme: Das eine zog sich vom Granit zum Sandstein, das andere im rechten Winkel dazu. So entstand ein „rechtwinkliges" Adernetz von Klüften. Als schließlich noch das Erzgebirge in der Braunkohlezeit um 1000 Meter angehoben wurde, geriet die Sandsteinplatte ein weiteres Mal in Schräglage. Nach der Nord-Ost-Richtung der Lausitzer Störung diesmal die Nord-West-Richtung. Auf diese Weise entstanden die charakteristischen Sandstein-Quader.

Durch den bewegten Sandstein gelangte an einigen Stellen auch glühendes Gestein an die Oberfläche und erstarrte zu **Basalt.** Vulkanische Durchbrüche prägen als kegelförmige Erhebungen in besonderer Weise die Landschaft des Elbsandsteingebirges. Das wird auch in der Namensgebung hervorgehoben. Die Sandsteintafelberge heißen „Steine"; die Vulkankegel „Berge": Großer und Kleiner Winterberg, Ruzak/Rosenberg (Böhmische Schweiz). Sandsteintafelberge mit basaltischen Durchbrüchen sind die beiden Zschirnsteine; die Hohe Liebe sieht zwar aus wie ein Basaltkegel, ist aber Sandstein.

005ss Foto: ls

Eiszeit

In der **Elsterkaltzeit** vor 450.000 Jahren drang nordisches Eis bis ins Elbgebirge vor; der Eiszeitmarkierungsstein in Bad Schandau kennzeichnet die südlichste Ausdehnung des Inlandeises. Zu diesem Zeitpunkt hatte sich die Elbe 150 Meter tief terrassenförmig in den Sandstein eingeschnitten. Durch die Vergletscherung entstanden Seitentäler in der typischen U-Form, der Strom grub sich weiter in den Sandstein ein.

Verwitterung

Die Großformen des Gebirges sind abhängig von der inneren Beschaffenheit des Sandsteins, der bis zu 14 Prozent seines Gewichtes an Wasser aufnehmen kann. Das Bindemittel des Elbsandsteins ist **Ton.** Während das Wasser in den Sandsteinporen ungehindert zirkulieren kann, wird es durch Tonschichten in eine bestimmte Richtung gezwungen. Wo die Tonschicht dünn ist, staut sich das Wasser ein bisschen, es entstehen Kerben und Vertiefungen. Über mächtigeren Tonschichten hält sich das Wasser länger – es wäscht Hangfugen, Überhänge, größere Höhlen und Terrassen heraus (Kuhstall, Oberer Affensteinweg, Zirkelstein-Terrassenweg). Werden die waagerechten Hangfugen bis zur nächsten senkrechten Kluft ausgewaschen, stürzt die ganze Wand ab. Zurück bleibt wieder eine senkrechte Wand und eine zunächst kleine Hangfuge. So werden aus Schluchten breite Täler, und die Talböden werden durch das Wasser „aufgeräumt". Hochgelegene Talböden sind die Ebenheiten – deren bekannteste die um den Lilienstein.

Liegt die Sandsteinkette zwischen zwei Flusstälern, wird sie von beiden Seiten abgeschliffen und dabei schmal wie ein Kamm – etwa die Schrammsteine. Einzelne, nahe gelegene Türme und Felsen wie der Schrammtorwächter und der Falkenstein bildeten mit dem Grat einst eine zusammenhängende Form.

Neben Wasser und Wetter hat **chemische Verwitterung** die Feinarbeit geleistet. Das Waben- und Gitternetz der Sandsteinfelsen, winzige Höhlen und Brücken sind das Ergebnis von Alaun- und Gipsausblühungen. Schwefel ist im Sandstein durch Pyrit (Schwefeleisen) enthalten, Alkalien in der Tonerde, Ammoniak entsteht durch die Zersetzung organischer Substanzen. Und in allem das sauerstoff- und kohlensäurehaltige Sickerwasser – eine chemische Fabrik. Übrigens hat die an den Felswänden verbreitete **Schwefelflechte** mit Schwefel nichts gemeinsam außer der Farbe (siehe „Flora und Fauna").

Sandstein mit Schwefelflechte

006ss Foto: ls

Dieses kontrastreiche Landschaftsbild des Elbsandsteingebirges wiederholt sich als Miniatur in seinen Formelementen: Jeder „Stein" ein Gebirge für sich, mit Fels und Ebene, Schluchtenmäander und Talweite.

Flora und Fauna

Pflanzen

Der „Gebirgsverein für die Sächsische Schweiz" wählte bei seiner Gründung 1877 als Vereinssymbol einen Farnwedel. **Farne** wachsen in diesem Gebirge in einer Vielfalt (27 Arten) wie nirgends sonst in Mitteleuropa. Wie ein meterhohes, schier undurchdringliches Polster hüllt der Gemeine Frauenfarn das feuchte Gestein der Gründe und Täler ein, gedeiht der Wurmfarn an den oberen Hängen und der Adlerfarn im Nadelwald. In Bachtälern wächst Straußenfarn, an den Felsen Tüpfelfarn. Von den ebenfalls sehr vielfältigen **Moosarten** sind Peitschenmoos, Sternmoos, Frauenhaar und Wellenblättriges Wurmmoos hervorzuheben.

Von dieser Vielfalt der Farne und Moose abgesehen, ist die Flora der Sächsischen Schweiz relativ artenarm, dafür aber sehr abwechslungsreich. In den feuchtkühlen Farngründen des Elbsandsteingebirges wachsen **Mischwälder** mit Fichten, Kiefern, Eschen, Buchen und Ahorn. An trockenen Felswänden fallen die **Flechten** genannten Symbiosen von Algen und Fadenpilzen auf: Weithin leuchtet die Schwefelflechte in den Gründen. Ihre Farbe bildet sie durch eine komplizierte organische (schwefelfreie!) Verbindung. Einen deutlichen Farbakzent in Mischwäldern setzen verschiedene Arten des **Fingerhutes,** besonders um den Großen Winterberg herum. Der Rote Fingerhut wurde Mitte vorigen Jahrhunderts von Naturfreunden ausgesät. Heidekrautbüschel und Heidelbeeren gedeihen in trockeneren Waldlagen

007ss Foto: ls

und auf den Felsplateaus. Auf den Gipfeln halten sich bizarre **„Wetterkiefern“,** oft bereits auf dem nährstoffarmen Grund abgestorben und dennoch standfest. Auch Hängebirken und Ebereschen sind auf den Felsen zu finden.

Auf nährstoffreicheren Basaltbergen wachsen **Rotbuchenwälder,** die während des zeitigen Frühjahrs viel Licht an den Boden lassen und damit die Frühblüher begünstigen. An den Bachläufen stehen Schwarzerlen und die Gemeine Pestwurz mit ihren rhabarberähnlichen, handtuchgroßen Blättern. Besonders bunt sind ab Frühjahr die Bachwiesen: Märzenbecher und Maiglöckchen, Sumpfdotterblume und Bärenklau, Echtes Mädesüß und Wiesenknöterich, sogar Leberblümchen. Die

Blick zum Lilienstein

Quenenwiesen im Großen Zschand blühen als gelber Schlüsselblumenteppich.

Von den zwei Dutzend eingebrachten fremdländischen Arten haben sich eine aus den Sudeten stammende Europäische Lärche (Aufforstung von Rauchschaden-Kahlschlägen), die Douglasie und die Schwarzkiefer besonders ausgebreitet.

Tiere

Im **Vogelkonzert** fallen Kohlmeise, Blaumeise, Kleiber, Buntspecht, Kuckuck und Gimpel auf; auch der Waldkauz lebt in den Gründen, ebenso der Turmfalke und der Eichelhäher. Im Nationalpark werden zehn **Uhu-Brutpaare** gezählt. Ein Viertel der Brutvogelarten nutzt die Felsen zum Nisten.

Die Sächsische Schweiz ist sächsisches Hauptverbreitungsgebiet für den vom Aussterben bedrohten **Rauhfußkauz** und **Schwarzspecht.** Bereits verschwunden sind hier Haselhuhn, Baumfalke und Steinkauz wie auch der Wanderfalke und das Auerhuhn. Verborgene Plätze in den Felsrevieren bevorzugen die Fledermäuse, Siebenschläfer, Eichhörnchen und Dachse.

In den trockenen Wäldern leben Kreuzottern und Zauneidechsen, in den Klüften dagegen der Feuersalamander und die Wegschnecke; an den Wanderwegen können meterhohe **Ameisenhaufen** beobachtet werden.

Vom früher reichhaltigen **Wildbestand** ist seit dem letzten Jahrhundert nicht mehr viel übriggeblieben; eine Folge der zunehmenden Besiedlung, der Industrialisierung und des Fremdenverkehrs. Dennoch ist das Elbsandsteingebirge, besonders in den abgelegenen Regionen der Hinteren Sächsischen Schweiz, ein Refugium für viele Tierarten. Wildschweine, Marder, Iltisse, Eichhörnchen, Siebenschläfer leben hier und als Exoten im Großen Zschand die Gemsen. Rothirsche und Rehe gibt es schon so viele, dass die Nationalparkverwaltung um Neuanpflanzungen besorgt sein muss und die Bestände über die Jagd reguliert.

Kulturgeschichte

Bronzezeit Die ältesten Spuren menschlicher Besiedlung des Elbsandsteingebirges sind auf die Bronzezeit datiert (2200–800 v. Chr.). Neben Einzelfunden bei Pirna, in Obervogelgesang, bei der Bastei und in Schöna lieferten die Ausgrabungen auf dem Plateau des Pfaffensteins den umfangreichsten Beleg für diese frühgeschichtliche Kultur. Die Siedlung auf dem Felsen war durch einen 140 Meter langen und bis zu vier Meter breiten Wall geschützt; sie nutzte eine eigene Quelle und lebte von Getreideanbau und Viehzucht. Da ein größeres Gräberfeld fehlt, nimmt man an, dass diese Bergsiedlung nur über wenige Generationen bestanden hat. Auf dem Lilienstein sollen schon im Mittelalter Spuren einer Bronzezeit-Siedlung gefunden worden sein.

Slawen Um 500 begann die **slawische Besiedlung** des Elbtales. Die Menschen zogen von Siedlungen im Dresdner Elbkessel, im Raum Bautzen und im Elbtal bei Děčín aus in die unbewohnte Wald- und Felslandschaft. Sie jagten, fischten und betrieben Bienenwirtschaft, legten kleine, elbnahe Siedlungen an.

Böhmen und Sachsen Erst mit der **feudal-deutschen Kolonisation** im 12./13. Jahrhundert verdichtete sich die bäuerliche Besiedlung. Ob nun die slawische und deutsche Bevölkerung längere Zeit zusammenlebten, bleibt der Spekulation überlassen; dafür spricht, dass in der Sächsischen Schweiz bis heute Flur- und Ortsnamen beider Kulturen bestehen. 1241 unterzeichneten das Königshaus Böhmen und der Bischof von Meißen auf dem Königstein einen Grenzvertrag.

Für harte Machtkämpfe stehen die zahlreichen Burgen und Festen auf meist schwer zugänglichen Felsen. Ein Name taucht immer wieder auf: **Berken von der Duba,** ein böhmisches Adelsgeschlecht, das seine Besitzungen Stück für Stück an den sächsischen Kurfürsten abtreten musste und sich schließlich als Raubritter einen gefürchteten Namen machte.

Im 15. Jahrhundert gerieten große Teile des linkselbischen Gebietes unter die wettinische und damit später unter kurfürstlich-sächsische Herrschaft. Im Vertrag von Eger (Cheb) wurde 1459 die sächsisch-böhmische Grenze, wie sie heute noch besteht, festgeschrieben. Sie ist damit die **älteste bis heute erhaltene Grenze Europas.**

Textilhandwerk

Eine offene Grenze, die auch keine Sprachbarriere bildete: Das war die beste Voraussetzung für die Erschließung des Handelsweges Elbe und damit für die wirtschaftliche Profilierung der elbnahen Städte. Pirna verfügte schon im 13. Jahrhundert über das Niederlage- und Stapelrecht. In den Dörfern war der Flachsanbau verbreitet, und die Leute verdienten sich ihr Brot mit Spinnen. Mit dem Garn belieferten sie die Leineweber in den aufstrebenden Textilzentren Sebnitz, Hohnstein und Neustadt. Auch nach Böhmen und über Hamburg bis nach England wurde Garn exportiert. Ende des 18. Jahrhunderts ging das Textilgewerbe in der Sächsischen Schweiz allmählich ein, bis es Mitte des 19. Jahrhunderts an der repressiven Steuerpolitik der kursächsischen Regierung erstickt war.

Holzwirtschaft

Anfänge der Holzwirtschaft liegen im 15. Jahrhundert. Generationen von Dorfbewohnern lebten – mehr schlecht als recht – von **Holzschlag, Flößerei** und **Fuhrwesen,** als **Köhler** und **Teersieder.** Wassermühlen verarbeiteten das geschlagene Holz, manche sind als Technische Denkmale erhalten geblieben.

Sandsteinbrechen

Das Barock brachte die Hoch-Zeit des Sandsteinbrechens. Alle **Dresdner Barockbauten,** das Rathaus von Antwerpen, Schloss Christiansborg in Kopenhagen, Schloss Hartenfels in Torgau, das

008ss Foto: ls

Brandenburger Tor und viele sächsische Dorfkirchen „steckten" zuvor im Elbsandsteingebirge.

Georgius Agricola (1494–1555), das sächsische Universalgenie der Renaissance, lieferte in seinem Werk „De natura fossilium" (Die Minerale, 1546) eine Klassifikation der Steine und darin die erste wissenschaftliche Beschreibung des Elbsandsteins.

Besonders im Elbtal entstanden seit dem Mittelalter zahlreiche **Steinbrüche,** zum Beispiel die Postelwitzer Brüche zwischen Bad Schandau und Schmilka oder die Weißen Brüche zwischen Wehlen und Rathen. Im letzten Drittel des 19. Jahrhunderts waren in sächsischen Steinbrüchen immer noch über 4000 Menschen beschäftigt; mit Steinmetzen, Steinsägern, Bildhauern, Verladearbeitern, Schiffern und Fuhrleuten waren insgesamt 20.000 Arbeiter vom Sandstein abhängig.

Weiße Brüche an der Elbe bei Rathen

Der brave *Nicolai* notierte über die **Steinbrecher** in seinen Reiseführer: *„An einem Werktag erhöht das die Anmut im Tale, daß man die Leute arbeiten sieht."* Götzinger dagegen wusste von der lebensgefährlichen Schwerstarbeit in den Postelwitzer Steinbrüchen: *„Auch hier ziehn sich die Brecher einen frühen Tod zu. Ihr höchstes Alter ist gewöhnlich 40 Jahre, und ein alter Steinbrecher von 60 Jahren ist fast ein Wunder. Daher findet man auch in diesen Steinbrüchen lauter junge Leute und Männer in den besten Jahren."*

Die Geschichte des Sandsteinabbaus in der Sächsischen Schweiz nennt opferreiche **Unfälle.** Steinbrecher gehörten mit ihren Familien immer zu den Ärmsten. Begehrt war der Job nicht, im 17. und 18. Jahrhundert wurden Männer für das Steinbrechergewerbe sogar zwangsverpflichtet. Banal und gefährlich war die Technik des „Hohlmachens". Dabei wurde die ausgewählte Wand an der Unterkante bis zu zwölf Meter tief unterhöhlt und mit Holzstämmen oder Steinsäulen abgestützt. Das dauerte oft länger als ein Jahr. War die bis zu 40 Meter hohe Wand auf diese Weise vorbereitet, sprengte man die Stützen weg. Bis zu 5000 Tonnen Sandstein barsten und donnerten in die Tiefe! Dort konnten die Brocken schließlich zurechtgeklopft, auf „Huschen" ins Tal gerutscht und auf Kähne verladen werden.

Am 25. Januar 1862 brach in den Postelwitzer Steinbrüchen eine Wand vorzeitig ab und begrub 24 Steinbrecher. Nach zwei Tagen endlich konnten Rettungsmannschaften die Männer bergen – lebend! Die Wand war „günstig" auf einen Hohlraum mit Luftloch gefallen.

Seit 1985 wird in der Gegend um Stadt Wehlen wieder Sandstein abgebaut, er wurde zum Beispiel für den **Wiederaufbau der Dresdner Frauenkirche** verwendet.

Sächsischer Bauernaufstand

Ab dem 16. Jahrhundert lebte die Bevölkerung der Sächsischen Schweiz also von Textilherstellung, Eisenerzbergbau, Erzverarbeitung, auf den Hochebenen von Land- und Holzwirtschaft, Imkerei und Flachsanbau. Im Mai 1790 begehrten Bauern in Dorf Wehlen und Lohmen gegen herrschaftliches Jagdrecht, Fuhr- und Jagdfron auf. Sie vertrieben das herrschaftliche Wild mit Gewalt von ihren Feldern und lieferten – unter dem Einfluss der Französischen Revolution – den Auftakt zum landesweiten Sächsischen Bauernaufstand.

Der größte deutsche Bauernaufstand seit 1525 erfasste die Dörfer auf einer Fläche von 5000 Quadratkilometern. Die meist spontanen Erhebungen wurden jedoch von den Gutsherren einzeln niedergeschlagen.

Siedlungen Die topografischen Bedingungen der Sächsischen Schweiz prägten die besonderen Formen ländlicher Siedlungen. Auf den Ebenheiten, die noch einigermaßen Landwirtschaft ermöglichten, bildeten sich **Waldhufendörfer:** Die Bauernhöfe liegen in einer lockeren Doppelreihe am Rand der Talwanne, die Straße zieht sich auf der Talsohle mitten durchs Dorf. Felder und Wald liegen oberhalb der Höfe am Hang. In den Quellmulden wurden **Runddörfer** angelegt, dort stehen die Höfe etwa im Kreis. Direkt an der Elbe war nur für enggedrängte, hochwassergefährdete **Häuserzeilen** Platz. In den Seitentälern stehen meist nur Einzelgehöfte wie Mühlen oder Gastwirtschaften.

Schifffahrt Holzwirtschaft und Steinbrüche haben nachhaltig die Kulturlandschaft Elbsandsteingebirge geprägt. Die Elbe diente als Wasserstraße. Schon im Mittelalter zogen die **Bomätscher,** wie die Schiffszieher hier genannt wurden, Lastkähne von Land aus an Seilen stromauf. Der ufernahe Pfad für die Bomätscher hieß Leinweg, benannt nach dem letzten Mann in der Gruppe, der als Leinewächter dafür sorgen musste, dass sich das Zugseil nicht an Hindernissen verhedderte. Das Wort „Bomätscher" geht auf das slawische *pomoc* für „helfen" zurück. Gegen die scheinbar „humane" Alternative, die Schiffe durch Ochsen oder Pferde ziehen zu lassen, haben sich die Bomätscher immer wieder gewehrt. Viele von ihnen waren ältere Schiffer, die auf keinem Kahn mehr anheuern konnten und diesen Notanker brauchten. Reste des alten **Leinpfades** sind als Wanderweg zwischen den Bahnhöfen Bad Schandau und Schmilka erhalten.

Mit Beginn der **Dampfschifffahrt** 1837 wurden die Bomätscher arbeitslos. Stromaufwärts hangelten sich die Lastkähne fortan mit einem Zahnrad. Zwischen Hamburg und Melnik rasselten bis zu 28 Kettenschlepper an einer **668 Kilometer langen Kette** elbaufwärts. Eine Dampfmaschine trieb die Zahnradtrommel an, die Kette überquerte von Bug bis Heck das Schiff, und die Fahrt ging in bis dahin ungeahntem Tempo voran. Anfang des 20. Jahrhunderts lösten Seitenradfrachtkähne die Kettenschlepper ab, sie fahren noch heute als „Weiße Flotte".

Eisenbahn

1848 verkehrte erstmals eine Eisenbahn zwischen Dresden und Pirna, 1852 wurde die Linie bis Prag verlängert. Mit der Bahn war auch **Tagestourismus** in der Sächsischen Schweiz möglich geworden. Entlang der Bahnlinie Dresden – Pirna wuchs das **Industriegebiet Oberes Elbtal** heran, mit Pirna als Zentrum.

Kunstblumen

In **Sebnitz** breitete sich seit Mitte des 19. Jahrhunderts ein nicht alltägliches Handwerk aus, die Kunstblumenfertigung. Anfangs war sie die aus dem nahen Böhmen übernommene Ersatzeinnahmequelle anstelle der zusammengebrochenen Leineweberei. Um die Jahrhundertwende produzierten mehr als 200 Kunstblumenfirmen mit 15.000 Beschäftigten. Hunderte Heimarbeiter in den umliegenden Dörfern lebten von der Kunstblume. Vor dem Ersten Weltkrieg, nach der Weltwirtschaftskrise und nach 1945 blühten Sebnitzer Kunstblumen auf dem Weltmarkt.

Schmuggel

Nur für ein bis vor hundert Jahren weit verbreitetes „Handwerk" gab es keine Zunft: Entlang der sächsisch-böhmischen Grenze waren die **Pascher,** die Schmuggler, auf den Beinen. Gepascht wurde alles, was Gewinn versprach, von Banden und Einzelpersonen.

Tourismus

Schließlich gewann der Fremdenverkehr immer größere Bedeutung. Heute ist er die wichtigste Einnahmequelle.

Die Romantiker kommen

Die Schweiz in Sachsen

Der St. Gallener Kupferstecher **Adrian Zingg** (1734–1816) und **Anton Graff** (1736–1813), Porträtmaler aus Winterthur, zogen im Sommer 1766 mit ihren Skizzenbüchern von der Dresdner Kunstakademie aus erstmals zu Fuß nach Königstein und Umgebung. Deren geflügeltes Wort von der „Schweiz in Sachsen" tauchte als „Sächsische Schweiz" schon 1783 in der Reiseliteratur auf.

Dem Akademielehrer *Zingg* folgten die Schüler in das Gebirge, ihre Motive wurden die großen Steine und tiefen Gründe, Höhlen und Schluchten. Immer wieder hielten sie die idyllischen Prachtsichten fest, alle wanderten sie die selben Wege und auf die selben Berge.

Die Vedutenmaler

So zeichneten, lange bevor die ersten literarischen Reiseführer geschrieben wurden, die Vedutenmaler den Hauptwanderweg durch die Sächsische Schweiz – den **Malerweg,** der später **Fremdenweg** heißen sollte.

Vor den jungen Wahl-Dresdnern aus dem Alpenland waren es vor allem der kursächsische Oberlandbaumeister *Wilhelm Dillich* (1572–1659) mit seinen **Veduten** (Stadt- und Landschaftsansichten) von Pirna, Hohnstein und Königstein, der Kupferstecher *Matthäus Merian* (1593–1650) und der Dresdner Hofrat *Alexander Thiele* (1685–1752), die erste topografisch-künstlerische Ansichten des Elbsandsteingebirges zu Papier brachten.

Hofmaler *Bernardo Bellotto,* **Canaletto** genannt (1721–1780), malte 1760 die Veduten der Festung Königstein. Das gleiche „militärische" Motiv brachte sechs Jahre später *Zingg* einigen Ärger ein. Der Festungskommandant wähnte einen Spion am Skizzenblock, *Zingg* musste seine Blätter dem Pirnaer Amtsrichter übergeben. Er bekam sie bald wieder, mit einer kurfürstlichen Genehmigung, alles zu zeichnen, was ihm beliebte – außer der Festung.

Erste Reiseführer

1801 schrieb der Lohmener Pfarrer **Carl Heinrich Nicolai** (1739–1823) einen Wegweiser durch die als Reiseziel gerade erst entdeckte Landschaft. *Nicolai,* Sohn eines armen Berliner Schuhmachers, beherbergte daraufhin oft Gäste, die mit seinem Wegweiser in die Felsenwelt aufbrechen wollten.

Bevor *Nicolai* 1797 als Pfarrer nach Lohmen kam, war er Seminardirektor des Friedrichstädter Schullehrerseminars in Dresden. Das Universalgenie, fromm und den weltlichen Dingen dennoch zugetan, schrieb übrigens auch eine Anweisung für das Anlegen von Blitzableitern, einen Wegweiser durch den Sternenhimmel, ein Buch über die Seidenraupenzucht und andere praktische Ratgeber. Schließlich sorgte sich das Ehrenmitglied der „Leipziger Ökonomischen Gesellschaft" um die Einführung des Kartoffelanbaus in seiner Heimat.

Der Pfarrer von Neustadt bei Stolpen, **Wilhelm Leberecht Götzinger** (1758–1818), verfasste drei Jahre nach *Nicolai* den Reiseführer-Klassiker: „Schandau und seine Umgebungen oder Beschreibung der so genannten Sächsischen Schweiz", einen bis heute nützlichen Reisebegleiter, der mit Vergnügen zu lesen ist.

003ss Foto: ls

Der Name „Sächsische Schweiz"

Unter den frühen Reiseliteraten war die Bezeichnung „Sächsische Schweiz" durchaus umstritten. *Nicolai* war begeistert: *„Einige Schweizer haben dieser neuerlich so genannten Schweiz noch Vorzüge jener, an den fürchterlichen Alpen liegenden, zugestanden. Dort, sagten sie, hätten sie freilich höhere Berge und furchtbarere Gebirge gesehen, aber schwerlich würde man eine solche finden, wo die Rauhigkeit mit so viel Anmut gepaart ist wie hier."*

Auch der schwärmerische *Götzinger* meinte vergleichend: *„Und eben diese äußerlichen Formen dieser Gegend werden durch keine andre Benennung, welche man ihr hat geben wollen, so charakteristisch ausgedrückt, als durch diese; wir wollen sie also immer beibehalten."*

Dagegen mäkelte *Ferdinand Thal* in seinem instruktiven Werk „Neuester kurzgefasster und doch vollständiger Wegweiser durch die sächsische Schweiz" (Dresden, 1846): *„Der Name ‚Meißner Hochland' ist älter, und in der That hätte man nicht nöthig gehabt, denselben mit dem nur wenig passenden der ‚sächsischen Schweiz' zu vertauschen, da jener bezeichnend genug für dieses, von gewaltigen Felsenriesen umlagerte, von engen Schluchten durchfurchte, reizende und liebliche Thal- undt Bergland ist, dagegen der hochtrabende, jüngere Name, zu Erwartungen berechtigt, die dem Reisenden durchaus nicht erfüllt werden."*

Die romantischen Maler

Caspar David Friedrich (1774–1840) lebte tagelang wie ein Einsiedler im Uttewalder Grund, bevor er am 28. August 1800 das „Felsentor" zeichnete. Von ihm gibt es Bleistift- und Sepiaskizzen der Lilienstein- und Winterberge-Gegenden sowie mehrere Hauptwerke, die von der Sächsischen Schweiz angeregt wurden. Dazu gehören der „Ausblick ins Elbtal" (1807), die „Felsenschlucht" (1811), der „Wanderer über dem Nebelmeer" (1818).

Friedrichs Freunde, der Arzt, Philosoph und Maler **Carl Gustav Carus** (1789–1869) und der in Dresden lebende Norweger **Johann Christian Clausen Dahl** (1788–1857), malten dort romantische Landschaftsbilder. **Ludwig Richter** (1803–1884) bebilderte Reisebeschreibungen mit Kupfer- und Stahlstichen und nahm als Akademieprofessor seine Schüler mit auf Wanderungen in die Sächsische und Böhmische Schweiz. *Richters* bekanntestes Bild „Überfahrt über die Elbe am Schreckenstein" hängt in Dresden, in der Gemäldegalerie Neue Meister.

Der Fremdenweg

Mit den Künstlern kamen die Reisenden. Alle wanderten sie, zu Fuß oder auch mit der Kutsche, diese schon von *Zingg* und *Graff* bebilderte und von *Nicolai* und *Götzinger* empfohlene, Route, die bis heute Fremdenweg heißt: von Dresden und Pillnitz kommend, über Graupa in den Liebethaler Grund. Am Dorf Lohmen betraten die Reisenden den Uttewalder Grund und damit die Sächsische Schweiz. Der Wanderweg führte über Wehlen, die Bastei und Rathen nach der Burg Hohnstein und dem Brand, dem Balkon der Sächsischen Schweiz. Nach dem Besuch von Schandau wanderte man zum Lichtenhainer Wasserfall, zum Kuhstall, zum Großen und Kleinen Winterberg und schließlich zum Prebischtor. Von dort kehrten die Romantiker auf der Gondel über die Elbe zurück, meist mit einem Zwischenhalt für den Besuch des Liliensteins und des Königsteins.

Als Begleiter zahlungskräftiger Reisender verdienten sich **Fremdenfahrer und Träger** ihren Lebensunterhalt. *Ferdinand Thal* hat in seinem „Wegweiser" einen ernüchternden „Auszug aus der Instruction für die Führer und Gastwirte in der sächs. Schweiz" dokumentiert.

Ein ebenso beliebtes Reiseziel der Romantik war übrigens der **Plauensche Grund** zwischen Dresden und Freital, dessen damals malerischer Reiz heute kaum noch zu erahnen ist.

Mit der Entdeckung von Heil- und Mineralquellen entwickelte sich neben dem Fremdenverkehr auch der **Kurbetrieb,** besonders in Schandau, Gottleuba und Berggießhübel.

Natur erleben im Nationalpark

Vorläufer

Erstmals wurde ein Teil der Sächsischen Schweiz, die Basteilandschaft, am 10. Januar 1938 als Naturschutzgebiet ausgewiesen, zwei Jahre darauf auch das Polenztal. Am 29. August 1956 erklärte der Rat des Bezirkes Dresden die Sächsische Schweiz auf einer Fläche von knapp 400 Quadratkilometern zum **Landschaftsschutzgebiet.** Damit wurde der Schutz der gesamten Landschaft erstmals in einem Gesetz fixiert. Bereits damals bemühten sich Naturfreunde und untere Behörden um die Einrichtung eines Nationalparks, später noch einmal in den 1960er Jahren.

Gründung des Nationalparks

Nur zwei kleine rechtselbische Bereiche sind heute als **Nationalpark Sächsische Schweiz** unter den höchstmöglichen, international anerkannten Schutzstatus gestellt. Mit 93 Quadratkilometern ist er der drittkleinste unter den elf deutschen Nationalparks. Im Herbst 1990 wurde er gemeinsam mit dem Jasmund auf Rügen, der Vorpommerschen Boddenlandschaft, dem Harz und der Mecklenburgischen Seenplatte an der Müritz durch Beschluss des DDR-Ministerrates festgelegt. Ein Erfolg zweifellos, doch sind die Grenzen dieses Nationalparks gleichwohl ein politischer Kompromiss. Es gibt in der Sächsischen Schweiz keine geringzuschätzenden Bereiche, sie muss als **wertvolles Ökosystem und einmalige Kulturlandschaft** im Ganzen erhalten werden.

Am 28. April 1991 wurde der Nationalpark Sächsische Schweiz offiziell eröffnet: in der Vorderen Sächsischen Schweiz die geschlossenen Wald-Fels-Reviere des Bastei- und Polenztalgebietes; in der Hinteren Sächsischen Schweiz das Schrammsteingebiet bis zur tschechischen Grenze. Im Frühjahr 2000 wurde eine rund 80 Quadratkilometer große Fläche in der Böhmischen Schweiz zum Nationalpark erklärt. Somit sind 172 Quadratkilometer des Elbsandsteingebirges unter den höchsten Schutzstatus gestellt.

Verwaltungssitz des **Nationalparks Böhmische Schweiz** ist die an der Grenze zum Lausitzer Gebirge gelegene Kleinstadt Krásná Lipa (Schönlinde).

„Liebesinsel" in der Kirnitzschklamm

011ss Foto: ls

Schutzzonen

Die Verwaltung des Nationalparks ist direkt dem Sächsischen Umweltministerium unterstellt. In beiden Teilen des Nationalparks gibt es eine Kernzone, wo die Natur sich selbst überlassen bleibt. Wanderer dürfen in diesen geschlossenen Wald-Fels-Arealen die markierten Wege nicht verlassen. Der Wald sieht in dieser Schutzzone nicht – wie manche Besucher meinen – „unordentlich" aus, sondern wie ein richtiger Wald mit allen Generationen vom Sämling bis zum dahinsiechenden oder bereits „toten" Baum. Auch in der umliegenden 2. Schutzzone des Nationalparks hat die Natur Vorrang und der Mensch Zutritt – wenn er sein Naturerlebnis als bewussten Verzicht auf naturfremde und naturbelastende Hilfsmittel versteht.

Führungen Ein besonderes Angebot, das Elbsandsteingebirge zu erleben und seine Geheimnisse kennenzulernen, sind die **kostenlosen Wanderungen mit der Nationalparkwacht.** Alle Termine und Treffpunkte können über Tel. (035022) 900600 oder im Internet unter www.nationalpark-saechsische-schweiz.de abgefragt werden, unter dieser Nummer sollten sich auch größere Gruppen vorher anmelden. Hier eine kurze Übersicht:

- **Mittwoch:** Dem Ranger über die Schulter geschaut. Apr.–Okt. 10.30 Uhr, Hinterhermsdorf, Haus des Gastes.
- **Donnerstag:** Bastei aus anderer Sicht. Apr.–Okt. 10.30 Uhr, Bastei, Hst. Buswendeschleife.
- **Freitag:** Dem Ranger über die Schulter geschaut, Apr., Sept., Okt. 16 Uhr, Mai–Aug. 18 Uhr, Hohnstein, Parkplatz Eiche.
- **Samstag:** Waldhuschenführung, Apr.–Okt. 14 Uhr, Hinterhermsdorf, Parkplatz Buchenparkhalle.
- **Informationen:** Nationalparkverwaltung, Tel. (035022) 90060.

Verhaltensregeln Grundsätzlich gilt: Außerhalb der Kernzone des Nationalparks dürfen alle erkennbaren Wege begangen werden. Innerhalb der Kernzone dürfen nur Wege und Pfade betreten werden, die dafür gekennzeichnet sind. Die Einhaltung wird von der Nationalparkwacht an Schwerpunkten kontrolliert. Zuwiderhandlungen können mindestens mit einem Verwarngeld geahndet werden.

Wege werden nach ihrer Funktion unterschieden: **Spazierwege, Wanderwege und Wanderpfade** sind für „Normalwanderer" erschlossen, sie sind markiert (siehe unter „Markierungen") und werden auf den Karten mit durchgehenden bzw. gestrichelten Linien gekennzeichnet. Das Begehen von Wanderpfaden ist stellenweise mit etwas erhöhten Schwierigkeiten verbunden. Erhöhte Anforderungen stellen die **Bergpfade.** Sie sind versierten Bergwanderern vorbehalten und auf Karten mit gepunkteten Linien gekennzeichnet, erfordern aber noch keine Kletterausrüstung. Die Markierung im Gelände erfolgt sparsam durch ein

010ss Foto: ls

spitzwinkliges grünes Dreieck auf grauem Rechteck. Zu den (durchweg besonders reizvollen) Bergpfaden gehören die Rotkehlchenstiege, die Häntzschelstiege, die Obere Affensteinpromenade sowie der Goldsteig.

Allein für den Klettersport erschlossen sind die **Kletterzugänge.** Sie sind auf normalen Wanderkarten nicht gekennzeichnet, im Gelände erfolgt nur eine Markierung unmittelbar vor dem Zugang – schwarzes Dreieck im schwarzen Kreis.

Gesperrte Wege werden durch ein schwarzes Kreuz auf weißem Grund gekennzeichnet. Diese Sperrung kann in begründeten Fällen unabhängig von der Kategorie des umliegenden Wegenetzes vorgenommen werden.

Dieser **„Wegekonsens"** wurde im Jahr 2000 als Ergebnis einer monatelangen Auseinandersetzung zwischen Nationalparkverwaltung, Wander- und Bergsportverbänden, Forst und Kommunen vereinbart.

Die für alle Nationalparks verbindlichen Verhaltensregeln werden auf einer **Piktogramm-Tafel** zusammengefasst, die an Parkplätzen und anderen stark frequentierten Orten aufgestellt ist.

Das Nationalpark-Haus in Bad Schandau

Eine Besonderheit der Sächsischen Schweiz: **Bergsteigen** ist in diesem Nationalpark (und in Berchtesgaden) erlaubt – entgegen den international gültigen Kriterien für die Anerkennung eines Nationalparks (mehr dazu im folgenden Abschnitt „Wander- und Kletterparadies").

Das beliebte **Boofen,** das Übernachten im Freien in einer der Höhlen, ist nur an gekennzeichneten Orten erlaubt. Grundsätzlich verboten ist das Boofen in den Kernzonen.

Wander- und Kletterparadies

Ganztagswanderungen mit Rucksack und praktischer Wanderkleidung sind die beste Art, die Sächsische Schweiz kennenzulernen. In der Nähe der Kurorte und zu den attraktivsten Aussichtsfelsen gibt es aber auch bequeme Spazierwege.

„Den vollständigen Genuß bei'm Besuche der sächs. Schweiz hat der Fußgänger. Wer zu Wagen reist, und denselben nicht verlassen will, für den bleibt sehr Vieles ungesehen. Dasselbe ist es mit einer bloßen Wasserreise auf der Elbe. Ohne wenigstens hier und da den Wagen oder das Schiff zu verlassen und einzelne Strecken zu Fuße zu machen, ist für die zwei letzteren Arten zu reisen voller Genuß nicht zu erlangen." Diesen wohlmeinenden Rat erteilte im Jahr 1846 der Reiseführer *Ferdinand Thal.*

Die günstigste **Reisezeit** liegt zwischen Mai und Oktober. Im Winter sind, besonders in den Felsrevieren rechts der Elbe, manche Wanderwege nicht begehbar, und viele Gastwirtschaften haben Urlaub.

Aus den Kurorten und Dörfern gelangt man rasch – meist bergan – in die Wälder und Felsreviere. Ermüdende **Anlaufwege** gibt es in der Sächsischen Schweiz nicht, Erholung beginnt bereits vor der Tür. Das ist die Regel, deren unvermeidliche Ausnahme mit der Größe der Hotelneubauten und ihrer auf Pkw-Tourismus zugeschnittenen „Infrastruktur" wahrscheinlicher wird.

Wegweiser am Malerweg bei Papstdorf

012ss Foto: ls

Markierungen

Dieses Reisehandbuch hält sich vorwiegend an die markierten Wanderwege, die in der Kernzone des Nationalparks ohnehin nicht verlassen werden dürfen. Das markierte Wegenetz ist so dicht und attraktiv, dass darüber das Gebirge in seiner ganzen Schönheit erschlossen werden kann. (Wanderkarten bis 1:50.000) Wer die außerhalb der Kernzonen zugänglichen unmarkierten Wege kennenlernen möchte, sollte unbedingt detailgenaue Wanderkarten (1:10.000) nutzen und nicht etwa wild im Gelände herumsuchen.

Die Markierungen sind **weiße Quadrate** mit blauen, roten, grünen oder gelben Strichen oder Punkten. Die Reihenfolge dieser Farben beschreibt zugleich die „Hierarchie" der Wege, blau gilt für überregionale Wanderwege, gelb für örtliche Pfade, meist Rundwege. Ein grüner Schrägstrich bezeichnet Lehrpfade. Zumeist sind die Markierungen an Bäumen, Steinen oder Zäunen angebracht; Kreuzungen von Wanderwegen erkennt man zumeist schon von weitem an den Wegweisern.

Ausrüstung Wandern in der Sächsischen Schweiz ist kein Extremsport. Man muss sich nicht ausrüsten, als ginge es in die Alpen oder höher. Pflaster, Elastikbinde und Taschenlampe können aber nicht schaden. Wichtig sind **feste Schuhe** und leichte, **regenfeste Bekleidung.** Vorsicht auf feuchtem Laub und losem Sand! Das rutscht wie beim Inline-Skating; an Hängen und an Abgründen eine weniger gesunde Sportart.

Gefahren Kein Extremsport – das heißt nicht, dass es keine Gefahren gäbe. Zwar sind die meisten Wanderwege so gut durch Geländer, Eisengriffe, Brücken und Leitern abgesichert, dass eigentlich nichts passieren kann, doch gibt es auch Stellen, die **Schwindelfreiheit** und **Trittsicherheit** erfordern. Das trifft besonders auf die kleinen, extra ausgewiesenen Abstecher von markierten Wanderwegen zu. Die schlichte Tatsache, dass zu einem Nebenweg auch der Rückweg gehört, muss hier erwähnt werden, denn diese Rückwege erweisen sich manchmal als die wahren Herausforderungen.

Das sollten alle **Hobby-Kletterer** bedenken, die schnell einmal, obwohl verboten, am Wegesrand auf einen Felsen kraxeln möchten! Aufwärts gelingt das ja meist, dann folgt der Jubelschrei vom Gipfel und abwärts die Überraschung. Füße wissen nicht, wohin; Felsspalten scheinen inzwischen gewachsen zu sein, und Heidekrautbüschel versagen den Dienst als Notseile.

Wer sich also einen schwierigeren Weg nicht zutraut, sollte lieber umkehren oder einen anderen wählen. Diese Einschränkung gilt, so man auf markierten Wanderwegen bleibt, wirklich nur für eine Handvoll Partien wie den Weg zur Frienstein-höhle; aber sie gilt immer an geländerlosen Abgründen – nicht nur an stürmischen oder nassen Tagen. Wer nicht absolut schwindelfrei ist: Abstand halten! Die Aussicht wird davon nicht schlechter.

Dazu noch mit Blick auf die Karte einige Worterklärungen, um Irrtümern vorzubeugen. **„Gründe"** und **„Gründel"** sind die von Bächen eingeschnittenen Sandsteinklüfte. Ein **„Weg"** (z. B. Schrammsteinweg) kann schon mal über Stufen und Leitern bergauf und bergab führen, also recht anstrengend sein. Immer ist er aber für Wanderer gedacht, erfordert also kein Klettern. Anders die **„Stiegen".** Sie verlangen zwar noch keine Kletterausrüstung, sind aber doch, mal mehr (Häntzschelstiege und Zwillingsstiege in den Affensteinen), mal weniger (Heilige Stiege in den Schrammsteinen) anspruchsvoll. **„Straße"** meint im Gebirge meistens einen geschotterten Fahrweg, dessen motorisierte Nutzung eingeschränkt ist.

Wetter

Abschließend im Katastrophen-Kapitel noch ein paar Worte zum Wetter. Die Sagen- und Geschichtenwelt der Sächsischen Schweiz ist nicht arm an Beispielen für abgestürzte, verirrte, von umgestürzten Bäumen erschlagene oder von Blitzen getroffene und sonstwie bei plötzlichem Unwetter abhandengekommene Menschen. Es sind meist ältere Berichte, weil es heute befestigte, markierte Wege und Schutzhütten gibt, Bergrettungsstationen und Notruf.

Wer in ein Unwetter gerät, sollte sich keinesfalls zur „Flucht" durchs Unterholz, quer durch Wald und Fels, verleiten lassen. Bei Gewitter freistehende Bäume meiden und die Höhen verlassen.

Guten Tag

Begegnen sich Wanderer, ist es immer üblich, sich einen Guten Tag zu wünschen.

Unnötigen Ärger erspart es, den **Personalausweis** bei sich zu haben. Im grenznahen Raum sind Kontrollen durchaus zu erwarten, außerdem wird das Dokument bei Unfällen und anderen Komplikationen benötigt.

Umweltverschmutzung

Was jetzt kommt, muss gesagt werden; und wer es für überflüssige Belehrung hält, wird spätestens „vor Ort" feststellen müssen, dass dem leider nicht so ist: Die Natur braucht Ruhe. Lärmen, Rufen, Jodeln, Singen, Wettrennen, Bierdosen in Felsspalten klemmen, Flaschen an die Wand schmeißen, Wurstpelle im Farn tarnen, Monogramme in den Fels meißeln, Wege abkürzen, Tiere jagen und Holz hacken sind Beschäftigungen, die (auch) nicht in die Sächsische Schweiz gehören. Nicht innerhalb und nicht außerhalb der Grenzen des Nationalparks.

Zeiteinteilung

Die ausreichend vorhandenen **Wegweiser** enthalten meistens auch Zeitangaben. Als Orientierung sind die Zeitangaben brauchbar, wenn man nicht (etwa wegen einer Zugabfahrt) auf die Minute angewiesen ist.

Ein entscheidender Grund, trotz der Abhängigkeit vom Fahrplan **öffentliche Verkehrsmittel** zu nutzen: Die besten Touren sind nicht die ortsnahen Rundwege, sondern eben die ausgedehnten Strecken quer durch das Gebirge, bei denen man nicht wieder am Parkplatz ankommt. Wer sich die Zeit gut einteilt, kann an langen Sommertagen durchaus Strecken von über 20 Kilometern laufen. Beizeiten aufbrechen, den Aufstieg in der soeben erwachten Natur bewältigen, und wenn unten die Langschläfer noch an der Fähre warten, sitzt man schon auf einem Felsplateau bei Brot und Wasser – oder Kuchen und Wein.

Fahrradfahren

Der gut ausgebaute **Elberadweg** führt von Dessau über 260 Kilometer bis zur tschechischen Grenze. Weiter kann man in Böhmen bis Mělnik und entlang der Moldau bis Prag fahren. Eine bequeme Tagestour mit einladenden Abstechern verbindet Pirna mit Schöna.

Stromauf oder stromab? Die erste Frage vor dieser Fahrt am Elbestrom. Weniger das Geländeprofil, als der vorherrschende West-Wind und die interessanter werdende Landschaft sprechen für **stromauf.** Eine gemütliche Fahrt ohne Auto-Stress, dafür begleitet vom abwechslungsreichen Panorama des Elbsandsteingebirges. Die nahe beieinandergelegenen S-Bahnhöfe erlauben zahlreiche Kombinationen von Teilstücken des Elberadweges mit Wanderungen oder Rundfahrten in die Seitentäler beiderseits der Elbe.

In **Pirna** beginnt die Tour linkselbisch an der Fährstelle. Die Ufer werden von der allmählich anwachsenden Sandsteinkette gesäumt. In **Pötzscha** (S-Bahn-Haltepunkt Stadt Wehlen) kann man mit der Fähre auf die rechte Elbseite wechseln; wer die Sicht auf das Basteigebiet genießen möchte, kann bis **Kurort Rathen** links bleiben.

Dort sollte man aber den markierten Elberadweg verlassen und die Fähre benutzen. Rechtselbisch führen Fußweg, Trampelpfad und Fahrweg bis **Königstein,** das ist ruhiger und landschaftlich schöner als drüben. Bei Hochwasser muss man auch mal auf einen Wanderweg ausweichen und das Rad über ein paar Stufen tragen. Ab Königstein ist der Elberadweg auch rechtselbisch wieder markiert. In **Bad Schandau** bleibt man am Elbkai, radelt bis **Postelwitz** und nimmt die Fähre nach **Krippen.** Nah am Ufer, vor der Silhouette der Schrammsteinkette, geht es über den S-Bahnhof **Schmilka-Hirschmühle** zur S-Bahn-Endstation **Schöna.** Wer nun weiter ins Böhmische will, kann mit der Fähre nach **Hřensko** (Herrnskretschen) übersetzen oder geradeaus weiterradeln zum touristischen Grenzübergang von der Gelobtbachmühle nach **Dolni Zleb** (Nieder Grund), weiter nach **Děčín** (Tetschen), von dort fahren Züge zurück nach Bad Schandau/ Dresden.

Linkselbische Radwanderwege: Bahnhof Schöna–Liebstadt (50 km), Schweizermühle–Königstein (12 km), Liebstadt–Bahnhof Oberschlottwitz (6 km).

Radwanderwege in der Böhmischen Schweiz: Hellendorf–Grenzübergang Bahratal–Rájec–Ostrov (13 km), Grenzübergang Bahratal–Petrovice–Antonísov–Tisá (7 km), Petrovice–Krásny Les (6½ km), Tisá–Rund um den Hohen Schneeberg (15½ km), Chribska (Kreibitz)–Vysoká Lípa (Hohenleipa) 10,8 km, Hřensko (Herrnskretschen)–Vysoká Lípa (Hohenleipa) 14 km, Doubice (Daubitz)–Zadní Doubice (Hinter Daubitz, Grenzübergang) 9 km, Vlci hora (Dorf Wolfsberg)–Turisticky most (Touristenbrücke) 4,6 km.

Rechtselbische Radwanderwege (Rundwege): „Sächsische Schweiz" (66 km), „Sächsisch-Böhmische Schweiz" (80 km), „Rund um Sebnitz" (32½ km), „Rund um Neustadt" (35 km), „Rund um Hohnstein" (32 km), „Rund um Stolpen" (23 km).

Radfahren in der Böhmischen Schweiz bringt das nostalgische Erlebnis nahezu autofreier Straßen. Außerhalb befestigter Straßen sollte man auf das Radfahren jedoch verzichten, im Interesse dieser hochsensiblen Erosionslandschaft. Verboten ist Mountainbiking im Nationalpark.

Info

- Bikeline Radtourenbuch „Elberadweg", Teil 1
- www.elberadweg.de
- www.elbsandsteingebirge.de

014ss Foto: ls

Klettern

Bergsteiger gehen mit dem Kletterführer an den Felsen und nicht mit dem Reisehandbuch. Da aber die Kletterei zur Sächsischen Schweiz gehört wie die Elbe, hier ein Exkurs für Laien.

Seit dem Mittelalter wurden bereits Felsen der Sächsischen Schweiz bestiegen, sei es, um Wehranlagen zu errichten oder um sich im Krieg zu verstecken.

Die Erstbesteigung des Falkensteins (im vorderen Schrammsteingebiet) am 6. März 1864 durch fünf Turner aus Bad Schandau – mit heute nicht mehr erlaubten Hilfsmitteln – war die Geburtsstunde des **Felskletterns.** Der Aufstiegsweg heißt seitdem Turnerweg. Inzwischen sind alle 1099 Gipfel der Sächsischen Schweiz bestiegen worden, doch die Kletterer finden immer neue Aufstiegswege. Rund 17.000 gibt es bereits, und jährlich kommen neue hinzu. Die meisten Klettergipfel erreichen Höhen zwischen 200 und 500 Meter über dem Meer, die Kletterhöhe liegt unter 80 Meter.

Geklettert werden darf nur nach den von sächsischen Bergsteigern 1913 aufgestellten und seitdem mehrfach aktualisierten **„Sächsischen Kletterregeln":** Seil, Seilschlingen, Karabiner und Ringe werden nur zur Sicherung genutzt. Die Fortbewegung des Kletterers darf nur mit eigener Körperkraft an natürlichen Haltepunkten erfolgen. Das Verwenden von Klemmkeilschlingen ist verboten, das Einschlagen von Ringen nur bei Erstbegehungen erlaubt. Dabei darf der Abstand zwischen zwei Sicherungsringen 3 Meter nicht unterschreiten, bei drei aufeinanderfolgenden Ringen soll die Summe beider Abstände mindestens 7,50 Meter betragen. Verboten ist auch die Benutzung von chemischen Haftmitteln (Magnesium). Im gesamten Nationalpark ist das Klettern nur an den von der Nationalparkverwaltung bestätigten und im Kletterführer genannten Felsen gestattet. Das Klettern an Massivwänden ist verboten mit drei Ausnahmen, von denen die Westecke des Liliensteines im Nationalpark liegt; die beiden anderen sind der Abratzkykamin am Königstein und die Südwand des Großen Zschirnsteines.

Innerhalb einer Seilschaft geht das größte Risiko der Vorsteiger ein, er wird von seinem Nachfolger oder seiner Nachfolgerin über das Seil gesichert („Sicherungsmann"). Die nach oben offene „Sächsische Skala" bewertet den Schwierigkeitsgrad eines Kletterweges. Sie beginnt mit I (leichter Weg) und wird ab VII nochmals in a, b und c unterteilt. Inzwischen gibt es Wege, deren Schwierigkeitsgrad mit XII angegeben wird.

Auf dem Gipfel trägt sich die Seilschaft in das **Gipfelbuch** ein, die Namen in der Reihenfolge des Aufstieges, den Aufstiegsweg und das Datum. Die Gipfelbücher sind in wetterfesten Metallkapseln deponiert und manchmal von benachbarten „Wanderfelsen" aus gut zu erkennen.

Zu den Kletter-Pionieren mit zahlreichen Erstbegehungen nach dem „sächsischen Prinzip" gehörte um die Jahrhundertwende *Oscar Schuster.* Nach ihm ist der Schusterweg am Falkenstein benannt, dem bedeutendsten Kletterfelsen der Sächsischen Schweiz. Weitere bedeutende Kletterer waren *Rudolf Fehrmann, Paul Illmer, Conrad Meurer* und *Oliver Perry-Smith.*

20.000 Kletterer soll es im deutschsprachigen Raum geben; 7000 Mitglieder hat der 1991 gegründete **Sächsische Bergsteigerbund.** Das Elbsandsteingebirge ist *„das schönste Klettergebiet Mitteleuropas"*, so meint der Hohnsteiner Bergsteiger *Bernd Arnold.* Viele sächsische Bergsteiger-Seilschaften gehen den Sommer über, solange der Fels trocken ist, Wochenende für Wochenende klettern. Dazu sagt *Arnold: „Das Klettern ist für jeden, der es einmal getan hat, unbändig schön, und für andere ist es das allerunsinnigste".*

Kletterkurse

- In seinen Bergsportläden in Hohnstein und Bad Schandau bietet Arnold Kletterkurse und geführte Wanderungen an. Es gibt Zwei-Tage-Kurse für Anfänger und Wochenkurse für Fortgeschrittene, Touren für Kinder und Familien.

Info

- **Arnolds Bergsportladen,** Obere Straße 2, Hohnstein, Tel./Fax (03575) 81246.
- **Der Insider,** Marktstraße 4, Bad Schandau, Tel. (035022) 42372.
- **Biwak,** Bergsportmagazin im MDR-Fernsehen, zweimal monatlich an einem Mittwoch, 15.30 Uhr.
- **Outdoorcamp Ottendorfer Hütte,** Kirnitzschtal/Ottendorf, Tel. (035971) 80850.

603ss Foto: ls

Vordere
Sächsische
Schweiz

Eingangstor Pirna

Überblick

Das „Tor zur Sächsischen Schweiz" betreten Reisende, die mit der Bahn oder mit dem Schiff kommen, in der kleinen Stadt Pirna (39.750 Einwohner). Sie wirkt auf den ersten Blick nicht eben einladend, gehört sie doch seit hundert Jahren zum industrialisierten Ballungsgebiet im Oberen Elbtal.

Doch Pirna trägt den Beinamen **„Stadt der Erker, Giebel und Portale".** Kaum eine andere sächsische Stadt hat einen derart unversehrten mittelalterlichen Stadtkern mit Bauwerken hauptsächlich aus der Zeit der Gotik und Renaissance, aber auch des Barock. Die schachbrettartig von Gassen durchzogene Altstadt um Rathaus und Marienkirche, zwischen Elbe und Burgberg ist einen ausgiebigen Besuch wert. In den vergangenen Jahren wurde viel Geld in die Sanierung dieser mittelalterlichen Anlage gesteckt und manches Baudenkmal vor dem Einsturz bewahrt.

Von Norden aus dem Lausitzer Bergland kommend, mündet hier die Wesenitz, von Süden aus dem Osterzgebirge die Gottleuba und die Seidewitz in die Elbe. Flussabwärts beginnt in Pirna die so genannte **Elbtalwanne,** eine dichtbesiedelte, von Hängen eingeschlossene Ebene, die sich bis Meißen hinzieht.

Ab Pirna, zwanzig Kilometer von Dresden entfernt, verkehren mehrere Buslinien ins Gebirge. Die aus Meißen/Dresden kommende S-Bahn Linie 1 (30-Minuten-Takt und öfter) fährt nach Stadt Wehlen acht Minuten, nach Kurort Rathen 13 Minuten und nach Bad Schandau 23 Minuten. Endstation Schöna: 33 Minuten.

S. 62/63: Blick zur Gans

Streuobstwiese in Blüte

015ss Foto: ls

Geschichte Schon 4000 v. Chr. war diese Gegend besiedelt, wie archäologische Funde belegen. Vor über 900 Jahren bestand auf dem Gebiet des heutigen Sonnensteins eine slawische Burgwarte. Um 1180 ließen sich fränkische und thüringische Kaufleute auf der Ebene zwischen Burg und Elbe nieder. Die älteste Urkunde über die Marktsiedlung datiert auf den 14. März 1233. Pirna entstand am elbeüberquerenden **Schnittpunkt zweier Handelsstraßen** und war eine der wichtigsten Ansiedlungen im oberelbischen Raum. 1256 erhielt sie **Stapelrecht;** Waren, die Pirna zu Wasser oder Straße passieren sollten, mussten zuvor drei „Sonnenscheine", also drei Tage, auf dem Markt angeboten werden. 1291 wurde Pirna erstmals als Stadt bezeichnet.

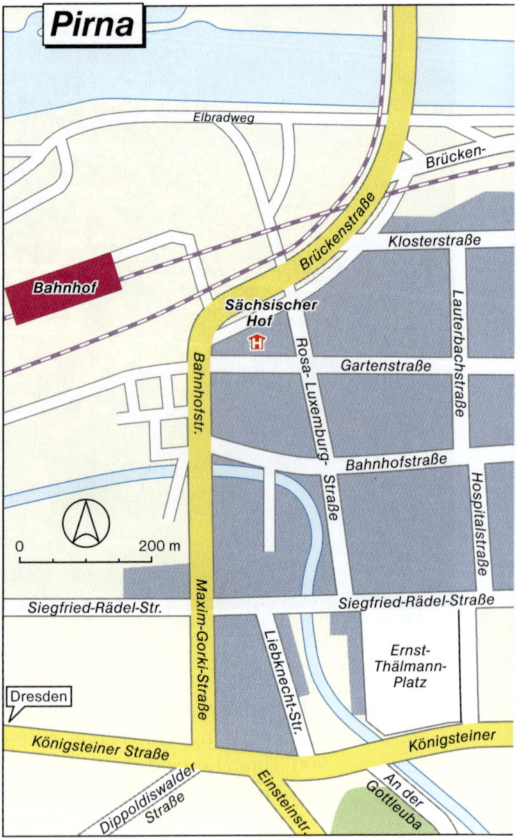

Das **Stadtwappen** zeigt zwei rote, doppelschwänzige böhmische Löwen an einem „Bernboom“. Der **Stadtname** leitet sich aber nicht vom sächsischen „Birnenbaum“ ab, sondern von „hus perne“ – Haus auf dem harten Stein.

Handel und Sandsteinabbau machten Pirna schon im 16. Jahrhundert zu einer der reichsten Städte Sachsens. Unweit der Erzgruben von Berggießhübel gelegen, wurde sie in der Renaissance auch ein Zentrum des Eisenkunstgusses. Zu ihrem

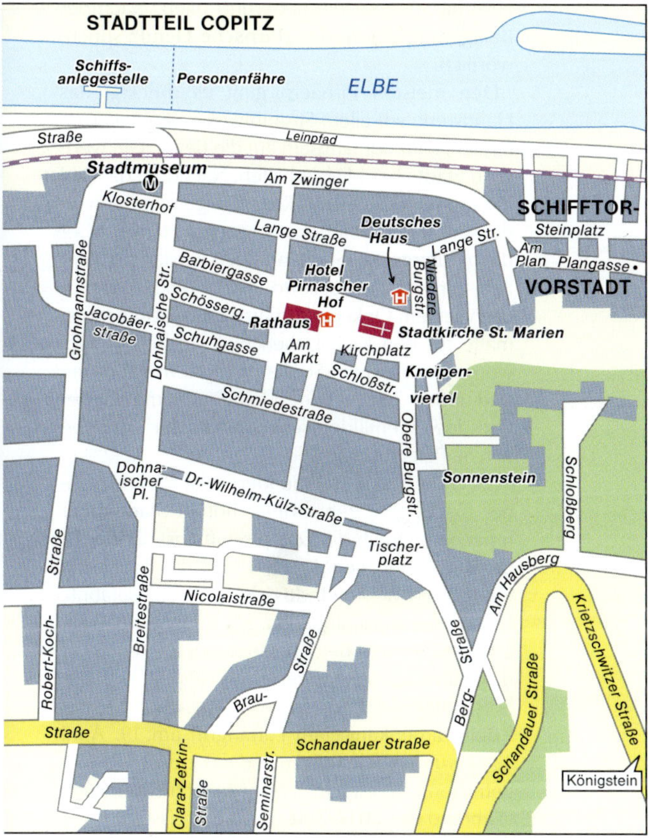

Gedeihen trug zudem wesentlich eine damals progressive **Gemeindeverfassung** bei: Schon im Jahr 1300 saßen Handwerker im Stadtrat, ab 1520 übten gewählte Gemeindevertreter eine Finanzkontrolle gegenüber dem Rat aus, später erlangten sie weitere Mitbestimmungsrechte.

Die Blütezeit Pirnas war vorbei, als der **Dreißigjährige Krieg** über sie hinwegzog. Im April 1639 stürmten und plünderten die Schweden unter Marschall *Johann Banér* die Stadt, während die

Festung Sonnenstein unberührt blieb. Nach der Belagerung wurde das **„Pirnsche Elend“** sprichwörtlich.

Den meisten Pirnaern ging es dreckig; das Handwerk, vor allem Strumpfwirkereien und Töpfereien, kam nur langsam auf die Beine. Die wertvolle Stadt aber blieb erhalten. Nachdem das Bild Pirnas in der Gotik und Renaissance geprägt wurde, sind im Spätbarock nur wenige Häuser, aber die berühmtesten Stadtansichten entstanden. Der Italiener *Bernardo Bellotto* (1721–1780), der sich nach seinem Onkel und Lehrer **Canaletto** nannte, malte für den sächsischen Hof die berühmtgewordenen Veduten (Stadtansichten) von Dresden und Pirna. Diese Bilder hängen heute in der Dresdner Gemäldegalerie und in der Ermitage von St. Petersburg.

Bis Ende des 18. Jahrhunderts war Pirna von einer mächtigen, zehn Meter hohen Stadtmauer umgeben. Durch die Dampfschifffahrt auf der Elbe (1837) und den Anschluss an die Eisenbahn (1848) siedelte sich **Industrie** an: Zellulosefabrik, Glaswerke, Maschinenbau, ein Kunstseidenwerk und viele weitere Betriebe. In dieser Zeit entstand das ebenfalls sehenswerte, historistische Bahnhofsviertel.

Beim amerikanischen Luftangriff am 19. April 1945 wurden eine Brücke und das Industriegebiet getroffen, aber nicht das historische Zentrum. Während der **DDR-Zeit** war die Kreisstadt Pirna wieder Industriezentrum des Oberen Elbtals. Die Umwelt sah dementsprechend aus, und die Altstadt verfiel zusehends. Inzwischen ist die Altstadt saniert.

Der **Wirtschaftsstandort** vor den Toren Dresdens wird u.a. geprägt durch die Sächsischen Sandsteinwerke und durch Zulieferer für den Fahrzeugbau.

Markt in Pirna

017ss Foto: ls

Sehenswertes

Marktplatz

Canaletto malte 1753 den Blick auf den Pirnaer Marktplatz mit dem Rathaus, der Marienkirche und jenem Renaissancehaus, das durch dieses Bild als das „Canalettohaus“ berühmt wurde. Das Canalettohaus mit seinem auffällig spitzen Giebel wurde um 1525 erbaut. Bis heute erhalten geblieben ist dieses **Ensemble des Marktplatzes,** der an seiner Südostecke zum Burgberg ansteigt. Rathaus, Marienkirche und Burgberg fügen sich zum harmonischen Dreiklang, in dem die hochgiebeligen Bürgerhäuser einen warmen Grundton geben.

Das Rathaus gliedert den trapezförmigen Platz in den schmaleren **Untermarkt** und den breiteren **Obermarkt** und führt dessen eigentlich recht große Fläche auf ein überschaubares Maß zurück. Im detailgenau restaurierten **Canalettohaus** bietet der **Tourist-Service** Reproduktionen aller Pirna-Veduten Canalettos zur Besichtigung und zum Kauf an. Sämtliche Originale hängen in der Gemäldegalerie Alte Meister in Dresden, deshalb hat Pirna von dem berühmtesten Bild – „Der Marktplatz zu

018ss Foto: ls

Pirna" – durch den Dresdner Maler *Christoph Wetzel* eine Meisterkopie anfertigen lassen, die ebenfalls im Canalettohaus zu sehen ist.

Das **Rathaus** ist in seinen wesentlichen Teilen ein Bauwerk der Renaissance, vom spätgotischen Vorgänger sind bei einem Brand nur die Portale auf der Westseite stehengeblieben. Der schlanke, von einer barocken Haube bekrönte Turm wurde 1718 erneuert. Die zur Stadtkirche gewandte Ostfassade zeigt über dem gotischen Portal das Pirnaer Wappen und schräg darüber das sächsische.

Rathaus

Pirna trägt den Beinamen:
„Stadt der Erker, Giebel und Portale"

020ss Foto: ls

Zwei spätgotische Bürgerhäuser stehen an der nordöstlichen Marktecke einander gegenüber. Markt 3 mit dem Sitznischenportal wird **Hakenhaus** genannt, diese Bezeichnung ist von „hökern" für handeln abgeleitet. Es wurde um 1480 gebaut, gehörte einer Tuchmacherfamilie und später dem Baumeister der Stadtkirche St. Marien, *Peter Ulrich von Pirna*. Von hier aus folgt die Hausnummerierung der Uhr um den Platz herum bis Markt 20, dem **Marienhaus.** An der Hausecke steht eine Marienfigur von 1514.

Die Häuser 4 bis 6 wurden Anfang des 18. Jahrhunderts erbaut, Haus 7 ist das Canalettohaus, Haus 8 trägt als Hausmarke die Jahwe-Sonne und die Jahreszahl 1686. Haus 9 wurde um 1500 erbaut, das breit ausladende Haus 10 im Jahr 1554.

Es ist ein so genanntes **Durchhaus** zur Schmiedestraße und als Sitz der Stadtverwaltung eines der wenigen Pirnaer Bürgerhäuser, die man sich auch von innen ansehen kann. Das Renaissancehaus Nr. 11 wurde 1900 aufgestockt. Zu den prächtigsten Renaissancehäusern in Pirna gehört Nr. 12, das **Alte Amtshaus.** Der Laden wurde aber Anfang des 20. Jahrhunderts eingebaut. Nr. 13 ist ein Bau der Neorenaissance, Nr. 14 wieder Spätgotik. Hinter dem hohen Dach verbergen sich drei Vorratsböden. Auch die Häuser Nr. 15 und 16 sind im Kern spätgotisch. Haus Nr. 17, neben der **Löwenapotheke,** betritt man durch eines der für mittelalterliche Städte typischen Sitznischenportale.

Eine Gedenktafel an der Löwenapotheke erinnert an den Apotheker **Theophilus Jacobäer,** den Retter der Stadt während des Dreißigjährigen Krieges. Als die Schweden in der Stadt wüteten, ritt er an den Dresdner Hof, wo er über das schwedische Hauptquartier einen Schutzbrief besorgte. So verhinderte *Jacobäer* die Niederbrennung Pirnas.

Markt 19 trägt noch das Hauszeichen des ehemaligen Gasthauses **Zum Schwan** und die Jahreszahl 1699. Damit wäre der Marktrundgang abgeschlossen, es sei denn, man besucht noch die Teestube oder den Tante-Emma-Laden, das eine oder andere Geschäft oder den Pub – dieser Platz ist nicht nur architektonisches Museum, sondern das recht lebhafte Zentrum der kleinen Stadt.

Kirchplatz

Während das geschäftige Treiben sich in den Straßen und Gassen westlich des Marktes fortsetzt, laden im östlichen Viertel um die Marienkirche, an der Oberen und Niederen Burgstraße Kneipen, Restaurants und Bars ein. Pirnas Kneipenviertel ist allemal einen langen Abend wert. Kirchplatz 2 trägt über dem gotischen Sitznischenportal als Hauszeichen ein Relief mit der biblischen Sündenfallszene. Deshalb heißt es **Adam-und-Eva-Haus.** Ein Relief am Renaissance-

Detail des ehemaligen Gasthauses zum Schwan in Pirna

019ss Foto: ls

haus Kirchplatz 4 zeigt die in Pirna auch andernorts zitierte **Jonasgeschichte:** wie Jonas über Bord geworfen, von einem Wal verschlungen und am Ufer ausgespien wird; Pirna ist eben auch die Stadt der Elbeschiffer. In dem besonders reichen **Renaissancehaus** Niedere Burgstraße 1 wohnte der Baumeister des Pirnaer Rathauses, *Wolf Blechschmidt*. Heute befindet sich darin aber nicht das Renaissance- sondern das „Romantik-Hotel". Auch das im Kern spätgotische Haus Obere Burgstraße 1 steht mit einem Giebel zum Kirchplatz, bekannt ist es durch den reichverzierten, 1622 angebauten **Teufelserker.** Das klassizistische Haus Nr. 8 auf dieser Straße gehörte als Maria-Anna-Heim zur Heil- und Pflegeanstalt Pirna-Sonnenstein (siehe Exkurs „Der Sonnenstein über Pirna"). An der Straßenecke steht das Erlpeterhaus mit seinem

schon im 14. Jahrhundert bekannten **Erlpeterbrunnen.** Der Renaissanceumbau dieses gotischen Gebäudes wird ebenfalls *Blechschmidt* zugeschrieben.

Viele Wohnhäuser könnten hier noch beschrieben werden; das wertvollste Pirnaer Bauwerk aber ist die **Stadtkirche St. Marien.** Ihr aus dem Häusergewirr aufstrebendes, spitzwinkliges Dach und der daneben trutzig wirkende Turm beherrschen das Bild der Stadt. Mit 19,5 Metern ist dieses Dach anderthalb Meter höher als die Kirche bis zum

Portal von St. Marien

St. Marien – gotische Kirchenbaukunst

Sie ist die dritte Kirche an diesem Ort. 1502 begannen die Bauarbeiten unter der Leitung von Peter Ulrich. Die ersten Mauern wurden um den noch bestehenden Vorgängerbau hochgezogen, der erst fiel, als man die Innenpfeiler errichtete. Zwei Zimmerer begannen mit ihren Leuten gleichzeitig an der Ost- und Westwand mit dem Bau des Dachstuhles. Ab 1539 wurden die Gewölbe unter das geschlossene Dach gezogen. Ihr Meister war vermutlich der zuvor in Most/Brüx tätige *Jörg von Maulbronn.* Als *Martin Luther* starb, stand die Stadtkirche in ihren Hauptzügen fertig. Noch in der Renaissance wurden die Kanzel und der Hauptaltar eingebaut. Der 60 Meter hohe Turm stammt noch von der viel kleineren Vorgängerkirche, er wurde bereits 1479 vollendet. Bei Restaurierungen im 18. und 19. Jahrhundert erhielt St. Marien weitere Einbauten.

Die äußerlich eher schlichte Kirche wird durch mächtige Strebepfeiler gegliedert. Das **Hauptportal** liegt in der Westwand. Es führt in eine dreischiffige Hallenkirche, in der die schlanken Pfeiler nicht trennen. Deren Aufgabe allein ist, die Blicke in das **Gewölbe,** in den Sternenhimmel zu führen. Selbst das Maßwerk in den spätgotischen Fenstern hält sich unter diesem Himmel dezent zurück. Wie Äste aus einem Baum wachsen die Gewölberippen aus den Pfeilern. So liegt ein filigranes Netz über dem Schiff, wie ein selbstständiger Sternen-Raum. Über dem Mittelschiff liegt ein Netzgewölbe, über den Seitenschiffen Sternengewölbe, und über dem Chor steigert sich das Spiel mit den Baumrippen in bildliche Darstellungen. In der Mittelapsis hinter dem Altar klettern ein „Wilder Mann" und eine „Wilde Frau" an einer Baumrippe, im südlichen Seitenschiff hängt frei in der Luft die **Hobelspanrippe** – mit Schlangenkopf.

Die spätgotische **Sandsteinkanzel** ist mit Skulpturen geschmückt. Nach der Reformation ließ Pirnas evangelischer Superintendent *Lauterbach,* der *Luther* persönlich kannte, die Gewölbe und Pfeiler mit Malereien versehen. Ihre Bildsprache soll sich an einer der frühen Lutherbibeln orientieren.

Der Fuß des **Taufsteins** im nordöstlichen Seitenschiff zeigt ein Relief mit 26 Kindern beim Essen, Trinken, Spielen, Schlafen, Beten. Symbole für das Leben von der Geburt bis zum Tod.

Der **Altar** schließlich ist das künstlerische Pendant zum Gewölbe. *David Schwenke* schuf ihn 1611 bis 1614 und verwendete Stücke eines unvollendeten Altars seines 1610 verstorbenen Bruders *Michael Schwenke.* Zehn Meter hoch und fünf Meter breit ist das reichgeschmückte Sandsteinretabel (Altaraufsatz), in den Maßverhältnissen demnach ein Abbild des Zwei-zu-eins-Grundrisses dieser Kirche: Sie ist 50 Meter lang und 25 Meter breit. Skulpturen, allegorische Malereien und Ornamentik tragen die Handschrift der Spätrenaissance und des Manierismus.

Wanderung im Vorgebirge

Über die Höhenlagen im Vorgebirge führt eine Halbtagswanderung von Pirna-Copitz in den Liebethaler Grund. In Copitz führen Stufen auf die **Schöne Höhe,** dort passiert der **Burglehnpfad** mehrere Aussichtspunkte mit Blick auf Pirna und ins Gebirge. Nach dem kurzen Abstieg in den Mockethaler Grund geht es erneut bergan zum Rundlingsdorf **Mockethal** und über die Thiemann-Straße (am Dorfteich) zur **Alten Poste/ Herrenleite.** Das ist ein steiles Trockental, wo besonders harter Sandstein für Wasser- und Brückenbauten gebrochen wurde. Ein Steinbruch ist wieder in Betrieb. Das nächste Dorf heißt **Doberzeit,** am Weg dahin über den Questenberg steht ein mittelalterliches Steinkreuz. Von Doberzeit läuft man über das freie Feld nach **Daube.** Geradeaus schaut man dabei auf das Schönfelder Hochland und nach links, also westlich, auf Dresden. Rechts liegt der Kohlberg (223 Meter). Vom Dauber Dorfteich führt ein Stufenweg zum **Liebethaler Grund,** über die Brücke zur **Lochmühle** und zum **Richard-Wagner-Denkmal.** Hier kann man die Tour zur Schönen Höhe (327 Meter) bei Dürrröhrsdorf-Dittersbach fortsetzen (Klassizistisches Belvedere mit Fresken, Aussichtsturm, englischer Garten mit Pavillon) oder nach Lohmen oder Liebethal wandern (beide siehe Exkurs „Mit den Romantikern auf der Malerstraße").

Traufgesims. St. Marien ist eine der bedeutendsten Hallenkirchen der Spätgotik in der sächsisch-nordböhmischen Region. Vergleichbare Kirchen stehen in Annaberg (Erzgebirge) und Most (Brüx, Westböhmen).

Ein Bergpfad und Stufen führen vom verwinkelten Kirchviertel den Burgberg hinauf zum **Sonnenstein** (siehe Exkurs „Der Sonnenstein über Pirna").

Schifftorvorstadt

Vom Kirchplatz führt die Niedere Burgstraße (Richtung Elbe) zur Langen Straße. Wenige Schritte elbaufwärts liegt, an den Burgberg geduckt, wie vergessen die Schifftorvorstadt. Hier lebten die Steinmetze, die Fischer und Schiffer, Flößer und Schiffszieher. „Am Plan" ist der winzige **Marktplatz** dieses Viertels, er wird an drei Seiten von niedrigen Wohnhäusern des 18. und frühen 19. Jahrhunderts eingerahmt. In der Mitte des Platzes steht die lebensgroße Skulptur einer Frau, die mit Rosen in der Hand unbekleidet auf einem Delfin balanciert. Sie wird *Georg Wrba* zugeschrieben, einem Dresdner Bildhauer und Akademielehrer, der auch den „Bacchus auf trunkenem Esel" vor dem Dresdner Ratskeller schuf.

Neben der Dame steht einer dieser **Sandstein-Trogbrunnen,** von denen es in Pirna mehrere gibt, allein drei auf dem Marktplatz. Dieser hier ist der älteste, aus dem Jahr 1697. Die Schifftorvorstadt ist ein reizvoller Winkel, der nach der Elbflut von 2002 wieder saniert wurde. Ehrwürdige Spuren des Alters trägt auch die aus der Vorstadt herausführende Plangasse. Am Haus Nr. 6 erinnert eine Tafel an das „Pirnsche Elend" unter der schwedischen Besatzung.

Zwischen Markt und Elbe

Auf dem Rückweg entlang der Bahnlinie gelangt man zum **Steinplatz.** Auf dem Stadtplan sieht das von der Langen Straße und dem Weg Am Zwinger begrenzte Viertel aus wie ein Schiff: den Steinplatz vor dem Bug und das Kloster hinter dem Heck.

So unspektakulär die **Lange Straße** zunächst aussieht, bewahrt sie doch Kleinode aus der für Pirna wichtigsten Bauzeit: Am Haus Lange Straße 3 das Sitznischenportal aus dem 16. Jahrhundert, an Nr. 8 die gotischen Fenstergewände. Nr. 10 ist ein spätgotischer Bau, der in der Barockzeit umgebaut wurde, Nr. 15 klassizistisch und Nr. 16 wieder mit gotischen Fenstergewänden. Nr. 17 und 25 haben barocke Fassaden, Nr. 30 ist ein spätgotischer Bau. In Nr. 38a führt ein spätgotisches Sitznischenportal, und über dem Barockportal von Nr. 43 hängt ein Weinfass. Drei Jahrhunderte Architekturgeschichte, und doch eine ausgeglichen wirkende, einladende Straße.

Die westliche Altstadt

Sie geleitet in den westlichen Teil der Pirnaer Altstadt, der viel belebter ist als die bisher durchlaufenen Viertel. Die Dohnaische Straße führt an das **Elbufer** mit Ausflugsdampfer- und Fähranlegestelle.

Die Fähre pendelt nach dem Ortsteil **Copitz.** Dort beginnt ein Wanderweg, der über die Fährstelle Zeichen immer an der Elbe entlang bis nach Stadt Wehlen führt. Der kürzeste Weg, um vom „Tor zur Sächsischen Schweiz" direkt in die Felsenwelt hineinzulaufen.

Stadteinwärts fällt zunächst das Renaissance-Eckhaus Lange Straße/Dohnaische Straße auf, weiter das Eckhaus Dohnaische Straße/Barbiergasse. Es wurde im 16. Jahrhundert erbaut und ist bekannt durch seinen zierlichen **„Engelserker".** Die Dohnaische Straße führt aber auch in das Viertel des 19. Jahrhunderts, wo prachtvolle **Neorenaissancebauten** zu sehen sind.

Barbiergasse, Schössergasse und Schuhgasse münden in den Marktplatz; parallel dazu führt die denkmalreiche **Schmiedestraße** am Markt vorbei wieder an den Burgberg. Die Häuser an der zum Markt gelegenen Straßenseite sind zumeist so genannte Durchhäuser, so haben sich die Leute früher Umwege erspart. Schmiedestraße 19 ist das **Tetzelhaus.** Hier wurde der Prediger **Johannes Tetzel** (1465–1519) geboren, der berüchtigte Ablasshändler und Lieblingsgegner *Luthers.*

Über die Barbiergasse gelangt man zurück zur abschließenden Station dieses Rundgangs. Im Kapitelsaal des ehemaligen Dominikanerklosters am westlichen Altstadtrand ist das **Stadtmuseum** eingezogen. Es illustriert neben der Stadtgeschichte auch die für Pirna lange Zeit prägende Kunstseideproduktion.

022ss Foto: ls

Friedrich Press (1904–1990) war einer der großen Meister der Dresdner Moderne. Der Bildhauer hat vor allem expressive sakrale Kunst geschaffen. Eine Pieta in Meißner Porzellan (1973) steht in der Dresdner Hofkirche. In der neoromanischen Josephskirche von Dresden-Pieschen gestaltete *Press* Altarraum und Kapelle, in der gotischen Stiftskirche von Göda/Oberlausitz den Innenraum.

Das **Kloster** wurde um 1300 gegründet. Erhalten blieb neben dem Kapitelsaal nur die schlichte zweischiffige Kirche aus dem späten 14. Jahrhundert. Der Altar ist eine Arbeit des Dresdner Bildhauers *Friedrich Press*.

Vom Klosterhof aus kann man nun noch einmal durch die Altstadt gehen, etwa ins Fischrestaurant „Dampfschiff" um die Ecke an der Elbe. Oder ins **Bahnhofsviertel,** wo es kleine Läden gibt, die zentrale Bushaltestelle und die S-Bahn-Station.

Barockgarten Großsedlitz

Auf dem Hochufer über dem Elbtal bei Pirna, nahe der S-Bahn-Strecke, liegt eine der bedeutendsten Gartenanlagen Deutschlands. (Ein Spaziergang dahin ist nicht zu empfehlen, der Weg ist zwar nicht lang, aber unangenehm.) Der Barockgarten Großsedlitz ist das **sächsische Versailles.**

Der Sonnenstein über Pirna

Seit dem 17. Jahrhundert hatte das auf dem Pirnaer Burgberg thronende Schloss Sonnenstein als **militärische Festung** gedient.

Eine königliche Verfügung übereignete den Sonnenstein 1811 der „Commission für die Landes-, Straf- und Versorgungsanstalten" zur Einrichtung einer Anstalt für Geisteskranke. Noch im gleichen Jahr konnte in der umgebauten Festung die **„Königlich-Sächsische Heil- und Verpflegungsanstalt Sonnenstein"** eröffnet werden. Der Sonnenstein war die dritte deutsche Anstalt, die sich durch humane Krankenbehandlung und Frühformen psychotherapeutischer Maßnahmen auszeichnete.

Mit Erlass des Sächsischen Innenministeriums wurde ab Oktober 1939 die bereits teilweise geräumte Heil- und Pflegeanstalt aufgelöst. Anfang 1940 inspizierte den Sonnenstein eine Kommission der nach ihrer Adresse in der Berliner Tiergartenstraße benannten „T4-Zentrale" - die der „Kanzlei des Führers" unterstellte, konspirative Schaltzentrale für den vom Naziregime betriebenen „Euthanasie"-Massenmord an psychisch kranken und geistig behinderten Menschen. Ein Teil des hinteren Anstaltsgeländes wurde ab April 1940 ummauert und in eine Tötungsanstalt mit Gaskammer und Krematorium umgebaut. Pirna-Sonnenstein war eine der sechs Anstalten im Deutschen Reich, in denen Behinderte mit Gas ermordet wurden.

Die Gedenkstätte mit Ausstellung, Bibliothek und Seminarräumen wurde im Jahr 2000 eröffnet. In den anderen Räumen der ehemaligen Tötungsanstalt hat die AWO-Pirnaer Werkstatt für Behinderte ihre dringend benötigten, neuen und modernen Arbeitsräume erhalten.

• **Gedenkstätte Pirna-Sonnenstein,** Schlosspark 11, Tel. (03501) 710960, www.stsg.de, Mo–Fr 9–15 Uhr, jeden ersten Samstag im Monat 10–15 Uhr.

Er ist 12 Hektar groß und gewinnt seinen besonderen Reiz durch die mit Freitreppen verbundenen Terrassen und die meisterhaften Sandsteinskulpturen.

1719–1723 gehörte diese Anlage dem Grafen *Wackerbarth*. Baumeister waren *Matthäus Daniel Pöppelmann* und *Johann Christoph Knöffel*. Die Obere Orangerie mit Wasserparterre und Kaskaden gilt als erstes selbstständiges Werk *Knöffels*.

1723 erwarb mit Geheimvertrag *August der Starke* den Garten. Er beauftragte, Versailles vor Augen, *Pöppelmann, Knöffel* und den französischen Gartenarchitekten *Zacharias Longuelune* mit dem Umbau. 1726 war die Untere Orangerie fertiggestellt und das Geld alle. 1754 wurden einige der 360 Skulpturen von preußischen Soldaten nach Sanssouci „umgesetzt", 1813 weitere durch die französische Armee - nicht nach Versailles mitgenommen, sondern zerschossen. Die meisten Skulpturen aber blieben im Originalzustand erhalten. Der Barockgarten diente als Festplatz für das jährliche Fest des polnischen Weiße-Adler-Ordens.

Das **Obere Parterre** wird von Wasserbassins und Fontänen gebildet, zum **Unteren Parterre** führen vier Freitreppen mit Statuen antiker Liebespaare. Darunter liegt die **Waldkaskade,** eine Wassertreppe, die zum **Steinernen Meer** führt. Am Rande dieses „Meeres" zeichnen Skulpturen vier Erdteile und vier Elemente. Vor der 100 Meter breiten **Unteren Orangerie** steht das wohl schönste Werk dieses Barockgartens, eine Komposition musizierender Putten, die **„Stille Musik".** Einige der Figuren stammen aus den Schulen von *Balthasar Permoser* und *Benjamin Thomae*. Im Sommer werden hier **Parkkonzerte** gegeben.

Praktische Reisetipps

Anfahrt

- **S-Bahn S-1** von Dresden (28 Minuten), Meißen (77 Minuten), Bad Schandau (11 Minuten); vom Bahnhof Pirna 10 Minuten zu Fuß (Bahnhofstraße - Gartenstraße) bis zum Marktplatz.
- **Auto:** B 172, Parkplatz am Elbufer.
- Zum **Barockgarten Großsedlitz:** S-1 bis Heidenau-Großsedlitz (4 Minuten von Pirna), dann 15 Minuten Fußweg (markiert). Mit Auto: B 172 bis Heidenau, dann nach Ausschilderung, Parkplatz am Haupteingang des Gartens. Mit dem Schiff: Anlegestelle Heidenau-Großsedlitz.

Info

- **Tourist Service Pirna,** Canalettohaus, Am Markt 7, 01796 Pirna, Tel. (03501) 556446, www.touristservice-pirna.de.
- **Barockgarten Großsedlitz,** Parkstraße 85, Tel. (03529) 56390, Apr.–Aug. tgl. 8–20 Uhr, Sept.–März tgl. von 8 Uhr bis Dunkelheit, Eintritt: 3 €/1,50 €.

023ss Foto: ls

Unterkunft

- **Hotel Pirnascher Hof€€,** Markt 4, Tel. (03501) 44380, www.pirnascher-hof.de, Weinkeller.
- **Romantik-Hotel Deutsches Haus€€,** Niedere Burgstraße 1, Tel. (03501) 46890, www.romantikhotel-pirna.de, Renaissancebau, Weinlokal, Kaffeegarten.
- **Hotel Sächsischer Hof€€,** Gartenstraße 21, Tel. (03501) 447551, www.hotel-saechsischer-hof-pirna.de.

Museen

- **Stadtmuseum Pirna,** Klosterhof 2, Tel. (03501) 556461, tgl. außer Mo 10–18 Uhr, Nov.–Apr. nur bis 17 Uhr, Stadtgeschichte, Sonderausstellungen, Veranstaltungen, Buchverkauf.
- **Bonsaigarten im Landschloss Zuschendorf,** Liebstädter Straße 53, Pirna, Fax (03501) 527734, Di–Fr 10–18 Uhr, Sa/So bis 17 Uhr.

Felsspalte in der Sächsischen Schweiz

Schöner Schein auf Schloss Weesenstein

Auf einem Felssporn über dem Wiesengrund der Müglitz steht einer der bedeutendsten sächsischen Herrschaftsbauten. Neben dem mittelalterlichen Rundturm entstand die malerische Anlage vor allem in der Zeit der **Renaissance und des Barock.** Der ältere Teil des Schlosses liegt oben - gebaut wurde von oben nach unten. Die Schlosskapelle (1741) ist eine Arbeit des Georg-Bähr-Schülers *Johann Georg Schmidt.*

Im 18. Jahrhundert wurde das gesamte Schloss mit illusionistischen Malereien überzogen. Jedes dritte Fenster war nur gemalt.

Eine Besonderheit ist im Untergeschoss der **Ledertapetensaal** mit der „Mechelner Ledertapete“ von 1710.

Auf Schloss Weesenstein werden Sonntagsführungen angeboten, Hochzeiten gefeiert und Konzerte veranstaltet.

Eine mehrjährige Sonderausstellung zeigt **Salvador Dalís** Visionen der „Göttlichen Komödie“ von *Dante Alighieri,* ein Meisterwerk surrealistischer Grafik.

Durch die Flutkatastrophe vom 12. August 2002 wurde die kleine Gemeinde Weesenstein fast völlig zerstört. Auch der Schlosspark wurde mit Schlamm und Schotter bedeckt. Nach dem Wiederaufbau begrüßt der Ort im Müglitztal wieder seine Gäste. Das Schloss auf dem Bergsporn blieb von den Zerstörungen unberührt. Bis 2009 finden in Teilen des Schlosses umfangreiche Sanierungsarbeiten statt.

- **Schlossverwaltung Weesenstein,** Am Schlossberg 1, Müglitztal, Tel. (035027) 6260; tgl. 9–18 Uhr (im Winter 10–17 Uhr).
- **Anreise** mit der Müglitztalbahn von Heidenau (S-Bahnhof der S-1 zwischen Dresden und Pirna) oder mit dem Auto von der B 172 Dresden-Pirna in Heidenau Richtung Glashütte/Altenberg.

Stadt Wehlen und die Einstiegsrouten

Überblick Das **„Wehlstädtel“** (1800 Einwohner) ist Ausgangsort für Halbtagswanderungen in das rechtselbische Basteigebiet, links der Elbe auf den Rauenstein und die Bärensteine. Trotz des ausdrücklichen Hinweises im Stadtnamen kann das „Wehlstädtel“ seinen ländlichen Charakter nicht leugnen. Das gereicht ihm zur Ehre; hier ist es noch ruhiger und ein bisschen bescheidener als etwa im mondänen Rathen. Die Durchfahrt mit dem Auto ist nicht möglich.

Geschichte Schon Ende des 14. Jahrhunderts wurden bei Wehlen Steinbrüche betrieben – neben der Bierbrauerei! Ab dem 15. Jahrhundert trieb man Elbzoll von den Schiffen ein. Um 1800 dominierte die Leineweberei. Nach Wehlstädtel kam nie der große Reichtum; der bedeutendste Prunkbau war wohl die Burg, zuerst erwähnt 1269. Sie war zugleich Schloss und Zollstation. Im 16. Jahrhundert verfiel die mittelalterliche Anlage. Das „Wehlstädtel“ war die kleinste Stadt im Kurfürstentum; größere Bedeutung bekam der Ort erst wieder mit dem Fremdenverkehr. *„Das Städtchen ist klein und unansehnlich, so angenehm sonst die Lage desselben ist“*, nörgelte *Nicolai,* der dann aber doch am Markte *„Nachtherberge und Landwein“* nahm und die Gesteinssammlung des Pastors besichtigte.

Bei Robert Sterl Oberhalb des S-Bahnhofes, im Ortsteil **Pötzscha,** steht das Wohn- und Atelierhaus von *Robert Sterl* (1867–1932), dem neben *Max Liebermann, Max Slevogt* und *Lovis Corinth* wichtigsten deutschen Maler des Impressionismus. *Robert Sterl* lehrte von 1904 bis zu seinem Tod an der Dresdner Kunstakademie. Er malte die Steinbrecher und Steinlader in den Sandsteinbrüchen zwischen Pirna und

111ss Foto: ls

Schmilka, die Musiker in den Konzertsälen, die Landschaft seiner zeitweiligen Wahlheimat in Hessen. Die Sammelstiftungen des Bezirkes Dresden haben das Künstlerhaus zu einem musealen Kleinod hergerichtet. Das unter alten Bäumen versteckte Robert-Sterl-Haus erinnert an den Maler, als ob dieser nur mal kurz ausgegangen wäre, um Farben zu kaufen. 100 Gemälde aus dem Nachlass Sterls hängen in den Wohn- und Arbeitsräumen, die durchwegs mit dem Originalmobilar eingerichtet sind. Zum Bestand des Robert-Sterl-Hauses gehören Skizzen und Vorarbeiten zu dessen bedeutendsten Werken, Fotos und Erinnerungsstücke. Zweimal im Jahr werden Sonderausstellungen gezeigt. Im Garten liegt, für Besucher zugänglich, die Ruhestätte des Ehepaares *Robert* und *Helene Sterl.*

Stadt Wehlen, Kurort Rathen
S. 92
Uttewalde
Felsentor
Kohlgrund
Waldidylle
Uttewalder Grund
Zscherregrund
Höllengrund
Steinerner Tisch
Frem-
Teufelsgrund
Heringshöhle
Steinrückweg
Griesgrund
Tümpelgrund
Stadt Wehlen
S. 90
Wehlgrund
Weiße
Fähre
S. 84
S-Bahnhof Stadt Wehlen
Pötzscha
Kamm-
Schöne Höhe
Damengrund
Großer Bärenstein
Naundorf
Kleiner Bärenstein
Diebshöhle
Thürmsdorf

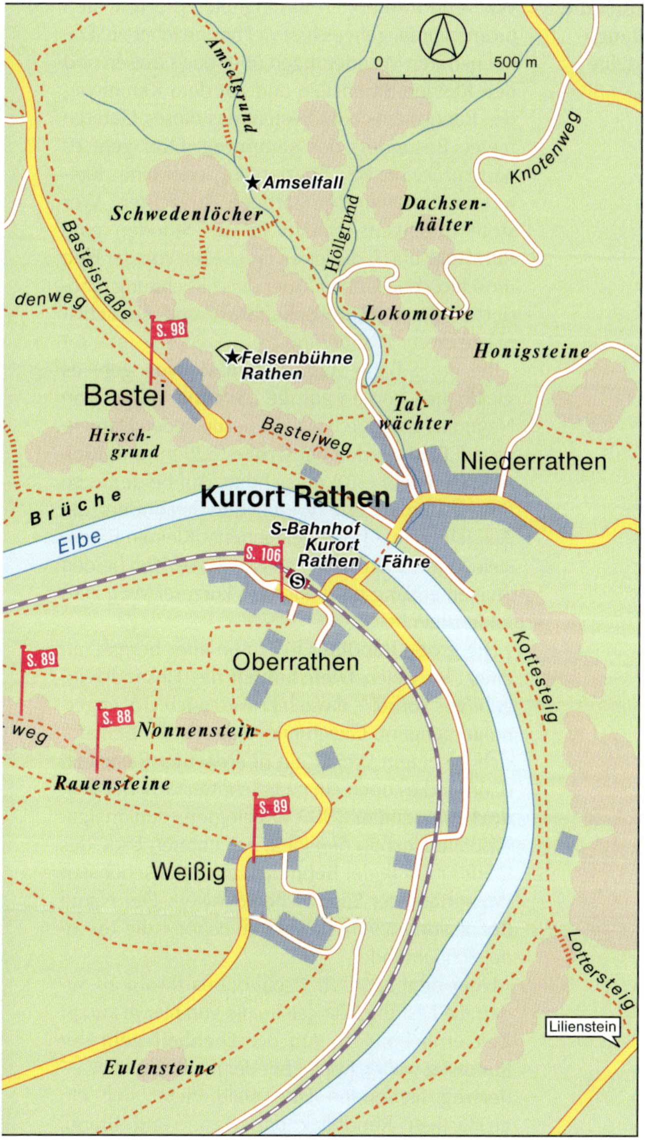
0
500 m
Amselgrund
Amselfall
Schwedenlöcher
Höllgrund
Dachsen-
hälter
Knotenweg
Basteistraße
denweg
Lokomotive
Honigsteine
S. 98
Felsenbühne
Rathen
Bastei
Tal-
wächter
Hirsch-
grund
Basteiweg
Niederrathen
Kurort Rathen
Brüche
Elbe
S-Bahnhof
Kurort
Rathen
S. 106
Fähre
Oberrathen
Kottesteig
S. 89
S. 88
weg
Nonnenstein
Rauensteine
S. 89
Weißig
Lottersteig
Lilienstein
Eulensteine

Über die Rauensteine

Während drüben, im Basteigebiet, die Touristen promenieren, geht es hier viel besinnlicher zu. Dabei gehören Wanderungen über den Großen und den Kleinen Bärenstein und auf dem Kammweg des Rauensteins zum Besten, das dieses Gebirge bietet. Besonders der Kammweg. Dort geht es hart zur Sache: kein Spaziergang, eher eine „Klettertour", aber mit großartigen Aussichten! Wer straff durchläuft, schafft in vier Stunden eine **Rundtour** durch dieses an drei Seiten von der Elbe umschlossene Gebiet. Aber diese Rechnung ignoriert all die verführerischen Rast- und Aussichtsplätze dieser Wanderung.

Bei der S-Bahn-Station Stadt Wehlen geht es gleich steil bergan auf die **„Schöne Höhe"** von Naundorf und durch Weidewiesen in den Damengrund. Bald werden der **Große** (329 m) **und Kleine Bärenstein** (338 m) sichtbar. Auf beide Berge führen unmarkierte Wege, und besonders die Aussicht vom – höhergelegenen – Kleinen Bärenstein lohnt einen Abstecher. Zwischen den beiden Steinen entlang führt auch ein kürzerer Weg zum Rauenstein.

Die große Rundtour führt nun aber bergab, an einer der vielen **Diebshöhlen** des Elbsandsteingebirges vorbei – diese hier wird auch Götzingerhöhle genannt. Gleich hinter der Straße befindet sich an einem Weiler ein überdachter Rastplatz, dann sind es noch ein paar Schritte nach **Thürmsdorf** mit seinem 1909 angelegten, denkmalgeschützten, exotischen Park. Am unteren Ende des Dorfes rauscht der **Behnefall,** einer der schönsten Wasserfälle der Sächsischen Schweiz. Der Name Behne kommt vom slawischen *pehne* = die Tosende, Schäumende.

Über dem Landschaftspanorama thront im Süden die Festung Königstein, die von hier in kurzer Zeit erreichbar ist. Auf der **Ebenheit** geht der Rundweg weiter, hoch über der parallel zum Wanderweg fließenden Elbe. Bald bietet sich ein großartiger Rundblick dar: Bastei und Brand,

039ss Foto: ls

Lilienstein und Königstein, die Bärensteine und der Rauenstein. Mitten auf dem Feld liegen die drei **Eulensteine,** geschützte Rest-Felsen eines Tafelberges.

Im idyllisch gelegenen **Weißig** stehen stattliche Bauernhöfe aus dem 19. Jahrhundert und die alte Dorfschule. Kurz vor dem unteren Dorfausgang führt eine steile Sandsteintreppe zur Touristenunterkunft **Auf dem Kulm.** Und wieder liegen sie wie aufgereiht: einsam im Vordergrund **die Nonne,** ein Kletterfelsen; am Horizont die Basteikette, der Lilienstein, der Pfaffenstein, der Königstein.

275 Stufen führen nahezu senkrecht hinauf zum schlichten Gasthaus auf dem **Rauenstein.** Das Massiv ist so zerklüftet, dass es auch „die Rauensteine“ genannt wird – dementsprechend sieht der **Kammweg** aus. Treppauf, treppab, und immer mit entgegenkommenden Wanderern einig wer-

Eulensteine

den, wer sich zuerst durch die Felsspalten zwängen darf. Die Aussicht ist großartig: ein Panorama von den Dresdner Türmen über alle Highlights der vorderen Sächsischen Schweiz, die Winterberge und die der Böhmischen Schweiz bis zum Geising im Osterzgebirge. Zurück nach Pötzscha geht es gemächlich bergab.

Soweit einer der attraktivsten linkselbischen Wanderwege. Rechts der Elbe liegt Stadt Wehlen, zu erreichen mit der Fähre.

Durch Stadt Wehlen

Am **Markt** stehen Fachwerkhäuser und die neoromanische Kirche (1883). Das Wohnhaus Markt 8 hat im Obergeschoss Fachwerk mit Andreaskreuzen. Nahe der Kirche führt eine Gasse, dann eine Treppe zum Burgberg hinauf. Von der einst stattlichen Schlossanlage blieben nur ein Rest der Umfassungsmauer, das Kellergewölbe und die „Trommel" genannte kleine Bastei, eine **Ruine** mit Aussicht über die kleine, zusammengedrängte Stadt. Das **Rathaus** (1747) reicht mit einem Bogen über die Straße. Am Stadtrundgang liegen auch der alpine **Pflanzengarten** und das **Heimatmuseum.** Die 1921 eröffnete Stube informiert über die Burggeschichte, über die sächsischen Bauernunruhen von 1790, Steinbrecherei und Elbeschifffahrt sowie über die Geologie des Sandsteins.

Die „Entdecker" des Elbsandsteingebirges sind rechts der Elbe von der Ebene bei Lohmen in die Gründe des Gebirges hinabgestiegen. Seitdem sind der Uttewalder Grund mit dem berühmten **Felsentor,** dem Motiv *Caspar David Friedrichs,* der Wehlener Grund, der Teufelsgrund und der Zscherregrund die **„Einstiegsrouten"** für „Schweiz"-Wanderer. Ganz bequem bekommt man hier in kurzer Zeit schon ein Gefühl für dieses Gebirge.

Felsengruppe Bastei mit Mönch, im Vordergrund die Nonne

024ss Foto: ls

Teufelskammer, Felsentor

Dieses ganze Schluchtensystem haben über Jahrmillionen hinweg die heute sparsam zur Elbe dahingrummelnden Bäche herausgearbeitet. Bis zu 90 Meter hoch stehen die senkrecht ausgewaschenen Sandsteinfelsen.

Der in Medingen (bei Dresden) geborene **Friedrich Märkel** war eine Kapazität auf dem Gebiet der Käferforschung. Bei ihm informierten sich *Alexander von Humboldt* und andere bedeutende Wissenschaftler. *Märkels* Käfersammlung wurde nach dessen Tod von der Dresdner Naturwissenschaftlichen Gesellschaft übernommen. Heute gehört sie zum Bestand des Sächsischen Naturkundemuseums.

Eine bequeme Wanderung führt von Stadt Wehlen zunächst durch den **Wehlgrund.** An der großen Weggabelung, wo die Gedenktafel für den Wehlener Kantor und Käferforscher *Friedrich Märkel* (1790–1860) hängt, zweigt geradeaus ein Rundweg durch den **Teufelsgrund** ab. Dort liegen die **Teufelskammer** und die **Heringshöhle,** niedrige Einsturzhöhlen, die den Wanderer auf die Knie zwingen. Dieser kleine Abstecher lohnt sich, besonders mit Kindern.

Weiter geht es durch den im Herbst besonders farbenprächtigen **Uttewalder Grund.**

Der kürzeste Weg führt nun bald nach rechts durch den **Zscherregrund** und in den **Höllengrund.** Wenn man weiß, dass „Zscherregrund" aus dem tschechischen *černý* = schwarz abgeleitet ist, sind diese beiden Namen Landschaftsbeschreibung genug. Rechts am Weg ist ein **Strudeltopf** zu sehen: eine topfförmige Vertiefung von 70 Zentimetern Durchmesser, die während der Elstereiszeit von herabstürzendem Schmelzwasser in den Sandstein gebohrt wurde. Die Innenwand des Strudeltopfes zeigt wie bei einem Gewinde feine Schraubenlinien, die vom Geröll geschnitten wurden.

Der etwas längere Weg führt weiter durch den abwechslungsreichen Uttewalder Grund bis zum historischen **Gasthaus „Waldidylle"** und dem von drei herabgestürzten, ineinander verkeilten Blöcken geformten, unzählige Mal gezeichneten, beschriebenen und erwanderten **Felsentor.**

Seit **Hans Christian Andersen** die folgenden Zeilen schrieb, hat sich so viel nicht geändert: *„Wir stiegen stufenweise immer tiefer in ein Tal hinab; es war der Uttewalder Grund. In der wunderbarsten Gestalt erhoben sich hier die Felswände an beiden Seiten, herrlich bewachsen mit Kräutern und buntem Moos; Sträucher und Bäume standen in malerischen Gruppen zwischen den Klüften, tief unten stürzte ein kleiner Bach hin, und hier oben über uns sahen wir einen schmalen Streifen, ein kleines Stück von dem graubewölkten Himmel. Bald traten die Felswände so nahe aneinander, daß wir nur noch einer hinter dem anderen gehen konnten; drei ungeheure Felsblöcke waren von oben herabgestürzt und bildeten ein natürliches Gewölbe, unter dem wir durchgehen mußten."*

Felsentor im Uttewalder Grund

604ss Foto: ls

Götzinger notierte: *„Was aber diesen engen Weg noch interessanter macht, sind die großen Steinblöcke, welche von oben herein so sonderbar eingestürzt sind, daß die beiden ersten in fast ganz gleichen Entfernungen und in so gleicher Höhe von dem Boden 2½ Ellen herauf festsitzen, als wären sie mit allem Fleiße und mit Hülfe des Richtscheites eingelegt."*

Dem Wegweiser „Bruno-Barthel-Weg" folgend, wird eine Hochfläche erreicht, aber nur für einige Schritte, dann geht es tief hinab in den **Kohlgrund.** Das **Naturtheater** wird von kulissenartig aneinandergereihten Felswänden gebildet – hier öffnet sich wieder der **Höllengrund.** Und durch die Hölle geradewegs zum **Steinernen Tisch,** erbaut 1710 für ein kurfürstliches Jagdfrühstück.

Bald taucht erstmals der historische Name **Fremdenweg** auf. Dann ist es nicht mehr weit bis zur Bastei!

Nach dem tiefen Grund der Panoramablick. An Wochenenden und in den Ferien darf allerdings niemand erwarten, auf dieser Tour allein zu bleiben. Dafür sind hier die Wege zu kurz und zu bequem. Wer sich den Bastei-Touristenauflauf ersparen möchte, steigt vom Fremdenweg hinter dem **Gasthaus „Steinerner Tisch"** nach rechts in den zur Elbe führenden Griesgrund oder am historischen Wegweiser des Fremdenweges nach links in die Schwedenlöcher.

Die stillen Gründe

Der **Griesgrund** ist einer der so genannten Stillen Gründe oder Basteigründe in den Weißen Brüchen. Dazu gehören noch Tümpelgrund, Pferdegrund, Hirschgrund und Hoffkluns. Es sind kurze Trockentäler, Oasen der Stille, die bis auf den Griesgrund (Bergpfad) heute größtenteils für Touristen gesperrt sind. Die kurze, sehr steile Hoffkluns wird auch Eisenbahngründel genannt, weil man dort Ende des 19. Jahrhundert eine Drahtseilbahn zur Bastei plante. Die fehlte noch!

Die **Weißen Brüche** sind ein über 1500 Meter langes Steinbruchgebiet zwischen Wehlen und Rathen. Die bis zu 145 Meter hohen schroffen Bruchhalden leuchten durch den Kiefern- und Birkenbewuchs. So sind die Weißen Wände besonders von der S-Bahn oder den gegenüberliegenden Rauensteinen gut zu sehen. Bis ins 14. Jahrhundert zurück ist in diesem Gebiet Steinbrecherei nachgewiesen. Ein Felssturz im Juli 1877 blockierte 22 Tage lang die Elbe. 1910 hat der „Verein zum Schutz der Sächsischen Schweiz" die Weißen Brüche aufgekauft und so vor weiterer Ausbeutung bewahrt. Noch in den 1920er Jahren wurden Wanderer aufgerufen, aus der Baumschule Graupa (am Anfang des Fremdenweges) Sämlinge mitzunehmen und auf die Halde zu pflanzen.

026ss Foto: ls

Vordere Sächs. Schweiz

Rund um Obervogelgesang

In **Dorf Wehlen** stehen Umgebindehäuser und Fachwerkgehöfte aus dem 19. Jahrhundert und eine große Kirche aus dem 18. Jahrhundert mit romanischer Apsis. Das Dorf liegt drei Kilometer von Stadt Wehlen entfernt und ist älter als diese. Dahin wandern kann man am besten durch den Teufelsgrund, an der Heringshöhle vorbei und weiter durch den Wald auf der Buschholzstraße. Vom Dorf Wehlen geht ein Feldweg ans Elbufer nach **Zeichen.** Dort pendelt die Fähre nach einem Dorf mit dem schönen Namen **Obervogelgesang,** der ersten S-Bahn-Station nach Pirna. Auf den meisten Karten der Sächsischen Schweiz ist es gar nicht mit drauf – aber steil über Obervogelgesang liegt der erste Aussichtspunkt des Gebir-

Sandsteinbruch Wehlen:
Hier wurde Sandstein für die Frauenkirche in Dresden gebrochen

ges, die **Königsnase** (196 m). Und von dort ist man in einer Stunde am Fuß der Bärensteine, noch eine Stunde später am Fuß des Königsteins.

Im nahen **Struppen** (2450 Einwohner) ist die Pfarrkirche aus der zweiten Hälfte des 13. Jahrhunderts sehenswert. Im 17. Jahrhundert wurde sie äußerlich und 1736 im Innern zum Teil verändert; romanisch blieben der quadratische Chor, der Triumphbogen, die Sakristei, das Südportal und die Chorpforte. Neben dem Triumphbogen wurden mittelalterliche Fresken freigelegt. Das Chorgewölbe ist gotisch, der südliche Anbau für die Herrschaftsstube (1600) aus der Renaissance.

Am Kirchberg steht das **Alte Schloss,** ein Bauwerk aus dem 16. Jahrhundert. Im **Pfarrhaus** (um 1750) wurde 1758 der bereits zitierte *Wilhelm Leberecht Götzinger* geboren.

Praktische Reisetipps

Info

- **Gästeamt Stadt Wehlen,** Markt 7, 01829 Stadt Wehlen, Tel. (035024) 70414, www.stadt-wehlen.de.
- **Pendelbus Basteikraxler,** verkehrt im Sommer zwischen 9.30 Uhr und 16 Uhr ab Stadt Wehlen, Markt (vor der Touristeninformation) zur Bastei; auch Sonderfahrten, Tel. (035020) 70203.

Unterkunft und Gastronomie

- **Café Richter€,** Karl-Marx-Platz 4, Stadt Wehlen, Tel. (035024) 70217.
- **Strand Hotel€€€,** Markt 9, Stadt Wehlen, Tel. (035024) 78490, www.strandhotel-wehlen.de, täglich 8–24 Uhr, einheimische Küche.
- **Hotel Wehlener Hof€€,** Markt 3, Stadt Wehlen, Tel. (035024) 78490.
- **Pension Am Nationalpark€€,** Hofewiese 19, Stadt Wehlen, Tel. (035024) 70650, www.pension-am-nationalpark.de.
- **Pension Burgblick€€,** Lohmener Str. 2, Stadt Wehlen, Tel. (035024) 71077.
- **Gasthof Zur Eiche€,** Schulstraße 2, Dorf Wehlen, Tel. (035024) 70361, www.gasthof-eiche.de.
- **Pension Haus Wehlen€€,** Pirnaer Straße 36, Dorf Wehlen, Tel. (035024) 70364, www.haus-wehlen.de.
- **Pension Zur alten Säge€€,** Schustergasse 8, Dorf Wehlen, Tel. (035024) 70622, www.pension-zur-alten-saege.de, Bauernhof, Spielplatz, Schauanlage „Kleine Sächsische Schweiz".

605ss Foto: ls

Vordere Sächs. Schweiz

- **Pension Berghof€,** Bergweg 1, Pötzscha, Tel. (035020) 70427, direkt neben S-Bahn-Station Stadt Wehlen.
- **Appartement-Hotel „Villa Maria" und „Haus Sonneneck"€€,** Mennickestraße 29, Stadt Wehlen, Tel. (035024) 71084, www.ferienwohnung-elbsandstein.de, direkt an der Elbe.
- **Pension Haus Taubennest€,** Bahnhofstraße 6, Pötzscha, Tel. (035020) 70310, www.pension-haus-taubennest.de, direkt an der S-Bahn-Station Stadt Wehlen.
- **Gasthof auf dem Rauenstein,** an Wochenenden, Feiertagen 10–17 Uhr, einfache Küche.
- **Gasthaus Waldidylle€,** Uttewalder Grund, Mai–Okt. Di–So 10–18 Uhr, Nov.–April Mi–Fr 11–16 Uhr, Sa/So 10–18 Uhr, einfache Küche um 5 €, gemütliches Rastlokal, www.waldidylle-online.de.

Museum

- **Robert-Sterl-Haus,** Robert-Sterl-Str. 99, Naundorf (oberhalb der S-Bahn-Station Stadt Wehlen, 10 Minuten Fußweg), Tel. (035020) 70216, www.robert-sterl-haus.de. Geöffnet 1. Mai–31. Okt., Mi, Do und So 10–17 Uhr. Führungen nach Anmeldung; für Gruppen ab 10 Personen Führungen auch außerhalb der Saison möglich.

Gasthof Waldidylle im Uttewalder Grund

Ausstellung

- **Miniaturausstellung „Kleine Sächsische Schweiz“,** Familie Lorenz, Schustergasse 8, Dorf Wehlen, Tel. (035024) 70631, Ostern–Ende Okt. tgl. 9–18 Uhr. Auf 2000 Quadratmeter Freifläche die bekanntesten Felsformen und Ausflugsziele sowie die Elbe, funktionstüchtige historische Verkehrsmittel wie Dampflok, Schiff und Straßenbahn befahren das Mini-Gebirge.

Wanderungen

- Pötzscha (S-Bahn-Station Stadt Wehlen) – Bärensteine (ohne Aufstieg) – Thürmsdorf – Weißig – Rauenstein – Pötzscha: 4 Stunden.
- Thürmsdorf – Festung Königstein: 1 Stunde.
- Stadt Wehlen – Steinerner Tisch – Bastei: 1½ Stunden.
- Stadt Wehlen – Teufelsgrund – Dorf Wehlen: 2 Stunden.
- Stadt Wehlen – Wehlener Grund – Uttewalder Grund – Bruno-Barthel-Weg – Kohlgrund – Zscherregrund – Stadt Wehlen: 3 Stunden.

Bastei und Schwedenlöcher

Überblick

August der Starke hatte diesen Aussichtspunkt offenbar nicht entdeckt, sonst stünde dort heute ein barockes Schloss. Der Sturm auf die **Bastei** begann erst hundert Jahre später. *Nicolai* empfahl seinen Lesern, von Wehlen an der Elbe entlang nach Rathen zu laufen und sich dort einen kundigen Führer zu nehmen. Bevor man den Ausblick genießen konnte, musste man *„aus dem dicken Gehölz auf die hervorstehende Spitze“* treten. *„Die Bastey“*, seufzte Maler *Zingg*, *„ist über die maßen schön, aber erst gült es hinaufzugelangen.“* Heute muss man an dicken Betonhotels vorbei.

„Ein großes, hübsches Gebäude“ lag vor der Gesellschaft des Märchendichters *Andersen*, *„es war das Wirtshaus auf der Bastei. Hier ist es hoch, sehr hoch! Du mußt ein paar Kirchtürme aufeinandersetzen und dann nicht schwindlig dabei werden, wenn du auf der obersten Spitze stehst. Ein Gitter ist angebracht, damit du nicht fällst! – Das lange weißgelbe Band dort unten, das vor deinen Augen nicht breiter aussieht als das Trottoir auf der Straße, ist die Elbe; das gelbbraune Pappelblatt, das du*

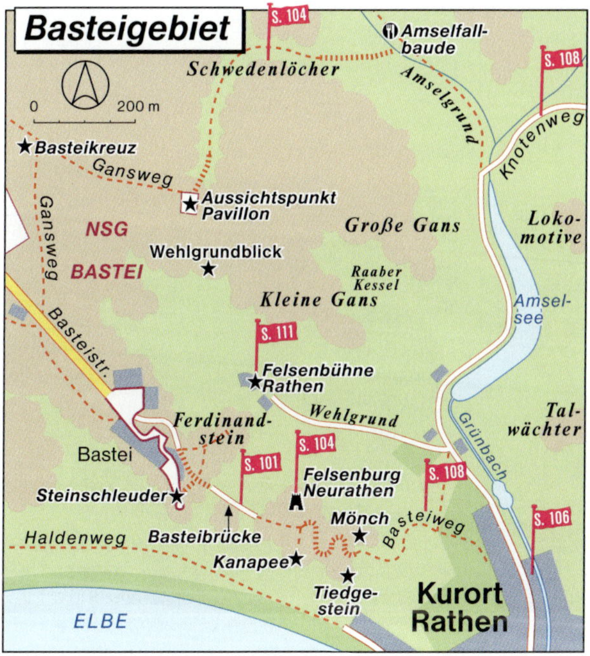

schwimmen zu sehen glaubst, ist ein langer Flußkahn; du kannst auch, aber nur wie kleine Punkte, die Menschen darauf erkennen! – Versuche es, einen Stein in die Elbe hinabzuwerfen, du mußt deine ganze Kraft anwenden, er erreicht sie doch nicht, sondern fällt diesseits ins Gras."

Darüber schreiben sie übrigens alle; diese frühen Reisenden muss es doch in den Fingern gejuckt haben; schon „*Meinholds* Führer durch Dresden zu seinen Kunstschätzen, Umgebungen und in die Sächsisch-Böhmische Schweiz" (1881) warnte: *„Steine in die Tiefe zu werfen ist streng verboten, da unten ein Fußweg vorüberführt."*

Pfingsten 1812 bot Fleischer *Pietsch* aus Lohmen auf der Bastei Speisen und Getränke an. Zur Be-

027ss Foto: ls

wirtung der Gäste wurden zwei Rindenhütten errichtet. 1826 baute der Dresdner Architekt *Gottlieb Friedrich Thormeyer* eine Gaststätte. 1844 wurde an der Felsenbastion ein Geländer angebracht. Längst ist das Basteigebiet das meistbesuchte in der Sächsischen Schweiz. Nur hier kann man mit dem Auto bis fast an die Aussichtsplattform fahren und mitten in der schönsten Natur in einem

Blick von der Bastei auf Rathen und Lilienstein

Basteibrücke

105ss Foto: ls

großen Hotel übernachten. Beschaulichkeit darf man hier nicht erwarten, aber das Landschaftserlebnis bleibt großartig.

Nördlich des Parkplatzes steht das **Basteikreuz.** Im Jahre 1593 wurde dieses Steinkreuz bereits in der kursächsischen Landesaufnahme dargestellt.

Wenigstens einmal muss man ihn erlebt haben, den **Basteiblick,** das Panorama vom 190 Meter hohen Plateau des steil zur Elbe abfallenden Felsens. Ringsum Felsen, Wald, Berge, Wiesen, wieder Felsen, Wald und darinnen das Elbband. Der Fluss liegt in Luftlinie nur 230 Meter entfernt. In manchen Stunden jedoch sehen die Basteibesucher deutlich die Hand vor Augen – und sonst nur Nebel.

109ss Foto: ls

Eine das Bastei-Panorama ergänzende Aussicht nach Norden und Osten bietet der **Ferdinandstein.** Zu ihm führt unmittelbar vor der Basteibrücke ein kurzer Weg nach links.

Die 76 Meter lange, steinerne **Basteibrücke** über der Mardertelle steht seit 1851. Als architektonisches Meisterwerk und Wahrzeichen der Sächsischen Schweiz verbindet sie weithin sichtbar die Bastei mit der Felsenburg Neurathen. An ihrer Stelle stand im Mittelalter eine hölzerne Zugbrücke. Der Sage zufolge soll zu Raubritterzeiten die Brücke bei Belagerungen zerschlagen worden sein, so dass Belagerer in die Schlucht stürzten. Daher der Name „Mardertelle". 1826 wurde die erste Holzbrücke für den bereits lebhaften Fremdenverkehr errichtet.

Allein im Basteigebiet gibt es 100 Kilometer Wanderwege. An der **Steinschleuder,** einem Kletterfelsen direkt an

Auch des Lichtbildners **Hermann Krone** wird mit einer Gedenktafel an der Steinschleuder gedacht. *Krone „malte als erster mit Licht"*, heißt es dort auf lateinisch. Der **Foto-Pionier** schuf in der Sächsischen Schweiz die ersten deutschen Landschaftsfotos. Am 2. Oktober 1853 gelangen ihm auf der Bastei 13 Aufnahmen.

028ss Foto: ls

der Basteibrücke, erinnert eine Gedenktafel an die Pastoren *Nicolai* und *Götzinger: „Sie waren diejenigen, welche zuerst die Blicke der Fremden auf diese Gegenden leiteten."* Errichtet 1834 durch *„sämtliche verpflichtete Führer"*. Früher sorgte auf der Felsenburg tatsächlich eine Steinschleuder, wie sie nun in der Burg Neurathen besichtigt werden kann, für den nötigen Respekt der Belagerer.

Bastei

Blick zur Kleinen Gans

Felsenburg Neurathen

Ein gotisches Felsentor führt am Ende der Steinbrücke in die **Felsenburg Neurathen.** Diese 1261 erstmals benannte Festung wurde von Archäologen erforscht und von Bergsteigern saniert. Ein Rundweg über die teilweise rekonstruierte Burganlage zeigt freigelegte Reste von Hausbauten, Stufen, Spuren der Zugbrücke, eine Zisterne und immer wieder prächtige Aussichten in das Basteigebiet. Die Felsenkammern waren während der Kriege Zufluchtsort für Rathener. Bis heute ist zu lesen: *„1706 war ter Swete in Lante es kustete vil Gelt."*

Nach der Burgbesichtigung kann man von hier schnell den Kurort Rathen erreichen, nicht ohne noch die Aussichtsplattformen am **Kanapee** und **Tiedge** zu besuchen, dem hier der Elbe am nächsten stehenden Felsen.

Oder man läuft auf der Basteistraße zurück bis zum historischen Wegweiser und auf dem Gansweg bis zum Rastplatz mit Schutzhütte. Von dort führt ein kurzer Weg in Richtung der Kletterfelsen **Kleine Gans** und Höllenhund bis zum **Wehlgrundblick.** Weil dort einmal ein Pavillon stand, wird diese Stelle auch Pavillonaussicht genannt.

Vom Kurort Rathen zurück nach Stadt Wehlen führt ein wenig begangener Weg entlang der Elbe, der **Haldenweg** am Fuß der Weißen Brüche. Von dort ist, an der Karl-Stein-Hütte, der steile und enge Aufstieg in den Griesgrund möglich.

Schwedenlöcher und Amselfall

Einen der romantischsten Wanderwege der Sächsischen Schweiz bietet der steile Abstieg vom Basteigebiet (Basteistraße, Gansweg) durch die **Schwedenlöcher.** In dieser Seitenschlucht des Amsel-

029ss Foto: ls

grundes versteckten sich Bauernfamilien während des Dreißigjährigen Krieges. Jede Wegbiegung in dieser vom Eiszeitschmelzwasser geformten Schlucht lädt zum Verweilen und Schauen ein. Erst 1886 wurden die Schwedenlöcher durch das Forstamt Lohmen für Wanderer zugänglich gemacht. So verlockend die geheimnisvollen Seitenwege beiderseits der Felsenkluft auch sein mögen: Die Schwedenlöcher gehören zum Kerngebiet des Nationalparks, das Verlassen des markierten Weges ist verboten!

Im Amselgrund geht es 10 Minuten bergan zum **Amselfall.** Keine Amsel, sondern der Grünbach stürzt hier den Felsbalkon herab, aber nur auf Bestellung: *„Für 50 Pfennig braust der Fall mit einem großen Wasserschwall."*

1906 schwemmte ein Wolkenbruch die erste Amselfallbaude weg. Danach wurde das heutige Blockhaus gebaut. Die Nationalparkverwaltung hat dort ein **Informationszentrum** eingerichtet, das sich einfallsreich an Wanderer wendet und auch Kindern spielerisch das Erlebnis Natur nahebringt. Für die Jüngsten gibt es eine Naturspielecke mit Höhle, für die Älteren Infos am Computer und Experimentierplätze. Hier wird auch aktuelles Info-Material verkauft.

Markierte Wege führen bergan nach Rathewalde und zum Hockstein oder bergab nach Kurort Rathen.

Info

- **Nationalpark-Informationsstelle Amselfallbaude,** Mai–Sept. tgl. 10–17 Uhr, Apr. und Okt. bis 16 Uhr.

Unterkunft und Gastronomie

- **Berghotel Bastei**€€€, Tel. (035024) 70406, www.bastei-berghotel.de.
- **Gasthaus am Amselfall,** Tel. (035975) 81226, Mai–Okt. tgl. 10–17 Uhr, romantisch gelegenes, einfaches Gasthaus, Essen um 5 €.

Kurort Rathen

Überblick

Nur 410 Einwohner hat der unterhalb der Bastei gelegene Luftkurort Rathen. Eine Fähre pendelt zwischen Oberrathen (S-Bahnhof) und Niederrathen. In Rathen hat sich einiges vom Flair eines gestandenen Gebirgskurortes aus dem 19. Jahrhundert erhalten. Enge und autofreie Pflastersteinwege führen durch das beschauliche Niederrathen mit seinen Fachwerk- und Landhäusern. Der Kurort liegt direkt am Nationalpark. Beim Übersetzen mit der Elbfähre sieht man die Bastei, den Mönchfelsen und die Burg Altrathen als Panorama über den niedrigen Häusern, in der Ferne die Lokomotive und die Honigsteine.

Geschichte

Früher war Rathen ein Dorf der Schiffer, Fischer und Steinbrecher; mit der Entdeckung der Sächsi-

031ss Foto: ls

schen Schweiz und der Eröffnung der Elbschifffahrt wandelte es sich zu einem der beliebtesten Ferienorte. 1261 wurde erstmals das auf Burg Altrathen ansässige Adelsgeschlecht beurkundet. Über dieser wurde im Mittelalter noch Burg Neurathen angelegt. Im Dreißigjährigen Krieg waren beide Burgen längst nur noch Ruinen, in denen sich die Leute vor marodierenden Söldnern versteckten. Seit Ende des 18. Jahrhunderts ist der Tourismus die wichtigste Erwerbsquelle.

Kühner Gipfelstürmer oder Mönch ...

Basteiweg

Der Basteiweg wurde 1825 angelegt. Er verbindet besucherfreundlich den Kurort mit dem Basteigebiet; und er bietet damit die Postkartenblicke in den Rathener Felsenkessel auf Talwächter, Lokomotive, Gans und **Mönchstein** (275 m) mit seinem Gipfel-Zeichen aus Blech.

Es finden sich immer wenigstens zwei Leute in der S-Bahn, die darüber spekulieren, ob die aufrecht-unbewegliche **Gestalt auf dem Mönchstein** wohl ein besonders kühner Bergsteiger sei. Die Wetterfahne wurde 1887 aufgestellt und erinnert an den Wachtposten der Burg Neurathen, der im gut sichtbaren „Mönchloch" einen luftig-einsamen Unterschlupf hatte. Der Mönchstein wurde auch nach der mittelalterlichen Burg-Zeit mehrfach bestiegen, mit Leitern. 1874 gelang die erste sportlich einwandfreie Besteigung.

Am Beginn des Basteiweges, majestätisch über der Elbe, liegt die romantische **Burg Altrathen,** die neben Bergsteigerunterkünften und Rittersaal mit Kreuzgewölbe auch eine Pension, ein Kleinkunsttheater und ein Restaurant bietet. Von der Burgterrasse kann man auf das Elbtal schauen. Zu erreichen ist die „Hexenburg" nur über einen steilen Fußweg (5 Min.).

Zum Hockstein

Der flache, 600 Meter lange **Amselsee** entstand 1934 durch Stauung des Grünbaches. Vom Amselgrund, gleich hinter dem Gondelteich, zweigen nach rechts **Höllgrund** und **Knotenweg** ab (zunächst „Pionierweg", angelegt 1895 von einer Pioniereinheit der sächsisch-königlichen Armee). Der „Knotenweg" heißt so, weil dort Jäger dem Wild auf dem Weg zur Tränke auflauerten. Damit sie wieder zurückfanden, knüpften sie Knoten an herabhängende Zweige. Rechts liegen die **Honigsteine** mit dem markanten Kletterfelsen **Lokomotive,** links das Naturreservat **Dachsenhälter.** Dieser Weg ist die angenehmste Route zum **Hockstein** (291 m).

Die **Honigsteine** sollen, so erzählt die Sage, an ihren unzugänglichen Seiten ganz von dickem Honig überzogen sein, weil sich in den Ritzen und Höhlen zahlreiche Bienenvölker aufhalten. Als zwei arme Leute darangingen, am Fuße des Felsens nach der süßen Nahrung zu suchen, hetzte der Rathener Ritter seine Jagdhunde auf sie. Auf einmal flogen aus dem zerklüfteten Gestein ganze Bienenschwärme hervor. Sie stürzten sich auf den Ritter, bis dieser aus dem Burgfenster heraus in den Abgrund sprang und ums Leben kam. Wo der Ritter den Tod fand, bleibt seitdem der Schnee nicht mehr liegen.

Der Hockstein-Felsen ragt 114 Meter hoch senkrecht über dem Polenztal auf. Pfarrer *Nicolai* hatte noch seine Mühe mit dem Aufstieg, denn *„... man muß oft mehr kriechen als steigen"*. 1821 wurde für den bequemeren Zugang von oben eine Brücke gebaut, die **Teufelsbrücke,** an der nun wieder *Hans Christian Andersen* notierte: *„Der Teufel hat wirklich Geschmack. Jede Stelle, die seinen Namen trägt oder auf ihn hindeutet, hat etwas Pikantes. Es sind die allerromantischsten Gegenden, die man mit seinen Interessen in Verbindung gesetzt hat ... Die Teufelsbrücke ist gleichsam hingeworfen über eine Schlucht zwischen zwei senkrechten Felsen; ein Berg ist hier gespalten von seiner obersten Spit-*

Die Wolfsschlucht – romantische Natur als Theaterkulisse

Andersen hat den Weg beschrieben, als ob er Stunden dauere, dabei sind es gerade mal fünf Minuten. Aber was für welche! *„Durch den Dichter Kind hat diese Stelle ein eigenes Interesse bekommen, indem er die Beschwörungsszene im 'Freischütz' hierher verlegt hat. Diese tiefe Spalte ist die vom Theater her bekannte 'Wolfsschlucht', sieht aber nichts in der Welt weniger ähnlich als der Dekoration, durch die man sie gewöhnlich darstellt; es würde übrigens auch sehr schwierig sein, das Ganze darzustellen, wie es sich in der Wirklichkeit zeigt."* Deshalb gibt es ja nun die Felsenbühne Rathen, die kommt ohne Deko aus. *„Hilf, Samiel!"* riefen *Andersen* und seine Wandergefährten, *„als wir noch kaum die Hälfte hinabgestiegen waren; denn hier schien es bedenklich zu sein. Jedesmal, wenn wir um ein Felsstück herum kamen, von dem wir glaubten, daß es den Ausgang verberge, lag noch immer ein tiefer Abgrund unter uns."* *Kind* ließ seinen Jägerburschen *Max* in der Wolfsschlucht mit belegter Stimme rufen: *„Ha! – Furchtbar gähnt / der düstre Abgrund! Welch ein Graun, / das Auge wähnt / in einen Höllenpfuhl zu schaun!"*

ze bis an den grünen Fuß; aber die ganze Öffnung ist nur ungefähr vier bis fünf Ellen breit."

Früher diente der Hockstein als befestigte Wehranlage, zunächst gegen, dann für die Burg Hohnstein. Reste der alten **Veste** sind erhalten geblieben. Dazu gehört vielleicht auch das in den Sandstein gemeißelte Mühlespiel. Manche meinen, damit hätten sich gelangweilte Wachmannschaften die Zeit vertrieben.

Die Akustik hier oben ist fantastisch: Man hört das Hämmern und Sägen im gegenüberliegenden Hohnstein, leider auch den Verkehrslärm der Wartenbergstraße. Die *„geschäftige Zunge der Sage" (Götzinger)* berichtet von einer ledernen Brücke, die den Hockstein mit dem Hohnstein verbunden haben soll.

Das Romantischste am Hockstein ist der Abstieg durch die **Wolfsschlucht.** Wölfe passen zweifellos hindurch, etwas beleibtere Wanderer dürften an einigen Stellen Schwierigkeiten bekommen. Den Zugang zu diesem schon im Mittelalter benutzten Felsengang markiert ein gotischer Spitzbogen.

Endlich, am Ausgang der Schlucht, lädt die Pension Polenztal ein. Durch den von steilen Felsen eingefassten, feuchtkühlen **Schindergraben** (hier wohnte der Abdecker, der Schinder) geht es, an den Rudimenten des Bärengartens (Kapitel Hohnstein) vorbei, nach Hohnstein. Dieses Wegstück gehört schon zum Hohnsteiner Lehrpfad.

Praktische Reisetipps

Info

- **Haus des Gastes,** Füllhölzelweg 1, 01824 Kurort Rathen, Tel. (035024) 70422, www.kurort-rathen.de.
- **Bastei,** Schweizerhaus, Informationsstelle mit Kunst aus vier Jahrhunderten. Tgl. 10–16 Uhr.

Unterkunft und Gastronomie

- **Hotel Amselgrundschlösschen€€,** Mühlenweg 1, Kurort Rathen, Tel. (035024) 74333, http://amselgrundschloesschen.de, tgl. 11–22 Uhr, Rathener Spezialitäten.
- **Berghotel und Panoramarestaurant Bastei€€€,** Lohmen/Bastei, Tel. (035024) 7790, www.bastei-berghotel.de, tgl.

Felsenbühne Rathen

Von *Ludwig Richter* gibt es das Bild eines einsamen, wildromantischen Wehlgrundes. 1936 wurde in diesem Talkessel zwischen Kleiner Gans und Großem Wehlturm mit der Aufführung des „Basteispieles" von *Kurt Arnold Findeisen* die Felsenbühne Rathen eröffnet.

Seitdem hat der Kurort **„Europas schönstes Naturtheater"**, mit 2000 Plätzen und einmaliger Felsenkulisse. 1938 wurde nach dem Libretto von *Friedrich Kind* „Der Schatz im Silbersee" aufgeführt, das Stück steht bis heute auf dem Spielplan. Selbstverständlich gehört auch „Der Freischütz" von *Carl-Maria von Weber* zum ständigen Repertoire. Diese 1821 in Berlin uraufgeführte deutsche Nationaloper mit Jägerchor und pyrotechnischer Wolfsschluchtszene ist „Hausoper" der Felsenbühne, kein anderer Ort wäre besser geeignet.

Ein familiäres Theater: Die Schauspieler sind dicht an den Besuchern dran; die Zuschauer, von 6 bis über 60, sitzen auf mitgebrachten Kissen, manchmal werden auch noch Schnittenpakete ausgewickelt und öfters einige Flaschen Wein neben dem Rucksack entkorkt.

Seit 1953 ist die Felsenbühne Spielstätte der Landesbühnen Sachsen, mit heute 308 Beschäftigten. Saison ist von Mai bis September. Das Wetter spielt immer eine wichtige Rolle. Notfalls tragen auch die Schauspieler Pullover.

Auf den Besuch der Felsenbühne Rathen kann man sich am besten bei einer Wanderung einstimmen: von Stadt Wehlen durch den Zscherregrund und den Höllengrund, durch die Schwedenlöcher und den Amselgrund. Oder von Hohnstein zum Hockstein, dort die Original-Wolfsschlucht hinauf und über die Teufelsbrücke, auf dem Knotenweg und durch den Höllgrund zum Amselgrund. Vom Amselsee sind es nur noch ein paar Schritte zur vorhanglosen Bühne.

Wer nach der Vorstellung auf die Elbfähre angewiesen ist, sollte sich beeilen oder eine längere Wartezeit (30 Minuten) einplanen!

- **Felsenbühne Rathen,** Theaterkasse, Kurort Rathen, Tel. (035024) 7770, www.felsenbuehne-rathen.de.
- **Landesbühnen Sachsen,** Meißner Straße 152, Radebeul, Tel. (0351) 8954214.

Vorstellungen beginnen meist 10.30, 15 und 20 Uhr. Eintrittspreise zwischen 16 €, ermäßigt 13 €, und 24 €, ermäßigt 21 €. Zusätzliche Ermäßigungen für Familien, für Gruppen ab 21 und ab 51 Personen. Premierenzuschlag 3 €.

10–23 Uhr, im Winter 10–18 Uhr; Speisekarte zum Postkartenblick.

- **Pension „Panorama"€,** Zur kleinen Bastei 4, Kurort Rathen, Tel. (035024) 70669, www.pensionpanorama.eu, am Fuß der Kleinen Bastei.

- **Rosengarten€€,** Kottesteig 1, Kurort Rathen, Tel. (035024) 70232, www.rosengarten-rathen.de, tgl. 11–23 Uhr. Terrassenblick auf die Bastei.
- **Hocksteinschänke€-€€,** Am Hockstein, Rathewalde, Tel. (035975) 81342, www.hocksteinschaenke.de, Mo 10–14 Uhr, Mi–So 8–22 Uhr, bäuerlich eingerichtete Rast-Schänke.
- **Burg Altrathen€,** Kurort Rathen, Tel. (035024) 7600, www.burg-altrathen.de, Pension, Bergsteigerquartier, Restaurant, Theater.

Burg

- **Felsenburg Neurathen,** tgl. 9–18 Uhr, Eintritt 1/0,50 €.

Wanderungen

- Abstieg von der Bastei (200 m vor dem Bastei-Hotel, historischer Sandstein-Wegweiser am Abzweig von der Basteistraße) in die Schwedenlöcher (30 Min.), weiter zum Amselsee (15 Min.) oder nach Rathen (30 Min.).
- Kurort Rathen – Amselsee – Schwedenlöcher – Gansweg – Rathewalder Fußweg – Rathewalde – Amselgrund – Kurort Rathen: 3 Stunden.
- Bastei – Schwedenlöcher – Kurort Rathen – Bastei: 2½ Stunden.
- Kurort Rathen – Kottesteig – Lottersteig – Lilienstein, Aufstieg und Abstieg – Königstein: 3 Stunden.

Hohnstein, Brand und Polenztal

Überblick

Auf einem steilen Felsen, 140 Meter über dem Tal der Polenz, thront seit dem Mittelalter **Burg Hohnstein.** Sie ist die einzige erhaltengebliebene Burg rechts der Elbe. Die **Stadt Hohnstein** (3670 Einwohner) ist Ausgangsort für Wanderungen in das Bastei- und Brandgebiet.

Vermutlich hat Burg Hohnstein schon im 13. Jahrhundert an der hier vorbeiführenden „Böhmischen Glasstraße“ gestanden. Als es auf der Burg zu eng wurde, siedelten sich die Bediensteten außerhalb der schützenden Mauern an. So entstand die 1445 erstmals erwähnte Stadt Hohnstein: Häuser wurden überall dahin gebaut, wo die Felsen ein Stückchen Platz freigaben.

Weitläufig dörflich dagegen ist der auf dem Hochland gelegene Hohnsteiner Ortsteil **Rathe-**

walde. Man erreicht bequem den Amselgrund und das Basteigebiet und genießt den **Hohburkersdorfer Rundblick** über das gesamte Elbsandsteingebirge.

Stadt Hohnstein

Um den kleinen **Marktplatz** herum liegt das Städtchen weitgestreut zwischen den Bergen, überragt von der trutzigen Festung. Ältestes Gebäude ist das **Rathaus** (1688). Der Fachwerkbau liegt etwas abseits, unterhalb des Marktes; früher wurde dort Bier gebraut und 1835 Deutschlands erste Korkfabrik eingerichtet. Darauf ein Glas, im Gewölbe des Ratskellers. Das prächtigste Fachwerkhaus am Marktplatz ist die 1721 erbaute **Apotheke.**

Nach einem schlimmen Stadtbrand erbaute der Dresdner Ratszimmermeister *George Bähr* 1725 die neue **Kirche.** Sie gilt als eine Vorstufe zur Dresdner Frauenkirche.

Das **Puppenspielhaus** (Max-Jacob-Straße) war Wirkungsstätte des „Hohnsteiner Kasper" *Max Jacob* (1888–1967). Mit Hakennase, Zipfelmütze und seinem breiten Grinsen ist der **Hohnsteiner Kasper** die Kasperfigur schlechthin. Mit Gretel und Seppel bestreitet er noch heute seine kleinen Abenteuer. In der Hohnsteiner **Handspielpuppenwerkstatt** von *Wolfgang Berger* werden die Puppen angefertigt und auch an Besucher verkauft.

Markt 4 ist das Geburtshaus *Christian Gottlob Schroeters,* der gar kein Glück hatte, als er das **Hammerklavier** (Fortepiano) erfand. Der Organist wollte für seine Erfindung, die Saiten des Klaviers nicht wie bisher üblich durch Rabenfedern, sondern durch Hämmerchen anzuschlagen, *August den Starken* interessieren, doch der Kurfürst versagte als Lobbyist. Er ließ sich das Modell-Klavier vorführen, wird wohl auch bemerkt haben, dass es eine ungewohnte Klangfülle bringt, weil sich die Saiten nun stark und schwach anschlagen ließen. Irgendetwas muss den *August* aber abge-

Die Puppenspieler aus Hohnstein

Max Jacob, der legendäre Handpuppenspieler, gründete seine Bühne 1921 in Hartenstein/Erzgebirge. Die „Kasperfamilie" siedelte sieben Jahre später nach Hohnstein um. Dort spielte sie, wenn sie nicht gerade auf In- und Auslandstournee war, vor den Besuchern der Jugendburg. 35 Aufführungen im Jahr – das war die Miete für die den Puppenspielern überlassenen Burgräume. Nachdem die SA die Burg annektierte, musste Jacob ausziehen. Mit Unterstützung der Stadt richtete sich die „Kasperfamilie" im heutigen Puppenspielerhaus ein.

Von 1957 bis zu seinem Tod 1967 war *Max Jacob* Präsident der Weltorganisation der Puppenspieler UNIMA. Sein damaliger Sekretär, *Jan Malik* aus Prag, schrieb zu Jacobs 70. Geburtstag, der Hohnsteiner sei *„bei aller scheinbaren Nüchternheit seiner Aussage, bei all seiner dezenten Ironie, bei aller Durchsichtigkeit des Spiels und seiner Inszenierungen ein großer Dichter der Bühne. Sein ureigenster Bereich ist allerdings nicht das pomphaft schwungvolle Pathos eines romantischen Sentiments oder einer tragischen Leidenschaftlichkeit, sondern die Lach-, Sing- und Tanzlust und frohe Lebhaftigkeit des Volksliedes und Volksreimes. Und gerade deshalb gehört Max Jacob zu den seltenen Künstlern, denen das Glück beschieden ist, gleichermaßen Kinder und Erwachsene, Schuhputzer und Universitätsprofessoren beschenken zu können."* (zit. n. „Beiträge zur Heimatgeschichte", Heft 5, Sebnitz 1988). *Jacob* selbst hat über sein Leben in dem Buch „Mein Kasper und ich" geschrieben (Greifenverlag Rudolstadt, 1964).

lenkt haben, jedenfalls brachten italienische und französische Instrumentenbauer zuerst das Hammerklavier auf den Markt. *Schroeter* zog 1734 nach Nordhausen, wo er als Organist und Komponist wirkte.

In Hohnstein wurde auch *Christoph Schaffrath* (1709–1763) geboren, ein begehrter Musiklehrer und Komponist; Mitglied der Privatkapelle *Friedrichs II. von Preußen.*

032ss Foto: ls

Burg Hohnstein

Die Burg diente ab dem 16. Jahrhundert als Jagdschloss, Amtssitz, aber auch schon als berüchtigtes **Staatsgefängnis**, zwischen 1859 und 1917 als „Korrektionsanstalt für arbeitsscheue Männer".

1925 übernahm der Zweigausschuss Sachsen des Reichsverbandes für deutsche Jugendherbergen die verwahrlosten Gebäude, und am 24. April 1926 wurde die mit 1.000 Übernachtungsplätzen größte deutsche **Jugendherberge** eröffnet. Sie war von Anfang an zugleich Schulungszentrum der Arbeiter- und linken Jugendbewegung. Besonders die KPD veranstaltete auf der Burg politische Schulungen, Lehrgänge und Kongresse.

Vier Wochen nach der Machtergreifung, Anfang März 1933, richtete die SA auf der Burg das **„Schutzhaftlager Hohnstein"** ein, eines der ersten Konzentrationslager. *Konrad Hahnewald,* Sozialdemokrat und Leiter der Jugendburg, wurde der

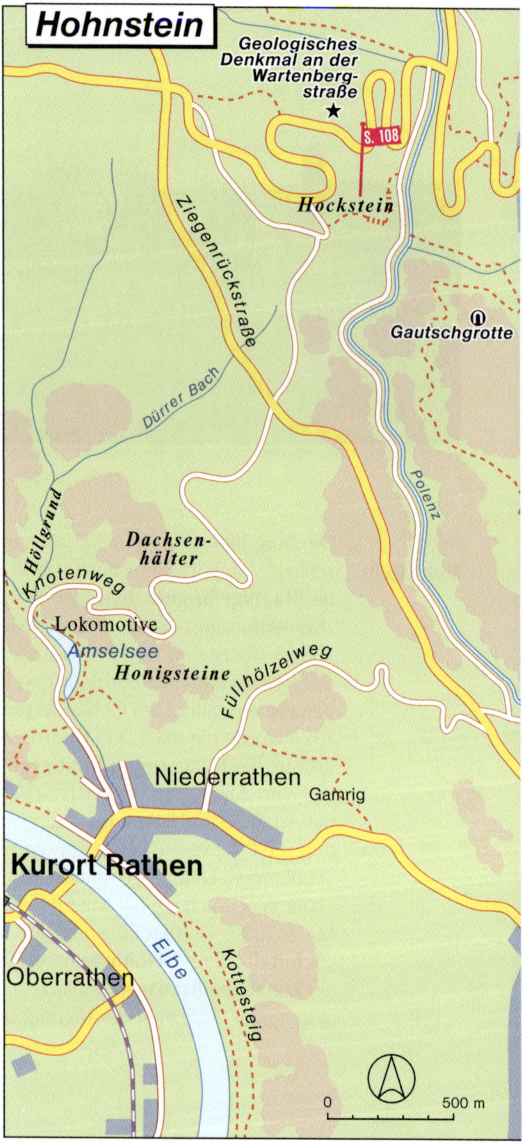
Hohnstein
Geologisches Denkmal an der Wartenberg-straße
S. 108
Hockstein
Ziegenrückstraße
Gautschgrotte
Dürrer Bach
Polenz
Höllgrund
Dachsen-hälter
Knotenweg
Lokomotive
Amselsee
Honigsteine
Füllhölzelweg
Niederrathen
Gamrig
Kurort Rathen
Elbe
Kottesteig
Oberrathen
0
500 m

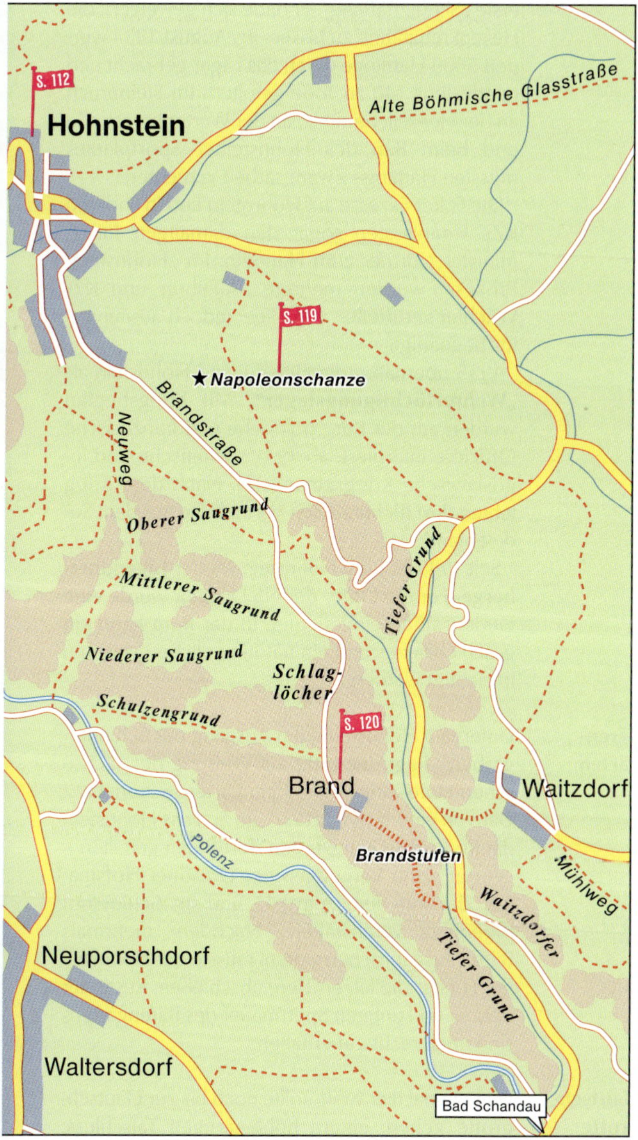
S. 112
Hohnstein
Alte Böhmische Glasstraße
S. 119
Napoleonschanze
Brandstraße
Neuweg
Oberer Saugrund
Mittlerer Saugrund
Niederer Saugrund
Schulzengrund
Schlaglöcher
Tiefer Grund
S. 120
Brand
Waitzdorf
Brandstufen
Polenz
Mühlweg
Waitzdorfer
Tiefer Grund
Neuporschdorf
Waltersdorf
Bad Schandau

erste „Schutzhäftling". Er hatte sich geweigert, die Hakenkreuzfahne zu hissen. Bis August 1934 wurden 5600 Häftlinge durch das Lager gebracht und mindestens 140 zu Tode gefoltert. Im Steinbruch an der Heeselichtmühle, an der Wartenbergstraße und beim Bau des Hohnsteiner Sportplatzes mussten Häftlinge Zwangsarbeit verrichten.

Die Folter-Exzesse auf Hohnstein und in anderen KZs veranlassten sogar den damaligen Justizminister *Gürtner* zum Handeln: Im „Hohnstein-Prozess" wurden mehrere SA-Führer und KZ-Wächter verurteilt – von *Hitler* jedoch ausnahmslos begnadigt.

1935 übernahm die Hitlerjugend Hohnstein als **„Wehrertüchtigungslager".** Mit Kriegsbeginn wurden auf der Burg polnische und französische Offiziere interniert, ab 1941 sowjetische und jugoslawische Kriegsgefangene. Nach dem Krieg lebten dort für kurze Zeit Vertriebene aus dem Sudetenland.

Seit 1949 ist Burg Hohnstein wieder **Jugendherberge.** Für die Opfer der NS-Diktatur wurde eine Gedenkstätte eingerichtet. In der Burg kann ein geschichtliches und ein naturkundliches Museum besichtigt werden.

Bärengarten

Unterhalb Hohnsteins, am Ausgang des Schindergrabens, liegt der 1609 auf Weisung des sächsischen Hofes angelegte Bärengarten. Schon 1522 war von einem *„Tyrgartten"* am Schloss Hohnstein die Rede. Bis 1756 wurden dort Bären gehalten – „Vorrat" zum Vergnügen des Dresdner Hofstaates, der auf dem Altmarkt und im Schlosshof Bärenhatz veranstaltete. Nachdem mehrmals Bären ausgebrochen waren, musste der Hohnsteiner Förster die letzen Tiere abschießen. Reste der oberen und unteren Sperrmauer des Bärengartens sind noch recht gut erhalten.

Gautschgrotte

Wer einmal hier weilt, sollte noch bis zur Gautschgrotte gehen, einem höhlenartigen Talschluss,

120 Meter über der Polenz. Benannt ist sie nach dem um die Erforschung der Sächsischen Schweiz verdienten Rechtsanwalt *Karl Gautsch*. Die Grotte ist berühmt für ihre winterlichen Säulenbildungen: Das aus dem 40 Meter breiten Überhang herabtropfende Wasser soll schon zu Eissäulen von bis zu 4 Metern Durchmesser und 18 Metern Höhe gewachsen sein.

Lausitzer Überschiebung

Ein geologisches Naturdenkmal ist an der Wartenbergstraße zu sehen, unweit des Polenztales: Der Aufschluss der Lausitzer Überschiebung, also der **Gesteinsgrenze zwischen Elbsandstein und Lausitzer Granit.** Die auch als **Lausitzer Störung** benannte Überschiebungslinie verläuft hier über die Straße, weiter durch das Polenztal und quer durch Hohnstein. Deshalb bilden in dieser Gegend zwei Landschaftstypen, die ältere, hügelige Granitlandschaft der Oberlausitz und die von cañonartigen Schluchten durchzogene, schroffe Sandsteinwelt, eine „Symbiose" von seltener Schönheit. An der Wartenbergstraße nun, die übrigens unter *Napoleon* als Heeresstraße gebaut wurde, hat 1838 der Dresdner Geologe *Bernhard von Cotta* dieses Naturphänomen erklärt. Deutlich ist zu erkennen, wie eine von links oben nach rechts unten verlaufende Linie zertrümmerten Mischgesteins den darunter liegenden, hellgrauen Sandstein von dem darübergeschobenen, dunkelbraunen Granit trennt.

Napoleonschanze

Nur einen Spaziergang von Hohnstein entfernt liegt die Napoleonschanze (392 m), von der aus nahezu alle aus den Ebenheiten aufragenden Tafelberge zu sehen sind. Diesen bis zu vier Meter hohen Erdwall mussten im Sommer 1813, wenige Wochen vor der Völkerschlacht bei Leipzig, die Hohnsteiner und Lohmener Bauernfamilien für die napoleonische Artillerie schanzen. Heute bietet sie einen ortsnahen Aussichtspunkt.

Wege zum Brand

Von der Napoleonschanze läuft man etwa dreißig Minuten auf der stillen, schattigen Brandstraße zum „Balkon der Sächsischen Schweiz", dem **Brand** (317 m).

Das war die Spaziergang-Variante; wer lieber etwas wandern möchte, wählt an den letzten Häusern von Hohnstein nach rechts den rot markierten **Neuweg.** Dieser Weg wurde im 16. Jahrhundert angelegt als kürzeste Verbindung zwischen Königstein und Hohnstein, er führt steil hinab in die Schlucht. Nacheinander passiert man die Mündungen des Oberen, Mittleren und Unteren Saugrundes. Im Mittleren Saugrund liegt ein beliebtes Klettergebiet mit dem Saugrundwächter und dem Verlassenen Turm. Der rote Wanderweg aber führt weiter hinab in die kühle, moosdunkle Schlucht bis zum Polenztalwächter. Der bewacht als Kletterfelsen das Polenztal, während der Wanderweg, ohne die Polenz zu überqueren, in den wildromantischen **Schulzengrund** führt. Zwischen imposanten Felswänden führt der Weg nun wieder 175 Meter aufwärts bis zur Brandstraße.

Eine weitere Variante, von Hohnstein aus den Brand zu erreichen, ist auch nicht zu verachten: vom Bärengarten am Kletterfelsen Großer Halben (mit Aussichtspunkt Henschelhorn) vorbei zur Gautschgrotte, dann um den Felsen Kleiner Halben herum und auf einem bequemen Terrassenweg bis zur Lichtung am ehemaligen **Steinbruch.** Bald darauf erreicht man die im Wald gelegene **Räumigtwiese.** Auf dem Räumigtweg wird in wenigen Minuten der Neuweg erreicht.

Ausblick vom Gamrig auf das Rathener Felsgebiet

033ss Foto: ls

Der Brand ist schließlich auch von Kurort Rathen aus in einer Halbtagswanderung erreichbar: in Niederrathen nach rechts auf den **Füllhölzelweg** abbiegen, durch den Koppelsgrund bis zur Polenz, und von dort in den Schulzengrund. Rechts an diesem Weg liegt der **Gamrig** (256 m), ein stark zerklüfteter Felsen mit Höhle und Aussicht.

Brand

Während die Aussicht von der Bastei eher die schroffen Formen des Gebirges vorführt, zeigt der **Panoramablick** vom Brand-Plateau sein liebliches Antlitz. Schon *Götzinger* wusste das zu loben: *„Hier wird sich das Auge, das zeither größtentheils unter rauhen schauerlichen Gegenständen schüchtern umherschaute, durch eine schöne mahlerische Zusammensetzung ferner Gegenstände stärken."* Allein eine Felsnadel ragt aus dem sattgrünen Polenzgrund auf, die Brandscheibe. Sonst schweift der Blick nur über grüne, graue, blassblaue Wogen mit winzigen Ortschaften.

Eine historische Darstellung der **„Rundsicht vom Brand"** zählt sie von Osten über Süden nach

Westen auf: Großer Winterberg, Schrammsteine, Rosenberg, Kaiserkrone, Hutberg, Zirkelstein, Wolfsberg, Kleiner Zschirnstein, Kuppelberge, Großer Zschirnstein, Schandauer Elbbrücke, Kleinhennersdorfer Stein, Schneeberg, Papststein, Gohrisch, Pfaffenstein, Spitzberg, Quirl, Lilienstein, Königstein, Tellkoppe, Cottaer Spitzberg, Luchberg, Kahlberg, Weissig, Kleiner Bärenstein, Rauensteine, Stadt Wehlen, Bastei.

Vom Brand nach Bad Schandau

Die „Brandstufen" sind laut *Ferdinand Thal* ein *„steiler, aber selbst für Damen bequemer Pfad"*; sie führen in den verkehrsreichen Tiefen Grund mit den **Waitzdorfer Wänden.** Über Waitzdorf, einem winzigen Waldhufendorf mit denkmalgeschützter Volksarchitektur, führt der Mühlenweg nach **Goßdorf-Kohlmühle,** Haltepunkt der **„Sächsischen Semmeringbahn".**

Die Wanderung kann vom Tiefen Grund aus auch bis Bad Schandau fortgesetzt werden: Dazu läuft man einige Minuten an der Straße bergab bis zum Haltepunkt Porschdorf und über die Brücke nach **Porschdorf** hinein. Dort vereinen sich die beiden Bäche Polenz und Sebnitz zum Lachsbach. Am Mühlhorn vorbei, einem für die Eisenbahn untertunnelten Felssporn, führt der Wanderweg nach links zum Pferdesteig. Steil aufwärts geht es in den Wald und zur aussichtsreichen **Rathmannsdorfer Höhe,** dem fünfhundert Jahre alten Ortskern von Rathmannsdorf mit Bauernhöfen, Gärten, Feldern und am Feuerlöschteich einer 250jährigen Eibe. An ihren Rändern ist die Rathmannsdorfer Hochfläche durch Erosionsrinnen in so genannte Hörner und Gräben zerrissen. Über den Rathmannsdorfer Weg geht es nun einen solchen Graben steil abwärts, am Galgenhorn vorbei auf die Straße nach Bad Schandau.

Durch das Polenztal

Der „klassische" **Osterspaziergang** im Elbsandsteingebirge führt durch das Polenztal mit seinen Märzenbecherwiesen. Von Mitte März bis Mitte

April liegt das obere Tal, ein gutes Stück nördlich von Hohnstein, genauer zwischen Heeselichtmühle und Bockmühle, unter einem weißen Glockenteppich. Die unter Naturschutz stehenden, drei Hektar großen Märzenbecherwiesen sind das größte Wildvorkommen dieses Frühlingsblühers in Sachsen. Auf den unberührten Polenztalwiesen sind noch viele seltene, anspruchsvolle Pflanzen zu Hause, z. B. Seidelbast, Aronstab und Leberblümchen.

Die aus neun Quellen gespeiste **Poliza** wurde 1241 in einer Grenzurkunde der Oberlausitz genannt. Der Name ist abgeleitet vom sorbischen *pollo* = Feld. Früher wurden hier prächtige Lachse gefangen!

Praktische Reisetipps

Info

- **Gästeamt,** Rathausstraße 10, 01848 Hohnstein, Tel. (035975) 86813, www.burgstadt-hohnstein.de.

Unterkunft und Gastronomie

- **Brand-Baude€,** Brandstraße 27, 01848 Hohnstein, Tel. (035975) 84425, www.brand-baude.de, Wanderherberge (Schlafsack mitbringen), 10 €. Gaststätte tgl. ab 10 Uhr.
- **Landgasthaus Schwarzbachtal€€,** Niederdorfstraße 3, Hohnstein, OT Lohsdorf, Tel. (035975) 80345, www.schwarzbachtal.de, Do Ruhetag, Autoren- und Kammermusikabende, Ausstellungen junger Künstler.
- **Waitzdorfer Schänke€,** Zum Dorfgrund 1, Waitzdorf, Tel. (035973) 81312, www.waitzdorfer-schaenke.de.
- **Gasthof Russigmühle€,** Polenztal 4, Tel. (035975) 81695, www.russigmuehle.de, tgl. 11–23 Uhr, im Winter eingeschränkt, sächsische Küche im Fachwerkhaus, Hochzeitszimmer mit Bauernbett.
- **Ochelbaude€,** Am Sebnitzbach 8, Rathmannsdorf, Tel. (035022) 50704, www.ochelbaude.de, Touristenbaude am Bahn-Haltepunkt Porschdorf.
- **Ratskeller€,** Rathausstraße 10, Hohnstein, Tel. (035975) 81331, Di–So ab 11 Uhr.
- **LuK – Das kleine Landhotel€€,** Basteiweg 12, Hohnstein, OT Rathewalde, Tel. (035975) 80013, www.landhotel-luk.de, ausgezeichnet als „Nationalparkfreundliches Hotel“, liegt am Malerweg.
- **Touristencamp „Entenfarm“€,** Schandauer Straße 11, Hohnstein, Tel. (035975) 84455, www.camping-entenfarm.de, Zelt- und Caravanplatz, Wanderquartiere.

Unterkunft/ Museum

- **Naturfreundehaus Burg Hohnstein,** Am Markt, Tel. (035975) 81202, www.nfhw.de, Apr.-Okt. 9-17 Uhr.

Puppenspiel

- **Hohnsteiner Handspielpuppenwerkstatt,** Wolfgang Berger, Sachsenberg 6a, Tel. (035975) 81657, www.original-hohnsteiner-handspielpuppen.de.

Wanderungen

- **Heimatkundlicher Lehrpfad:** Ab Jugendburg Hohnstein: 4 Std. (längere Strecke entlang verkehrsreicher Wartenbergstraße), mit naturwissenschaftlicher Lehrschau im oberen Burghof, 57 Tafeln zu Geologie, Flora, Fauna und Geschichte.
- **Gautschgrotte:** Wegen Felssturzgefahr Betreten nur vom 15. Mai bis 30. September gestattet.
- Kurort Rathen - Hockstein - Hohnstein - Brand - Füllhölzelweg - Kurort Rathen: 3½ Std.
- Marktplatz Hohnstein - Naturdenkmal Wartenbergstraße: 30 min.
- Marktplatz Hohnstein - Napoleonschanze - Brand: 1 Std.
- Polenztal, Heeselichtmühle - Bockmühle: 4 Kilometer, nur 30 Meter Höhenunterschied.

Der Lilienstein am Elbknie

Überblick

Am besten, man schaut auf den Lilienstein zunächst vom Königstein, setzt dann mit der Fähre über und wandert zu der Hochfläche, die **Ebenheit** heißt und nichts anderes ist als ein plattgewaschener Sandstein, auf dem sich fruchtbares Ackerland festgesetzt hat. Dann sieht man den Lilienstein in voller Schönheit vor sich stehen, wie einen Riesenhut auf dem Acker. Ein Feldweg führt geradewegs an den Stein. Nun noch den Aufstieg (Königsteiner Aufstieg oder Nordaufstieg) schaffen, 170 Meter senkrecht. Aber keine Bange, diese Tour ist gar nicht so anstrengend.

Wer zwischen Pillnitzer Weinbergen und Großem Winterberg unterwegs ist, wird diesen prächtigen **Tafelberg** immer wieder neu zu sehen bekommen. Bis zu 80 Meter hoch ragen steile Felswände auf, das Gipfelplateau liegt in 415 Meter Höhe. Wie eine Schleife liegt die Elbe im Halbkreis vor dem aus der Ebenheit aufsteigenden Monolithen.

Überall laden idyllische Rastplätze ein, im Sommer hat auch die 1873 erbaute **Bergwirtschaft** geöffnet.

Geschichte 1379 wurde der „Ylgenstein" erstmals erwähnt. Der Name meint Sankt Gilgen, den heiligen Ägidus, einen der biblischen Vierzehn Nothelfer. 1396 stand hier eine Befestigungsanlage. Reste sind noch an der Bergwirtschaft zu erkennen.

Am 26. Juli 1708 ließ **August der Starke** sich samt Gefolge hier heraufbringen, zum Picknick in der freien Natur. Ein kleiner Obelisk erinnerte an diese große Tat. Der größere Obelisk an der Süd-

Sagenreicher Lilienstein

In so einem malerischen Berg sind natürlich sagenhafte Schätze versteckt. Es wird von einem gemauerten Kellereingang berichtet, den junge Leute am Fuße des Liliensteins fanden. Die Tür stand offen, doch fürchteten sie sich hineinzugehen. Sie markierten diesen Ort. Als sie zurückkehrten, war nichts mehr zu sehen, kein Eingang, kein Zeichen. Jahre später gingen junge Burschen dort zur Nachtzeit auf Schatzsuche, auf einmal wurden sie von gespenstischen Wärtern gejagt, bis sie vom Felsen stürzten.

Eine arme Frau aus Waltersdorf war am Lilienstein auf Beerensuche. Sie hatte ihr Kind dabei. Plötzlich bemerkte sie eine offene Tür im Fels, dahinter ein Gewölbe, darinnen Gold. Eilig ging sie hinein, sie setzte das Kind auf einen Tisch, raffte sich Gold in die Schürze, stürzte hinaus. Und sah, sich umblickend, wie die Tür sich schloss. Entsetzt glaubte sie ihr Kind verloren. Im Jahr darauf, am gleichen Tag und zur gleichen Stunde, kehrte die Frau voll Gram zu diesem Ort zurück. Sie fand wieder die Tür offen, das Gewölbe, und darinnen ihr Kind. Es spielte mit goldenen Äpfeln und Birnen, als sei nichts geschehen.

aussicht wurde 1889 errichtet, aus Anlass der 800-Jahr-Feier des Hauses Wettin.

Um den und auf dem Lilienstein wurde immer wieder Krieg geführt. Gleich zu Beginn des Siebenjährigen Krieges (1756-1763) schloss *Friedrich der Große* die auf der Ebenheit stationierten, rund 17.000 sächsischen Soldaten ein. *Napoleon* fehlte auch nicht, er ließ die am Lilienstein vorbeiführende „Kaiserstraße" anlegen. 1866, während des Preußisch-Österreichischen Krieges, wurde der Baumbestand abgeholzt. Von der Festung Königstein nach dem Lilienstein wurden mit Kanonen Schießübungen veranstaltet. Das hat den Militärs bestimmt viel Freude bereitet.

Aussicht

Nach jeder Himmelsrichtung gibt es auf dem Lilienstein einen Aussichtspunkt. **Nach Westen** sind zu sehen die Bastei mit Kurort Rathen, die Rauensteine, die Bärensteine, Wilisch und Windberg im Osterzgebirge und der Fernsehturm auf der Wachwitzhöhe in Dresden. **Nach Süden** die Festung Königstein, die linkselbischen Steine, die beiden Zschirnsteine und am Horizont der Hohe Schneeberg. **Im Osten** Bad Schandau, Falkenstein, die Schrammsteine, die beiden Winterberge, am Horizont der Tanzplan (Tanečnice) mit Aussichtspunkt und die Basaltberge der Oberlausitz. **Im Norden** Hohnstein und Burg Stolpen. Reizvoll ist vor allem, dass man von drei Seiten des Steins herab die Elbe erblickt.

034ss Foto: ls

Abstieg

Vom Lilienstein steigt man am besten über den **Waltersdorfer Kirchweg,** am **Franzosenborn** vorbei, und den Lottersteig Richtung Kurort Rathen ab. Es gibt einen angenehmen Weg entlang der Elbe, den **Kottesteig.** Als Kirchweg und Lottersteig quert dieser Wanderweg zuerst die Kaiserstraße. Den Weg nach Bad Schandau sollte man besser vermeiden, bis zum Ortseingang Prossen ist er ja noch ganz annehmbar, dann aber langweilig und verkehrsreich.

Unterkunft und Gastronomie

- **Panoramahotel Haus am Lilienstein€€,** Ebenheit 7, Tel. (035022) 53100, www.hotel-lilienstein.de, tgl. 11–22 Uhr, auf der Ebenheit, am Weg von Königstein zum Lilienstein.
- **Berggaststätte auf dem Lilienstein€,** Mai–Okt. 10–17 Uhr, außer Di.

131ss Foto: ls

Hintere
Sächsische
Schweiz

Bad Schandau

Überblick Die kleine „Metropole“ der Sächsischen Schweiz ist Kurort, Ausflugsziel zum Einkaufen und Einkehren sowie Ausgangspunkt für Wanderungen im Schrammsteingebiet, im Kirnitzschtal und in den Affensteinen. Die Gründerzeithotels am Elbufer erinnern an die Glanzzeit des Kurbetriebes. Wer es sich leisten konnte, nahm in Bad Schandau eine Nach-Kur auf der Rückreise von den böhmischen Bädern.

Der Charme des Elbkais, der Kurpark, die engen Straßen mit Gründerzeitbauten, zahlreiche Pensionen, Gasthäuser und Hotels zeichnen den staatlich anerkannten **Kneippkurort** Bad Schandau aus.

Für Fernreisende ist Bad Schandau ein idealer Ankunftsort. Wer nach dem Frühstück im Berliner Hauptbahnhof in den *EuroCity* steigt, kann am Nachmittag schon durch die Schrammsteine wandern. Vor dem Bahnhof – mit Tourist-Information – halten alle wichtigen Buslinien und am Kurpark die Kirnitzschtalbahn.

Geschichte Der 1437 erstmals erwähnte Ort trägt ein Segelschiff im **Wappen:** Auf der Elbe transportierten solche Schiffe Holz, Steine und Getreide, vor allem nach dem nahen Böhmen, aber auch bis nach Hamburg und Holland. Heraldikern bereitet das Wappen Kopfzerbrechen, denn das Segel bläht sich nach links, der Schiffswimpel nach rechts.

Die Geschichte Schandaus begann mit der Anlage des Marktplatzes Anfang des 14. Jahrhun-

S. 128/129: Blick vom Carolafelsen

113ss Foto: ls

derts. An der Kirnitzschmündung wurde mit Getreide, Wein, Salz und Holz gehandelt. Anfangs hieß die Ansiedlung „Zu Schande", was einen Ort meinte, der oft von Hochwasser geschädigt wurde. Ab dem 16. Jahrhundert prägten Schiffbau und Leineweberei das Leben in Schandau. Ebenso bestimmend waren die **Katastrophen:** Stadtbrände 1678 und 1704, Überschwemmungen 1655, 1784, 1845 und 1909 – und die schlimmste: 2002. Als Dritte im Bunde die Kriege, der Dreißigjährige und der Siebenjährige.

Gold wurde in Schandau nicht gefunden, obwohl 1589 zehn Wäschereien danach suchten. Der Pirnaer Arzt *Dr. Cadner* erkannte 1730, dass das „rote Flößgen" auf dem Hof des Floßmeisters *Johann Christian Häntzschel* eisenhaltig und daher gesundheitsfördernd ist. Das Wasser wurde nach Dresden geschippert und verkauft. 1799 öffnete das erste Badehaus. 1804 wurde erstmals eine Wohnung an Fremde vermietet. 1880 kaufte der Rat der Stadt das Badehaus. So ist Bad Schandau

Bad Schandau / Ostrau
Postelwitz / Papstdorf
0
500 m
Brand
Pferdesteig
S. 122
Plan
Prossen
Zauke
Rathmanns-
dorfer Höhe
Rathmannsdorf
Lachsbach
Fähre
S. 130
Bad
Schandau
Königstein
172
ELBE
S-Bahnhof
Bad Schandau
Bornfähre
Königsteiner Steig
S. 209
Klein-
hennersdorf
Kleinhennersdorfer
Stein
S. 208
Liethenmühle
Liethenbach
Felssturz
Papststein
Koppelsdorf
Papstdorf

Altendorf
Kirnitzschtalbahn
Kirnitzsch
Pflanzen-
garten
Ostrauer Mühle
Haltepunkt
Kirnitzschtalbahn
Ostrauer
Scheibe
Ostrau
Schrammsteine
Schieß-
grund
Latten-
grund
Zahnsgrund
Personenaufzug
S. 142
Elbkai
Postelwitz
Fähre
172
ELBE
S-Bahnhof
Krippen
Schmilka
S. 212
Krippen
S. 216
Koppelsberg
Krippenbach
Zschirnsteine
Reinhardtsdorf

seit dem 19. Jahrhundert **Kurort, Eisenbahnknotenpunkt** und **Zollstation.** Der Dichter und Freiheitskämpfer *Theodor Körner* schwärmte 1806 in seiner *„Reise nach Schandau, eine Erzählung in Briefen"* von diesem Badeort als *„Kraft- und Prachtplatz der Natur"*.

Ende des 19. Jahrhunderts ließ die Stadt, inzwischen Eigentümerin des Kurbades, ein neues Kurhaus bauen, Parkanlagen und Promenade anlegen. 1920 erhielt Schandau die offizielle Bezeichnung „Bad", 1936 „Kneippkurort".

Wann immer Kinder „Hopp, hopp, hopp, Pferdchen lauf Galopp" singen, zitieren sie einen Schandauer: Der Begründer der deutschen Musikdidaktik, **Carl Gottlieb Hering** (1766–1853), wurde auf der Poststraße 3 als Sohn eines Schandauer Segeltuchmachers geboren. *Hering* schrieb auch das Vorfreude-Weihnachtslied „Morgen, Kinder, wird's was geben", volkstümliche Kanons und, zu Lehrzwecken, einfache Klavier- und Violinenstücke.

Sehenswertes

Wer nach Bad Schandau mit Bahn oder Dampfer reist, sieht von der Stadt zuerst den **Elbkai.** Hier halten zwei **Fähren.** Eine pendelt die 800 Meter vom Bahnhof zur Stadt. Der Fährmann hält Ausschau mit dem Fernglas, wie auf hoher See. Die andere Fähre ist interessant, wenn man von Bad Schandau aus zu den linkselbischen Steinen wandern möchte: Die **Bornfähre** hält genau gegenüber dem Kai, unterhalb der Hochstraße.

Am Elbkai stehen Hotels und Kurhäuser mit reichen Gründerzeitfassaden. Der **Alte Salzschank** (1751) am Weg zum Markt war Handelsort und anrüchige Kneipe.

Die bei einem Stadtbrand zerstörte **St. Johanniskirche** an der Ostseite des Marktplatzes wurde 1709 wieder aufgebaut, der Innenraum 1876 noch einmal völlig umgestaltet. Der massige Westturm prägt das Stadtbild von Bad Schandau, er ist Glockenturm und war auch Zufluchtstätte in den andauernden Kriegen. Sehenswert ist der dreigeschossige Renaissance-Altar des Dresdners *Hans Walther.* Das Kunstwerk wurde 1574–79 aus heimischem Sandstein, belgischem Marmor und sächsischen Halbedelsteinen für die Dresdner Kreuzkirche gefertigt. Dort stand der Altar bis zum Siebenjährigen Krieg, später in der barocken Dresdner Annenkirche. 1927 kam er nach Bad Schandau. Die barocke Kanzel wurde 1705 aus einem Sandsteinblock gearbeitet.

Am Kirchportal zeigen **Hochwassermarken** an, wozu die Elbe auch fähig ist. 1845 schwappte das Wasser schon über die Kanzelbrüstung. Seit 1940 hat sich die Elbe in dieser Kirche erstmals im August 2002 wieder sehen lassen.

Am geschlossen wirkenden, straßenartigen **Marktplatz** steht das alte Brauhaus, der Schlussstein in der Durchfahrt nennt die Jahreszahl 1680. An der Stirnseite des Platzes steht das **Haus des Gastes** mit Informationsstelle und einer kleinen Ausstellung. Interessante **Fachwerkhäuser:** Marktstraße 1; gegenüber übrigens ein Bergsportladen, das Rote Haus (1837) am Ende der Marktstraße und an der Sebnitzer Straße, Zeukenstraße. Stufen führen zum Schlossberg hinauf, wo 1883 aus Resten einer mittelalterlichen Burg die künstliche **Ruine Schomberg** geschaffen wurde.

Am Basteiplatz mit großem Wegweiser kann man Wanderungen in das Kirnitzschtal, nach Ostrau und in die Schrammsteine beginnen. Oder einen Spaziergang durch die parkähnliche **Bad-Allee,** die zum Kurpark mit Konzertplatz, zur Endhaltestelle der Kirnitzschtalbahn, zum Heimatmuseum und zum Pflanzengarten führt.

An der Kirnitzschtalbahn-Haltstelle liegt der **Eiszeitstein,** der die Südgrenze des skandinavischen Inlandeises im Pleistozän markiert.

1900 wurde am Ostrauer Hang über der Kirnitzsch ein 3500 Quadratmeter großer **Pflanzengarten** mit 1500 verschiedenen Pflanzenarten angelegt. Zur Rhododendronblüte zeigt er sich besonders farbenprächtig. Ein Bereich des Parks zeigt Farne und andere charakteristische Pflanzen der Sächsischen Schweiz.

Vom Pflanzengarten führt ein Weg zur Villensiedlung auf der **Ostrauer Scheibe.** Es geht aber auch bequemer. Zwischen Bad Schandau und Ostrau verkehrt ein elektrischer **Personenaufzug.** Man erreicht ihn vom Hotel „Lindenhof" aus über die B 172 stadtauswärts in fünf Minuten. Das technische Denkmal aus dem Jahr 1904, eine schlanke, 62 Meter hohe Eisenkonstruktion, kann bis zu 10 Personen auf einmal befördern. Bei bester Aussicht.

Praktische Reisetipps

Info

- **Kurverwaltung,** Markt 12, 01814 Bad Schandau, Tel. (035022) 90030, www.bad-schandau.de.

Unterkunft und Gastronomie

- **Hotel Elbgarten€€,** Dresdner Straße 9, Bad Schandau, Tel. (035022) 4840, www.elbgarten-garni.de.
- **Hotel Elbresidenz mit Restaurant Elbterrasse€€,** Markt 1–11, Bad Schandau, Tel. (035022) 9190, www.elbresidenz-bad-schandau.de.
- **Schrammsteinbaude€,** Zahnsgrund 5, Tel. (035022) 42305, www.schrammsteinbaude.de.
- **Hotel Lindenhof€€,** Sendig-Straße 11, Bad Schandau, Tel. (035022) 4890, www.lindenhof-bad-schandau.de.
- **Hotel Zum Roten Haus€€,** Marktstraße 10, Tel. (035022) 42343, www.hotel-zum-roten-haus.de.
- **Berggasthof Großer Winterberg€,** Schmilka, Tel. (035022) 40050, www.grosserwinterberg.de.
- **Pension Elbblick€,** Kirschleite 8, Postelwitz, Tel. (035022) 47960848, www.elbblick-pension.de.
- **Hotel und Pension Elbheim€,** Elbufer 10, Postelwitz, Tel. (035022) 42579.
- **Pension Poliwania€,** Badallee 15, Bad Schandau, Tel. (035022) 42403.
- **Pension Menge€,** Badallee 12/13, Bad Schandau, Tel. (035022) 5830, www.pension-menge.de.
- **Pension Villa Anna€,** Kirnitzschtalstraße 85, Bad Schandau, Tel. (035022) 42497, www.pension-villa-anna.de.
- **Kirnitzschtalklinik€€,** Kirnitzschtalstraße 6, Bad Schandau, Tel. (035022) 470, www.kirnitzschtal-klinik.de. Einzel- und Doppelzimmer, auch behindertengerechte Zimmer mit rollstuhlgeeigneten Nasszellen.

- **Koppraschs Bierstübel€,** Kirchstraße 10, Tel. (035022) 42566, Di–So 11.30–22 Uhr, schlichte Schänke im Fachwerkhaus, mit freundlichen Preisen.

Museum

- **Heimatmuseum Bad Schandau,** Badallee 10, Tel. (035022) 42173, Di, Do und Fr 14–17 Uhr, Sa 9.30–12.30 Uhr.

Anfahrt

- **Bahn:** S-Bahn S-1, IC/EC von Hamburg, Berlin und Prag
- **Auto:** B 172 ab Dresden
- **Bahnhofsfähre:** alle 30 Min.

Wanderung

- Bad Schandau – Prossen – Prossener Gründel – Waltersdorf – Kurort Rathen – Amselgrund – Rathewalde – Uttewalde – Lohmen: 5 Stunden.

Schrammsteine und Rauschengrund

Überblick

Die Schrammsteine, das ist die abenteuerlich-wilde, „zerschrammte" Felsenwelt zwischen Bad Schandau und Schmilka, die – aus der Ferne gesehen – wie ein schlafendes Urtier an der Elbe liegt. „Schramen" kommt aus dem Mittelhochdeutschen und bedeutet „Aufreißen". Schier unzählige Wege durch feuchtdunkle Gründe, steile Aufstiege zu fantastischen Felsskulpturen, atemberaubende Sichten über zerklüftete Sandsteinriffs und einsame Felsnadeln zeichnen die Schrammsteine als ein Wandergebiet aus, das mit seinen rund 12 Quadratkilometern allein schon genug für einen Urlaub bietet.

Das Gebiet zwischen Falkenstein, Affensteinen und den Winterbergen ist bequem erreichbar: von Bad Schandau/Postelwitz oder Schmilka zum Gebirgsfuß in einer halben Stunde, vom Lichtenhainer Wasserfall oder Beuthenfall bis zum Frienstein in einer Stunde. Der „Logik" dieses Gebirgszuges entspricht es, von Westen her aufzusteigen: erst durch das feierliche Schrammtor, dann über den Kamm, zuletzt die Panorama-Sichten auf die

Mit den Romantikern auf dem „Malerweg“

Die ersten Entdecker der Sächsischen Schweiz brachen von Dresden aus auf in die „ungeheuren Felsmassen“ *(Nicolai)*. Sie benutzten dabei immer wieder denselben Weg über Pillnitz, Graupa, Liebethal und Lohmen. Die Schweizer Maler *Adrian Zingg* und *Anton Graff* sind so gewandert, *Nicolai* und *Götzinger* haben ihn in den ersten Reiseführern beschrieben, und unzählige Naturschwärmer und romantische Schöngeister sind ihm gefolgt, dem kürzesten Fußweg von Dresden, der zudem auch noch landschaftlich reizvoll ist und zeitig auf das Erlebnis des wilden, malerischen Gebirges einstimmt. Dieser Route nachzugehen, ist also nicht nur kulturhistorisch interessant, sondern nach wie vor ein Landschaftserlebnis, das man so auf der Bahnstrecke im Elbtal nicht und auf der Straße gleich gar nicht nachempfinden kann. Es lohnt sich, eines der klassischen Reisebücher von *Nicolai* oder *Götzinger*, die als Reprints erschienen sind, mitzunehmen und die Wegbeschreibungen mit den heutigen Ansichten zu vergleichen.

Als „Malerweg“ ist eine 112 Kilometer lange Wanderroute durch das Elbsandsteingebirge beiderseits der Elbe markiert. Es ist der **attraktivste und traditionsreichste Wanderweg** in diesem Gebirge und einer der faszinierendsten in Deutschland. Die Route folgt sowohl dem historischen Wanderweg als auch weiteren vorwiegend naturbelassenen Wegen, die zu den malerischsten Gegenden und Aussichten des Elbsandsteingebirges führen. Rechts der Elbe führen 68 Kilometer des Malerwegs größtenteils durch den **Nationalpark,** eine Landschaft, die sich durch schroffe Felsen und romantische Schluchten auszeichnet und oft durch Treppen und Stiegen erschlossen ist. Links der Elbe geht es auf 44 Wanderkilometern zumeist etwas bequemer zu. Vorgeschlagen werden acht Etappen und zahlreiche Abstecher, die mit einer kostenlos erhältlichen Broschüre des Tourismusverbandes, auf einer Faltkarte des Nationalparkamts sowie unter www.malerweg.de vorbereitet werden können.

Pillnitz

In diesen neuen Wanderweg nicht einbezogen ist die klassische Anreise der frühen Künstler. Zunächst also nach Pillnitz. Mit der Buslinie 63 (am Großen Garten) erreicht man in rund 30 Minuten Pillnitz (Haltestelle Leonardo-da-Vinci-Straße oder Rathaus Pillnitz). Eine interessante Fahrt, denn dieser Bus passiert auch das Blaue Wunder, die berühmte Elbbrücke zwischen Blasewitz und Loschwitz. Jeder zweite Bus fährt von Pillnitz weiter nach Graupa (Richard-Wagner-Haus). Oder von der Karcherallee bis Endstation Kleinzschachwitz und mit der Fähre übersetzen. In Pillnitz geht es oberhalb des Schlossgeländes in den Ort und ab der Weinbergschänke auf den Lehrpfad **Weinbergweg.** Dieser Lehrpfad, von dem aus man schon den Königstein und den Lilienstein sehen kann, geht in den **Leitenweg** über, der durch den **Tiefen Grund** nach Graupa führt.

Graupa

Hier verbrachte im Jahr 1846 der königliche Hofkapellmeister *Richard Wagner* als Gast des „Schäferschen Gutes“ erholsame Sommerwochen. In dieser Zeit schrieb er die Oper „Lohengrin“. Das **„Richard-Wagner-Haus“** in seiner damaligen Pension erinnert heute liebevoll und detailreich an den Komponisten. Am Jagdschloss (1800) und Schlosspark vorbei führt der Wanderweg (Straße) durch **Neugraupa** und **Vorderjessen** bis **Liebethal** oder direkt in den Liebethaler Grund (markiert).

Liebethaler Grund

Die 1. Etappe beginnt am Eingang des Liebethaler Grundes und folgt der Wesenitz zunächst bis zu den Resten der einstigen **Lochmühle.** Kurz vor der Mühle steht ein gewaltig deutsches **Richard-Wagner-Denkmal** des Bildhauers *Richard Guhr* (von dem auch der Dresdner Rathausmann ist). Wagner mit Harfe, überlebensgroß als Gralsritter, umgeben von den allegorischen Figuren für das Tragische, das Dämonische, das Lyrische, das Sphärische und das Dionysische. Der Dargestellte hätte sich wohl ein wenig erschrocken, wäre er mit dem Lohengrin im Kopf noch einmal hier vorbeigekommen.

Richard-Wagner-Denkmal im Liebethaler Grund

043ss Foto: ls

Die frühen „Schweiz-Reisenden“ sind von hier die Treppe nach dem Dorf Daube hochgestiegen und von dort nach Lohmen gelaufen; man folgt aber besser dem markierten Weg am Liebethaler Grund, der auch bald auf die Dorfstraße mündet.

Lohmen

In Lohmen steht eine der schönsten **Dorfkirchen** Sachsens. Hier predigte von 1797 bis 1823 Pfarrer *Carl Heinrich Nicolai,* der Verfasser des ersten Reiseführers durch die Sächsische Schweiz. Sein Grab liegt auf dem Kirchhof. Lohmen ist Geburtsort des Steinbrechers und Schriftstellers *Bruno Bartel* (1885–1956), dessen Mundartbuch „Im di Bastei rim“ 1955 erschien. Vor dem Erbgericht empfingen vor 150 Jahren Fremdenführer die Wanderer, und es wird von Harfenmädchen berichtet, die für eine stimmungsvolle Untermalung des Aufbruchs in die pittoreske Felsenlandschaft sorgten. Die Markierung des Malerwegs führt nun in den Uttewalder Grund, durch das berühmte Felsentor hinein in die besten Stuben der Sächsischen Schweiz. In Stadt Wehlen endet die 1. Etappe.

Weitere Etappen

Der weitere Verlauf des Malerweges soll hier nur aufgezählt werden, da die Etappen an anderer Stelle in diesem Buch beschrieben werden und die Wegmarkierung im Gelände eindeutig ist.

2. Etappe: Stadt Wehlen – Bastei – Amselgrund – Hockstein – Hohnstein.
3. Etappe: Hohnstein – Brand – Waitzdorf – Kohlmühle – Altendorf.
4. Etappe: Altendorf – Ostrauer Mühle – Schrammsteine – Unterer Affensteinweg – Lichtenhainer Wasserfall – Kuhstall – Neumannmühle.
5. Etappe: Neumannmühle – Arnstein – Großes Pohlshorn – Zeughaus – Großer Winterberg – Schmilka.
6. Etappe: Schmilka – Elbfähre – Schöna – Wolfsberg – Liethenbachmühle – Papststein – Gohrisch – Kurort Gohrisch.
7. Etappe: Kurort Gohrisch – Pfaffendorf – Pfaffenstein – Quirl – Diebshöhle – Festung Königstein – Thürmsdorf – Weißig.
8. Etappe: Weißig – Rauenstein – Wehlen-Pötzscha – Naundorf – Obervogelgesang – Elberadweg – Pirna.

Aussicht von der Bastei auf die Bärensteine

Praktische Reisetipps

Touristinformationen in allen Ortschaften:
- **www.malerweg.de**
- **www.saechsische-schweiz.de**

- **Richard-Wagner-Museum,** Richard-Wagner-Straße 6, Graupa, Tel. (03501) 548229, www.richardwagnermuseum.de, Di–So 10–16 Uhr.
- **Robert-Sterl-Haus,** Naundorf, Robert-Sterl-Straße 30, Mai–Okt., Do–So 10–17 Uhr.

045ss Foto: ls

042ss Foto: ls

Cañons und der nahezu senkrechte Abstieg – oder Fortsetzung der Tour in die einsamsten Gegenden der hinteren Sächsischen Schweiz.

Für den Anstieg über die Ostrauer Scheibe gibt es zwei Möglichkeiten: zu Fuß über den Bad Schandauer Pflanzengarten oder mit dem Personenaufzug am Elbufer (siehe Bad Schandau). Die Krippener Fähre setzt nach Postelwitz über, dem den Schrammsteinen nächstgelegenen Ausgangspunkt. Alle diese Wege münden in den steil ansteigenden **Zahnsgrund.**

Postelwitz

Postelwitz ist ein handtuchschmales einstiges Fischerdorf; heute ein Ortsteil von Bad Schandau. Wie eine Kette stehen die malerischen Pos-

Schrammsteine im Schnee

Der Singestein bei Postelwitz

Vom Singestein oberhalb des Dorfes erzählt eine **traurige Sage:** Da oben stand das Mädchen, und sie winkte dem Jüngling am anderen Ufer zu, der Schafe hütete. Beide hatten seit Tagen über den Fluss hinweg aneinander Gefallen gefunden. So schwamm der Junge nachts herüber, erklomm diesen Felsen, und die Liebenden hatten ihre Zeit. So ging das jede Nacht, solange der Mond schien.

War die Mondsichel erloschen, mussten die beiden einander entbehren. Dreimal hatte der Mond seinen Lauf vollzogen, da verkündete der Junge, er werde am nächsten Morgen um die Hand des Mädchens anhalten. Doch die Liebende wartete vergebens auf dem Felsen. Erst Mitternacht sah sie eine weiße Gestalt über die Elbe schweben, ans Ufer gehen und den Felsen ersteigen. Sie erschrak, als die Gestalt näherkam. Der Schatten aber sprach, sie solle sich nicht fürchten, er sei ihr Bräutigam. Als er nach ihrem letzten Treffen nach Hause schwamm, hätten ihn die Flussgeister hinabgezogen. Er sei gekommen, sich zu verabschieden und sie zu bitten, ihm noch ein letztes Lied zu singen.

Das Mädchen sang, und die Schattengestalt zerfloss wie Nebel. Da sank das Mädchen auf dem Felsen nieder und erwachte nie wieder. Seitdem ist um Mitternacht bei Vollmond auf dem Singestein immer ein klagendes Lied zu vernehmen.

telwitzer Häuser an der Elbstraße, der verkehrsreichen B 172.

Unter den vielen Umgebinde- und Fachwerkhäusern fallen die **Sieben-Brüder-Häuser** auf, Giebel an Giebel kleine, gleichartige Wohnhäuser. Angeblich hat ein Vater sie für seine Söhne gebaut. Das „Vaterhaus" steht daneben.

Auf dem Schrammsteingrat

Ein paar Schritte weiter steigt die Kirschleite den Hang hinauf in die Gärten, und bald ist der Zahnsgrund erreicht. Von dort führen Lattengrund und Schießgrund zum **Großen Schrammtor,** das wie ein Amphitheater in die großartige Naturinszenierung der Schrammsteine hineinführt. Das Tor ist, wie die gesamten Schrammsteine, ein beliebtes Klettergebiet.

Ein Abstecher vom Großen Schrammtor führt über den Elbleitenweg zum 80 Meter frei aufra-

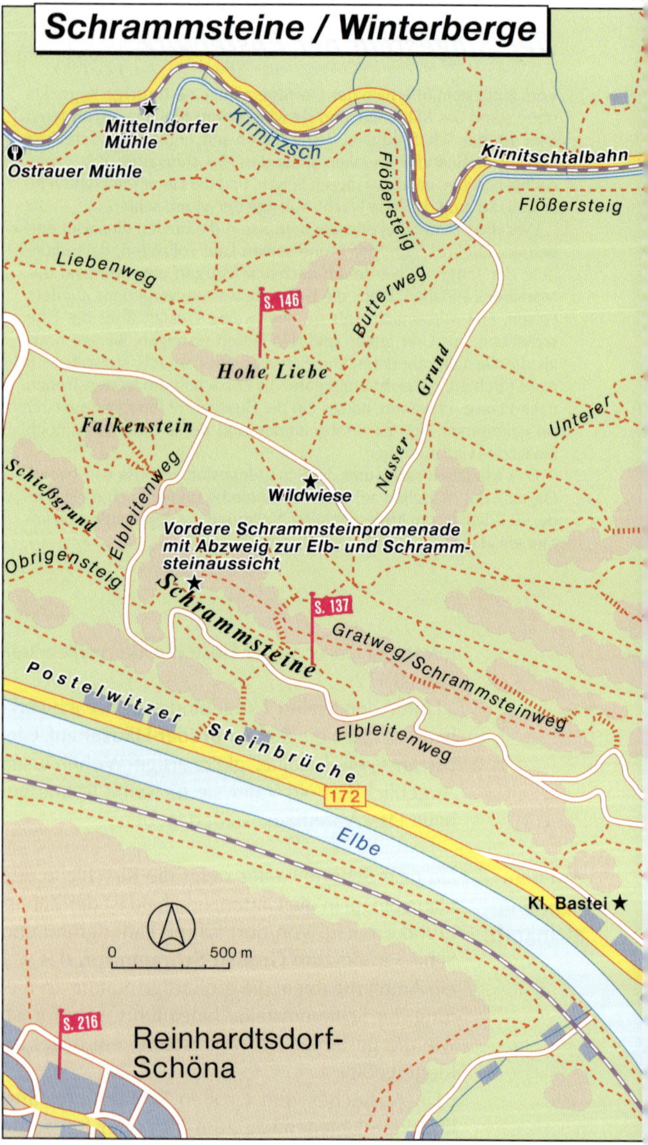

Schrammsteine / Winterberge
Mittelndorfer Mühle
Ostrauer Mühle
Kirnitzsch
Kirnitschtalbahn
Flößersteig
Flößersteig
Liebenweg
S. 146
Butterweg
Hohe Liebe
Grund
Unterer
Falkenstein
Nasser
Schießgrund
Elbleitenweg
Wildwiese
Vordere Schrammsteinpromenade mit Abzweig zur Elb- und Schrammsteinaussicht
Obrigensteig
Schrammsteine
S. 137
Gratweg/Schrammsteinweg
Postelwitzer Steinbrüche
Elbleitenweg
172
Elbe
Kl. Bastei
0
500 m
S. 216
Reinhardtsdorf-Schöna

S. 154
Lichtenhainer Wasserfall
Kirnitzschtalbahn
Beuthenfall
S. 154
Neuer Wildenstein
Kuhstall
Wildenstein
Dietrichsgrund
Fremdenweg
Zeughausstraße
Affensteinweg
Affensteinweg
S. 158
Oberer Affensteinweg
Königsweg
S. 148
Affensteine
Frienstein
Fremdenweg
Königsweg
S. 156
Kleiner Winterberg
Schrammsteinweg
Carolafelsen
Kleiner Dom
S. 149
Reitsteig
Lorenzwände
Heilige Stiege
Verborgenes Horn
Heringsgrund
Breites Horn
S. 147
Falkoniergrund
Rauschenstein
Großvaterstuhl
Rauschengrund
Wurzelweg
S. 156
Elbleitenweg
Großer Winterberg
Wurzelweg
S. 158
Schmilka
Winterbergstraße
Bergsteig
Winterbergstraße
Bergsteig
Personenfähre
Erlsgrund

genden **Falkenstein.** Im Mittelalter hausten auf dem Falkenstein Raubritter, 1864 begann mit der Besteigung des Felsens durch fünf Schandauer Turner die Geschichte der modernen Kletterei. Bis heute gilt der Falkenstein als beliebter Kletterfelsen der Sächsischen Schweiz. Über 145 Kletteraufstiege führen hinauf.

Vom Schrammtor an geht es immer weiter hinauf, über Treppen, Leitern und ausgewaschene Stufen, bis zum **Gratweg.** Die Tour gehört zu den anstrengendsten der in diesem Buch beschriebenen. Und zu den schönsten.

Eine lohnende Alternative zum markierten Weg über den **Jägersteig** auf den Gratweg bietet der **Wildschützensteig.** Diese rund 500 Meter lange, künstliche Steiganlage zu erklimmen erfordert schon etwas Ausdauer und bietet den schönsten Einstieg in die Schrammsteine.

Ein kurzer Abstecher vom Gratweg führt zum nach Westen vorgelagerten Schrammsteinriff, einem der großen Aussichtspunkte der Sächsischen Schweiz. Die **Schrammsteinaussicht** befindet sich 295 Meter über der Elbe (417 Meter ü. N.N.). Unmittelbar davor liegt das Vordere Schrammsteinareal mit 30 Einzelgipfeln zwischen dem Hohen (im Norden) und dem Vorderen (im Süden) Torstein. Nach Südosten sieht man die Elbe mit Hřensko und den Zschirnsteinen, Zirkelstein und Kaiserkrone, dahinter die Kegelberge des Böhmischen Mittelgebirges; Königstein, Lilienstein und die Silhouette des Osterzgebirges sind zu sehen, schließlich die Hohe Liebe und das Affensteingebiet.

Kurz vor der Schrammsteinaussicht führt ein Weg abwärts zur Wildwiese, zum Falkenstein oder zum Aussichtsberg **Hohe Liebe** (401 m), der wie ein Kegel aussieht, und über den Flößersteig zum Beuthenfall im Kirnitzschtal. Auf der Hohen Liebe steht ein Denkmal für die verstorbenen Bergsteiger. Immer am Totensonntag treffen sich die Bergsteiger hier zum Gedenksingen. Ein beliebtes Ziel

046ss Foto: ls

ist die Hohe Liebe am Neujahrsmorgen – der reizvollen Aussicht und der Tradition wegen, und weil der Aufstieg nicht so beschwerlich ist.

Der Gratweg aber klettert weiter über die Gipfelkuppen. An der Sandsteinterrasse liegen mehrere außergewöhnlich schöne Aussichtsplätze. Die **Breite-Kluft-Aussicht** blickt in den **Rauschengrund** und auf die senkrechten Wände der Rauschentürme. Beherrscht wird dieses Felsriff vom **Rauschenstein,** der im Mittelalter eine Beobachtungswarte zur Überwachung des Elbtales trug.

Wenige Schritte hinter dem Aussichtspunkt besteht die Möglichkeit, in die Breite Kluft steil hinabzusteigen und die Wanderung auf dem Elbleitenweg fortzusetzen. Der Schrammsteinweg aber führt schattig hinter der Felswand entlang. Vor der nächsten scharfen Linkskurve zweigt ein schmaler Pfad zur Rotkehlchenstiege ab. Die Aussicht in den **Falkoniergrund** ist ein besonderes Erlebnis, nicht zufällig heißt das linksgelegene Felsriff **„Verborgenes Horn“.**

Die **Rotkehlchenstiege** ist ein seit Generationen beliebter Klettersteig, der als Bergpfad ausgewiesen wurde. Der Weg ist nicht besonders anstrengend, so dass man hier auch Kindern ein Klettererlebnis bereiten kann. Links liegt der obere Zugang zur Rotkehlchenstiege, rechts beginnt der Terrassenweg – ebenfalls als Bergpfad ausgewiesen – den nur wagen sollte, wer absolut schwindelfrei ist. Dieser Pfad um den **Großvaterstuhl** nähert sich stellenweise hart dem Abgrund, und es gibt hier keine künstlichen Sicherungseinrichtungen mehr. Also nur bei trockenem und windstillem Wetter begehen! Vom Aussichtspunkt am Bug des Felsriffes bietet sich ein großartiger Blick auf den zum Greifen nahen Rauschenstein. Doch eine nicht minder schöne Sicht bietet die bereits erwähnte und ohne Risiko zu erreichende Stelle an der Breiten Kluft.

Der Gratweg heißt nun **Zurückesteig** und bekommt eine Kreuzung: Aufwärts geht es weiter zu den Felsgruppen **Großer und Kleiner Dom,** die mit diesen Namen wohl hinreichend beschrieben sind, zu den Affensteinen oder zum Falkenstein, abwärts über die **Heilige Stiege** durch den Heringsgrund und Wurzelweg nach Schmilka. Wer über die Rotkehlchenstiege abgestiegen ist, kann hier wieder auf den Kamm zurückkehren.

Frienstein

Vor dem Abstieg seien aber noch zwei kleine Abstecher empfohlen, auch diese Wege sind markiert: zehn Minuten zum **Carolafelsen** (453 m), dem höchsten Punkt der hinteren Schrammsteine. Und ganz in der Nähe liegt der Frienstein, der auch Vorderes Raubschloss genannt wird. Die Raubrittergeschichte der Sächsischen Schweiz kennt so viele finster-romantische Orte, und die meisten sind mit dem böhmischen *Berken von der*

048ss Foto: ls

Duba verbunden. So auch der Frienstein, auf den schon der Weg einstimmt: eine moosige, steile Schlucht, eine Quelle, darüber der Felsen wie ein Obelisk.

Am Frienstein liegt ein fantastischer Rastplatz, der jedoch nicht ganz so bequem zu erreichen ist wie die bisher vorgestellten: Zur Friensteinhöhle, auch Idagrotte genannt, muss man auf schmalstem Pfad um den Frienstein herumlaufen, hart am Abgrund und am Felsen, dabei müssen sich die Hände an Eisenklammern festhalten. Das ist ein Weg nur für Schwindelfreie und wohl ungeeignet für Kinder. Die Grotte liegt inmitten einer urwüchsig-wilden Szenerie.

Vom Frienstein aus kann man in einer Dreiviertelstunde zum Beuthenfall laufen oder in einer halben Stunde den Kleinen Winterberg erreichen.

Reitsteig

Wer auf der Heiligen Stiege noch nicht absteigen möchte, geht weiter auf dem Reitsteig. Nach rechts gibt es einen Abstecher zum Aussichtspunkt an der **Wenzelswand,** ein Klettergipfel wie die benachbarte Gerbingspitze und die Fluchtwand. Die Gipfel sind wie zum Greifen nah; an trockenen Tagen kann man dort garantiert Bergsteiger beobachten. (Wer den Wegweiser nach links zum Frienstein erreicht, ist zu weit gelaufen.) Der Reitsteig führt nun recht bequem durch den Wald zum historischen Wegweiser am **Fremdenweg.** Von hier geht man, was interessanter ist, über den Unteren Fremdenweg und das Aussichtsriff Gleitmannshorn zum Kleinen Winterberg, zum Kuhstall und zum Lichtenhainer Wasserfall. Für die Rückfahrt bieten sich die Kirnitzschtalbahn und der Bus an. Oder man geht auf dem Fremdenweg nach rechts zum Großen Winterberg, kehrt im Gasthof ein und nimmt einen der kurzen Wege nach Schmilka (S-Bahn): auf der geteerten Winterbergstraße nur zehn Minuten, dann durch den Erlsgrund oder, steiler und kürzer, auf dem Bergsteig.

Schrammsteine von unten

Nach all dieser Kletterei wird es Zeit, auch auf eine Route hinzuweisen, die **zu Füßen der Felsareale** durch das Schrammsteingebiet führt und größere An- oder Abstiege meidet. Sie zeigt dieses abwechslungsreiche Gebiet von einer anderen, nicht minder lohnenden Seite: nicht Fernsichten und aufregende Kletterpartien, sondern die Nahaufnahmen einiger der schönsten Felsformationen auf bequemem Weg. Vom Lichtenhainer Wasserfall geht es erst in den Dietrichsgrund und an der Weggabelung nach rechts auf den Vorderen **Heideweg.** Der führt geradewegs auf den **Bloßstock** zu, den vordersten der Affensteine. Nach links um den Bloßstock herum führt nun der **Königsweg** an den Affensteinen entlang. Er passiert den Wolfsturm, und erreicht den Fuß des Frienstein. Dabei geht es doch ein paar Schritte bergan, das lässt sich in der Sächsischen Schweiz nie ganz vermeiden. Bald steht man am Fuß des

041ss Foto: ls

Kleinen Winterberges. Wer jetzt doch einen straffen Aufstieg braucht, kann hier hinaufklettern und auf dem Oberen Affensteinweg mit Aussichtspunkten in den Wildensteiner Wald bis zum Frienstein laufen, von dort hinauf auf den Reitsteig.

Der Talweg dagegen führt am Fuß des Gleitmannsturmes vorbei durch den Wald zum vorspringenden Gleitmannshorn. Dabei sieht man in den Kleinen Zschand, auf Winterstein und Bärenfangwände. An der Kreuzung mit dem **Quenenweg** aus dem Kleinen Zschand geht es geradeaus aufwärts in das **Heringsloch.** Eine kurze, wilde Schlucht, die steil bergan zum Fuß des Winterberges klettert. Rechts stehen zwei anspruchsvolle Klettergipfel, der Bewachsene Turm und der Heringsturm.

Jetzt gibt es zwei Möglichkeiten: entweder nach links auf den **Roßsteig,** der leicht bergab, zu Füßen der Bärenfangwände und an der großartigen Goldsteinaussicht vorbei zum Zeughaus führt. Von dort durch den Großen Zschand zur Busstation Neumannmühle.

Oder nach rechts auf dem **Wurzelweg** bis zur Mündung des Heringsgrundes, auf dem Elbleitenweg zu Füßen des Großvaterstuhles und der Rauschensteine. Dieser Weg passiert bizarre Felsengruppen: Kapellenwände, Steinlöcher und Breites Horn; Klettergipfel wie den Wurzelkopf, den Gratturm, die Lehnkuppel, den Bösen Turm. Nach den Rauschensteinen führt der Elbleitenweg unterhalb der Schrammsteinkette bis zum Schrammtor. Links an diesem Weg liegen die fast 200 Meter hohen Wände der Postelwitzer Steinbrüche. Tief unten fließt unsichtbar die Elbe. Vom Großen Schrammtor leitet der Obrigensteig hinunter nach Postelwitz, wo die Fähre nach Krippen und zur S-Bahn wartet.

Wanderungen

- Bad Schandau/Postelwitz – Schrammtor – Carolafelsen: 3½ Stunden – Großer Winterberg: noch 1 Stunde.
- Carolafelsen – Kleiner Dom – Zahnsgrund: 2 Stunden.
- Abzweig Heilige Stiege – Heringsgrund – Wurzelweg – Schmilka: 30 Minuten.
- Ostrauer Mühle – Wildwiese – Schrammsteinweg – Breite Kluft – Elbleitenweg – Kleine Bastei – Schmilka: 4 Stunden.
- Ostrauer Mühle – Flößersteig – Nasser Grund – Hohe Liebe – Schrammtor – Obrigensteig – Postelwitz – Fähre – Krippen: 4 Stunden.
- Lichtenhainer Wasserfall – Dietrichsgrund – Königsweg – Heringsloch – Elbleitenweg – Bad Schandau: 6 Stunden.

Kirnitzsch, Affensteine und Großer Zschand

Überblick

Kirnitzsch kommt vom tschechischen *kiernice* = Wasserrinne. Der Bach entspringt in 490 Meter Höhe bei Studánka in Nordböhmen und verliert bis zur Mündung in der Elbe 374 Höhenmeter. An den windungsreichen Ufern der Kirnitzsch gedeiht eine reiche Pflanzenwelt. Zur Wanderung entlang der Kirnitzsch gibt es eine bequeme und zeitsparende Alternative: Die Fahrt mit der „Quietsche“, wie die 1898 in Betrieb genommene **Kir-**

nitzschtalbahn hier auch genannt wird. Diese Straßenbahn fährt, nicht zu schnell, auf 1000 Millimeter Spurweite die acht Kilometer lange Strecke zwischen Bad Schandau und dem Lichtenhainer Wasserfall. Seit Mai 1994 bezieht sie ihren Strombedarf fast vollständig aus Sonnenenergie.

Entlang der Kirnitzsch

Eine Wanderung bachabwärts durch das Kirnitzschtal absolviert zugleich den **Lehrpfad Flößersteig.** Dieser Pfad der Kirnitzschflößer reichte früher von der Oberen Schleuse bei Hinterhermsdorf bis zur Kirnitzschmündung in die Elbe, das sind 22 Kilometer. 1928 wurde er als Wanderweg eingerichtet, 1958 erneuert, später bis zur Neumannmühle erweitert. Auf den Flößersteigen hatten die Flößer schnellen Zugang zum Ufer, damit sie die Stämme durch den windungsreichen, engen Flusslauf bugsieren konnten. Der Original-Flößersteig besteht nur noch zwischen Nassem Grund und Beuthenfall sowie oberhalb des Tiefen Hahnes. 92 Texttafeln informieren über Flößerei, Tier- und Pflanzenwelt, Geologie und Naturschutz.

Die **Buschmühle** war schon im 16. Jahrhundert als Holzschneidemühle die oberste der Kirnitzschmühlen. Das Umgebindehaus blieb von 1790 bis heute nahezu unverändert. Hier werden nicht nur Wanderer und Bergsteiger bewirtet – das mächtige Mühlrad mahlt immer noch Getreide. Ein Stück weiter am Bach, beim Eingang zum Großen Zschand, klappert die 500 Jahre alte **Neumannmühle.** Dort beginnt der Lehrpfad. Als original erhaltene Holzschliffmühle funktioniert die Schauanlage für die Papierherstellung auf dem technischen Stand von 1870. Eine Informationsstelle der Nationalparkverwaltung erinnert an historische Waldberufe.

Kein Denkmal, sondern als Brettmühle (mit Elektromotoren) noch in Betrieb ist die **Felsenmühle.** Sie ist mindestens 200 Jahre alt. In einer Viertelstunde ist von der Felsenmühle aus der **Großstein** erreicht, ein der Aussicht wegen lohnender Abstecher vom Lehrpfad.

Nach rund drei Kilometern trifft der Uferweg auf den **Lichtenhainer Wasserfall** und nach der nächsten Wegbiegung den **Beuthenfall.** „Beuthen" hießen die bäuerlichen Bienenkörbe, die im windgeschützten und sonnigen Seitengrund aufgestellt worden waren. Am Beuthenfall gibt es eine gute Gelegenheit, das Kirnitzschtal zu verlassen. Die Zeughausstraße, ein befestigter Wanderweg, führt zwischen Affensteinen und Wildenstein in den **Wildensteiner Wald,** bis zum Kleinen und Großen Zschand. Diese beiden Cañons münden wiederum ins Tal der Kirnitzsch.

Der Lehrpfad durchquert unterhalb des Beuthenfalls das Granitgebiet um die Mittelndorfer und **Ostrauer Mühle.** Beide Mühlen sind heute Gasthäuser; die Mittelndorfer gibt es schon seit 1518. An der Ostrauer liegt ein Campingplatz. Das nächste Gasthaus ist wieder nicht weit, das Waldhäusel. In Bad Schandau kann man seine Bildungsreise mit einer Visite des Pflanzengartens und des Heimatmuseums abschließen.

Lichtenhainer Wasserfall

Eines der klassischen Ausflugsziele in der Sächsischen Schweiz, eine Station des Fremdenweges, ist der Lichtenhainer Wasserfall. Über eine fünf Meter hohe Grotte ergießt sich der Lichtenhainer Dorfbach in ein Staubecken, das zur Kirnitzsch geöffnet werden kann. Zu diesem 1830 angelegten Rauschen gehört eine Gastwirtschaft mit Biergarten und Forellenspezialitäten. Eine historische Tafel informiert über die Gebühren für Fremdenführer und Sesselträger.

Kuhstall

Der **Fremdenweg** führt bequem hinauf zur nächsten Attraktion, dem Kuhstall. An nichts weniger als an einen Stall erinnert dieses mächtige, durch Erosion entstandene Felsentor.

Lichtenhainer Wasserfall

050ss Foto: ls

„Denn nach wenigen Schritten sieht man unter schweigendem Erstaunen und kurzen Ausrufungen einen mit Farnenkräutern und Gebüsch behangenen Felsenpalast vor sich, der wie ein Feenschloß hervorgezaubert zu sein scheint, und durch die Oeffnung eines völlig gewölbten Thores, eine unerwartete Perspektive in seine durch Waldung unterbrochene Felsenfluren so täuschend giebt, als wenn der Weg zu ihnen durch dieses Thor führte." Götzinger hätte statt „Kuhstall" lieber den feierlichen Namen **„Wildensteiner Felsenhalle"** eingeführt. Doch Kuhstall bleibt Kuhstall.

Während des Dreißigjährigen Krieges hatten sich die Bauern der umliegenden Dörfer hier oben versteckt, samt ihrem Vieh. Daher der Name. Die 24 Meter lange und 11 Meter hohe Halle war gleich nach „Entdeckung" der Sächsischen Schweiz beliebtes Reiseziel. Ab 1807 wurde hinter der Halle Wegzehrung angeboten, 1823 die noch heute bestehende Gastwirtschaft eröffnet.

Eine „Himmelsleiter" klettert auf das Gipfelplateau hinauf. Hier oben haben Ende des 14. Jahrhunderts die **Berken von der Duba** die Einkünfte ihrer Raubtouren verprasst. Einige Spuren zeugen noch von früher Besiedlung, eine Zisterne und Falze für Türbeschläge. In der Felsengruppe an dem vom Gipfelplateau hinabführenden Weg kann man herumklettern und einiges entdecken: das Pfaffenloch, wie ein rundes Fenster im Fels; da hinaus soll ein Pfaffe in den Abgrund, die Pfaffenkluft, gestoßen worden sein. Die Schneiderhöhle, Unterschlupf für einen Räuber. Immer wieder malerische Aussichten, deren schönste die aus der Halle ist.

Vielleicht haben Reisegesellschaften gern einmal *Wilhelm Leberecht Götzingers* pathetischen „Rundgesang in der prächtigen Kuhstall-Höhle" angestimmt, nach der Melodie von „Freude schöner Götterfunken". Mit Pauken und Trompeten, denn *„Saiteninstrumente machen hier nicht die schöne Wirkung der blasenden."* Andere Beschäftigungen haben bleibende Spuren hinterlassen. Angesichts der zahlreichen Graffiti an der Hallenwand bemerkte schon *Hans Christian Andersen* trocken: *„Diese Unsterblichkeit hat doch etwas Mühe gekostet."*

Die Winterberge

Weniger Mühe bereitet es, wieder dem Fremdenweg zu folgen, nun aber bergab in den Habichtsgrund und den Hinteren Wildensteiner Wald. Nachdem er die Zeughausstraße gekreuzt hat, steigt er stetig an. Bei der Wegkreuzung steht wieder einer der Sandsteinwegweiser aus dem vorigen Jahrhundert.

Der Fremdenweg windet sich nun in Serpentinen auf den **Kleinen Winterberg,** von dessen Felsterrassen (rote Markierung) sich wieder atemberaubende Sichten über den Kleinen Zschand öffnen: ein einziges senkrechtes Fallen. Der Wanderweg heißt nun **Unterer Fremdenweg** und führt, fünfzig Meter unterhalb des Gipfels, bequem über die Sandsteinterrassen des Kleinen zum Fuß des Großen Winterberges.

Der **Große Winterberg** ist mit 552 m der höchste Berg auf rechtselbischem Gebiet. Der Basaltkegel wird von dichtem Buchenwald verhüllt. 1841 wurde im Schweizer Stil das Gasthaus auf dem Gipfel erbaut, heute ist es ein Hotel. Am Südwest-

051ss Foto: ls

hang des Großen Winterberges ragt der Aussichtspunkt **Kipphorn** hervor. Die Winterbergstraße schlängelt sich zehn Minuten auf asphaltierter Straße hinab bis sie den stillen Erlsgrund erreicht und bald auch Schmilka. Gleich am oberen Ortseingang sprudelt die Ilmenquelle.

Zum Frienstein

Wer nach dem Aufstieg zum Kleinen Winterberg nicht den eben beschriebenen Unteren Fremdenweg, sondern den grün markierten Pfad weiterwandert, gelangt an der Nordwestseite des Kleinen Winterberges durch einsam-wilde Felsszenerie in einer Stunde zum Frienstein (Vorderes Raubschloss, siehe Kapitel „Schrammsteine und Rauschengrund") mit der Friensteinhöhle. Dabei sind mehrere schöne Aussichten zu erleben.

Schmilka

Der kleine Grenzort Schmilka wird stark vom grenzüberschreitenden Autoverkehr belastet. Die S-Bahn-Station Schmilka-Hirschmühle liegt auf der linken Elbseite. Auf die andere Seite gelangt man mit der Elbfähre.

Noch im 16. Jahrhundert war die Gegend des heutigen Schmilka unbesiedelt, die ersten Einwohner werden 1582 genannt; 1834 wohnten in Schmilka 128 Menschen: Holzfäller, Flößer, Schiffzieher und Fischer. Auf dem Weg zum Elbufer fallen zwei **„Brückenhäuser"** auf: Um Platz zu sparen, wurde ein Teil des Hauses wie eine Brücke über die Dorfstraße hinweg gebaut.

Schmilka ist Ausgangspunkt für Wanderungen in die Schrammsteine, in den Zschand, die Böhmische Schweiz. Spaziergänge führen zu den Aussichtspunkten Kleine Bastei und Kipphorn. Alle Routen beginnen mit einem steilen Anstieg!

Affensteine

Ein abenteuerlich-romantisches Wandergebiet zwischen Kirnitzschtal und Schrammsteinen sind die Affensteine. Dieses stark zerklüftete Areal senkrecht aufsteigender Felsen hat seinen Namen nicht, weil sich dort auch Affen wohlfühlen würden, sondern vom Jägerwort für den Uhu: „Auf". Die Affensteine sind die am weitesten nach Norden herausragenden Felsriffe des Schrammsteingebietes. Ein großartiges Felsrevier und einer der fantastischsten und anspruchsvollsten Wege in der Sächsischen Schweiz. Für eine Wanderung in den Affensteinen sollte man sich unbedingt den ganzen Tag Zeit nehmen und frühzeitig aufbrechen.

Kipphorn-Aussicht

052ss Foto: ls

Vom Beuthenfall gelangt man über eine Brücke in den **Dietrichsgrund,** dem man bis zur Weggabelung folgt, weiter geht es nach rechts auf dem Vorderen Haideweg bis zum Unteren Affensteinweg. Vor dem Massiv der Affensteine steht frei der Bloßstock, ein Stein wie gemeißelt. Der Weg führt zunächst direkt auf diesen Fels zu, zweigt dann als schmaler Pfad links ab und führt in das **Große Bauerloch,** eine hufeisenförmige Schlucht zwischen den Felswänden der Affensteine. Rechts steht die **Brosinnadel** wie eine manieristische Skulptur.

Aus dem Großen Bauerloch führen zwei Stiegen auf die Obere Affensteinpromenade: die **Zwillingsstiege** und die **Häntzschelstiege;** kurze, senkrechte Kletterwege mit Eisenklammern, Leitern und Tritten. Beide erfordern Trittsicherheit und etwas Mut, aber keine Kletterausrüstung. Bei feuchtem Wetter oder Frost sollte man diese Stiegen meiden. Die Zwillingsstiege findet man rechts im Wald, die Häntzschelstiege links über Holzstufen. (Tourenbeschreibung: www.quackensturm.de)

Auf der **Oberen Affensteinpromenade** angekommen, einem unmarkierten, aber übersichtlichen Bergpfad, steht die nächste Klettertour bevor, in den oberen Teil der Häntzschelstiege. Dieser Abschnitt ist weniger anstrengend und auch weniger gefährlich als der erste. Der Zugang liegt zwischen Felsbrocken versteckt im vorderen Teil der hufeisenförmigen Schlucht. Durch einen Riss geht es über Eisenklammern senkrecht nach oben, wobei man vor allem darauf achten sollte, sich nicht den Kopf zu stoßen. Der **Felskamin** endet auf dem **Langen Horn,** wo eine feierliche Sicht auf Falkenstein, Hohe Liebe, Kirnitzschtal, Königstein und Lilienstein die Kraxelei belohnt. Der Ausstieg und der weitere Weg über das zerklüftete Plateau sind sparsam, aber ausreichend mit Eisenklammern gesichert.

Das Wegekonzept für den Nationalpark sieht für den eben beschriebenen Aufstieg und den Weiterweg über das Lange Horn **Richtungsverkehr** vor: Erlaubt ist also nur der Aufstieg, und auf dem Langen Horn wird ein Wanderweg vorgeschrieben, der die Renaturierung erodierender Bereiche nicht behindert. Dieses bewaldete Felsriff ist auch ein Brutplatz für Greifvögel und Refugium eiszeitlicher Pflanzen.

Der Bergpfad mündet in den gelb/blau markierten Schrammsteinweg, von dort könnte man über die Heilige Stiege nach Schmilka absteigen oder zum **Carolafelsen** (453 m) laufen, dem höchsten Punkt der Affensteine und einem der großartigsten Aussichtspunkte für Wanderer in der Sächsischen Schweiz. Von dort wäre der Abstieg über die Wilde Hölle zum Unteren Affensteinweg und ins Kirnitzschtal möglich.

Wer das Risiko der Zwillingsstiege oder der Unteren Häntzschelstiege meiden möchte, kann ei-

Am Großen Bauerloch

nen nicht minder schönen Weg wählen, um durch den Felskamin auf das Lange Horn zu gelangen: Vom Beuthenfall im Kirnitzschtal über Dietrichsgrund und Untere Affensteinpromenade zur **Wilden Hölle,** einem romantischen Pfad, der an das zerwühlte Bett eines ehemals rauschenden Baches erinnert. Noch bevor der Wegweiser zum Carolafelsen erreicht wird, zweigt links ein schmaler Weg in den Birkenwald ab, der auf die Obere Affensteinpromenade führt. Die hält nun die Aussicht an der **Teufelsspitze** bereit, einem Felsplateau hinter der Brosinnadel (Sonnenuntergang über dem Falkenstein!). Nachdem man das Hufeisen des Bauerloches abgelaufen ist, erreicht man den Einstieg in die Obere Häntzschelstiege.

Der markierte Schrammsteinweg führt ins Dom-Gebiet, einem Areal »sakraler« Sandsteinarchitektur mit dem Aussichtspunkt am **Domriff.** Durch den **Kleinen Dom** wird der Zeughausweg erreicht: Links auf den Elbleitenweg Richtung Bad Schandau, rechts zum Unteren Affensteinweg Richtung Kirnitzschtal.

Winterstein und Arnstein

Drei einst berüchtigte **Raubritterburgen** verbindet eine Wanderung vom Kuhstall über den Winterstein zum Arnstein, abwechslungsreich zwischen anspruchsvollen Felspfaden und geruhsamen Waldwegen. Wenn nicht wieder vom Lichtenhainer Wasserfall, gelangt man zum Kuhstall auch auf dem Weg von der **Felsenmühle** in den Kleinen Zschand, bald nach rechts in die kurzen Ferkelschlüchte und weiter auf dem bequemen Haussteig. Nach Besteigung des Neuen Wildensteins, wie der Kuhstall ja in der Raubrittergeschichte heißt, geht es wieder hinunter in den Neuen Wildensteiner Wald. Der Fremdenweg trifft am historischen Wegweiser auf die Zeughausstraße. Diese führt nun über die Quenenwiesen im Kleinen Zschand zum Winterstein (389 m). Am besten, man betritt diesen einsam aus dem Wald aufragenden Felsen, das **Hintere Raubschloss,** über die Buchschlüchte und verlässt ihn über die Hinteren Raubsteinschlüchte. Diese führen wieder auf die Zeughausstraße.

Die **Burg auf dem Winterstein** wurde erstmals 1379 erwähnt. Sie ist demnach die älteste Burganlage der Hinteren Sächsischen Schweiz. Der **Recke vom Winterstein** war ein böhmischer Adliger, der wohl bessere Zeiten erlebt hatte, bevor er sich als Raubritter durchs Leben schlug. Seine Beute brachten Handelsreisende vorbei, die auf dem Weg zu den Märkten des **Oberlausitzer Sechsstädtebundes** waren. Da dieses Bündnis zwischen Löbau, Görlitz, Kamenz, Zittau, Bautzen und Lauban 1346 als eine Art Rechtshilfeabkommen gegen die adlige „Landstörzerei" vereinbart worden war, hatte der Recke bald das Nachsehen. Die Sechsstädte schlugen 1441 zu, und seitdem wächst zwar noch Gras auf dem Winterstein, aber von der Burg blieb nicht mehr viel übrig. Fundstücke vom Hinteren Raubschloss sind im Heimatmuseum Bad Schandau ausgestellt.

Nur wenige Spuren sind also vom Räubernest auf dem Winterstein erhalten, dennoch leben in diesem Monolith noch die alten Geschichten. Die Natur hat nur einen einzigen Einstieg über die Südwand eingerichtet. Beim Aufstieg über die zum Teil noch originale Räuberleiter entdeckt man Falze und Widerlager für die Befestigung der hölzernen Vorburg, eine Nische für den Wachposten, eine Höhle mit Steinbänken, Rauchfang und der einstigen Zisterne. Weiter hinauf über alte Steinstufen und neue Eisenleitern bis auf das Plateau,

053ss Foto: ls

wo zunächst weniger die Historie interessiert als die Aussicht. Ringsum Wald und Fels.

Südlich des Wintersteins liegt das **Totalreservat „Böses Horn"**, ein Fels- und Waldgebiet, das seit 1979 für jeglichen Besucherverkehr gesperrt ist. Die **Raubsteinschlüchte** münden in den Großen Zschand, ganz in der Nähe des Zeughauses. Doch nicht in diese Richtung soll die Wanderung fortgesetzt werden, sondern wieder zum Kirnitzschtal. Am Ausgang des Großen Zschand steht die Neumannmühle, Museum und Gasthaus, und ein paar Minuten bachaufwärts die **Busch-**

Aussicht vom Hinteren Raubschloss

Im späten Mittelalter war der Arnstein, der als Wegwarte und Signalveste einst dem böhmischen *Berken von der Duba* gehörte, das gefürchtete **Raubnest der Wartenberger.** Diese „zehnteten" mehrere Dörfer an der Elbe und bedienten sich bei Kaufmannszügen der Oberlausitzer Sechsstädte. Der Städtebund schlug diesmal gemeinsam mit dem sächsischen Kurfürsten zu; 1451 wurde die Burg zerstört. Der Sage nach wurde der letzte Raubritter vom Arnstein am Amselfelsen aufs Rad geflochten.

mühle. Über die Kirnitzsch hinweg führt der Wanderweg nun unter Felsen steil bergan zum **Arnstein,** der auch als „Ottendorfer Raubschloss" bekannt ist.

Von der Burg sind noch die in Stein gehauenen Stufen zu sehen sowie Falze und Balkenlager, eine Zisterne und vor allem die **Felszeichnungen.** Ob diese Ritzungen von den Raubrittern, von der Burgwache vielleicht, aus Langeweile in den Stein gebracht wurden, wer weiß. Bei den späteren Besuchern, die ihre Bilder hinzugefügt haben, war es sicherlich so. Dennoch sind einige dieser bis zu 80 Zentimeter großen Figuren noch gut zu erkennen. Sehenswerter ist aber die Aussicht auf Kirnitzschtal und Großen Zschand, Falkenstein und Königstein.

Vom Fuß des Arnsteins setzt sich dieser Wanderweg bachaufwärts fort bis zum **Kleinstein** (378 m). Der ist nun nicht als Räubernest bekannt, sondern seiner gotisch geformten **Kleinsteinhöhle** wegen als einer der Lieblingsplätze der Romantiker. *Ludwig Richter* hat sie in einer Radierung festgehalten. Die Höhle liegt an der Südseite des Steins und ist nach beiden Seiten offen. Das spitzbogige Felstor ist zehn Meter hoch und fünf bis sieben Meter breit, die Höhle zehn Meter tief. Quarzadern auf dem Gestein und die sandbedeckte Sohle erinnern an die nur 400 Meter entfernte Lausitzer Störung.

Abschließend kann man über den Höhenweg **„Hohes Gewände"** zurück zum Arnstein laufen oder auf dem bereits begangenen Wanderweg nach **Saupsdorf** mit Anschluss an den Alfred-Meiche-Weg nach Sebnitz oder Hinterhermsdorf weiterwandern. Letztere Variante bietet sehr schöne Aussichten auf die Hintere Sächsische Schweiz.

054ss Foto: ls

Blick vom Winterstein ins Böhmische

Durch den Kleinen Zschand

Der Große und der Kleine Zschand sind wasserarme Seitentäler der Kirnitzsch. Sie durchschneiden etwa parallel die Hintere Sächsische Schweiz und sind deshalb **ideale Ausgangsstrecken** für unzählige Touren durch diese Landschaft der stillen Gründe und einsamen Wälder. Zudem erleichtern sie vorzüglich die Orientierung: Beide münden im Kirnitzschtal, der Kleine Zschand am **Gasthaus Felsenmühle,** der Große Zschand am **Gasthaus Neumannmühle;** und wie vom „Großen" nicht anders zu erwarten, hält er auf halbem Weg auch noch ein Gasthaus bereit, das Zeughaus. Für „Notfälle" ist demnach gesorgt. Die Zeughausstraße verbindet den Großen und den Kleinen Zschand mit dem Fremdenweg zwischen Lichtenhainer Wasserfall und Großem Winterberg. Das Landschaftsbild beider, bequem zu begehender Täler bestimmen Steilhänge und bemooste Felsbrocken, Querschluchten und knorrige, alte Bäume.

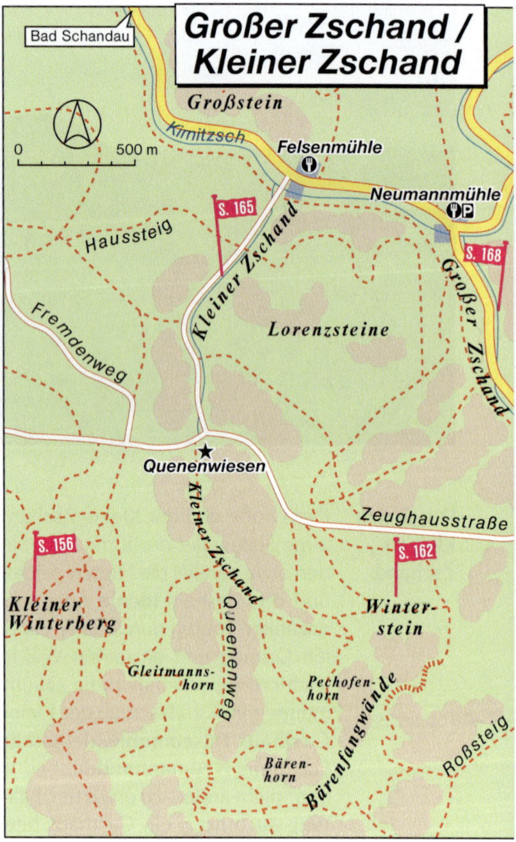

Durch den **Kleinen Zschand** läuft man von der **Felsenmühle** aus zunächst auf einer Forststraße und entlang des Quenenbaches. Hinter den **Quenenwiesen** wird das Tal enger, man sieht den Kleinen Winterberg und das **Gleitmannshorn,** bald unter zwei uralten Eichen den Zugang zum **Gleitmannsloch,** dem romantischen letzten Winkel dieses Tales. Nach links steigen Sandsteinstufen steil hinauf bis zur Felswand der **Bärenhörner.**

Unter dem Kleinen und Großen Bärenhorn setzt sich der Weg auf der Terrasse der **Bärenfangwände** fort. Was für ein Weg! Hier „drängeln" sich alle nur denkbaren Felsbildungen auf engstem Raum zwischen **Schusters Loch** und **Hintergründel,** Vorderem und Hinterem **Pechofenhorn.**

In den Bärenfangwänden wurden Bären für Tierhatzen am Dresdner Hof gehalten. Die Tiere waren in Gruben gefangen.

Nun tritt der Winterstein aus dem Wald hervor; wer dieses alte Raubschloss nicht besuchen will, geht gleich über die **Buchschlüchte** oder **Raubsteinschlüchte** auf die **Zeughausstraße.** Von dort entweder nach links zurück in den Kleinen Zschand oder nach rechts in den Großen. Von der Zeughausstraße kann man in den diagonal verlaufenden, breiten **Knorreweg** einbiegen und vor dem Großen Zschand noch die **Spitzsteinschlüchte** kennenlernen.

Durch den Großen Zschand

Von der Neumannmühle im Kirnitzschtal führt der **Große Zschand** über sechs Kilometer bis zur tschechischen Grenze. Anfangs ein breiter, bequemer Weg, bis zum Zeughaus als Fahrstraße ausgebaut, verengt er sich dahinter zur malerischen Schlucht zwischen **Partschenhörnern** und **Thorwalder Wänden.** Alle paar Meter weist eine kurze Seitenschlucht in diese stark zerklüfteten Felsreviere. Es lohnt sich, erst einmal bis zum Grenzgeländer zu laufen, dann umzukehren und die fünfhundert Meter bis zur Mündung der **Hickelschlüchte** zurückzugehen. Am Ende dieser Seitenschlucht liegt die zweitgrößte Höhle der Sächsischen Schweiz, die **Hickelhöhle.** Sie ist 45 Meter breit und 15 Meter tief.

Ein kurzer Abstecher führt um den **Hickelkopf** herum in den **Treppengrund** und den **Dreiwinkelgrund;** dort kann man die Thorwalder Wände von der anderen Seite sehen. Auf dem Stimmersdorfer Weg oder am Altarstein vorbei und durch den Brückengrund käme man zur Kirnitzsch und könnte sich für eine der Routen in Richtung Hinterhermsdorf entscheiden. Der **Altarstein** ist ein Felsbrocken im Wald. Angeblich sollen dort böhmische Protestanten während des Dreißigjährigen Krieges konspirative Gottesdienste abgehalten haben; aber der Name Altarstein ist viel älter. Im nahen Ziegengrund, unmittelbar an der Grenze und der Ziegenbrücke, steht der **Luchsstein.** Er erinnert an den letzten in dieser Gegend geschossenen Luchs, das lebensgroße Relief an das Tier, die Inschrift mehr an den Schützen: „Allhier habe ich *Joh. Gottfr. Puttrich,* Königl. Förster aus Hinterhermsdorff einen Luchs mit einem Selbstschuss erlegt ao. 1743". Der **Stimmersdorfer Weg** ist eine historische, böhmisch-sächsische Verkehrsader.

An der Hickelhöhle aber beginnt der **Reitsteig,** er schlängelt sich unterhalb der Thorwalder Wände durch eine phantastische Felsenwelt: verwitternde Torsi eines ehemals drei Kilometer langen Sandsteinmassivs. Eine reichliche Stunde nur auf einem der eindrucksvollsten Wege in der Sächsischen Schweiz. Im Winter sollen in dieser einsamen Gegend **Gemsen** zu beobachten sein, die aus dem Böhmischen hinüberkommen; sie zu sehen, wäre ein seltenes Glück.

Hinter den Kletterfelsen Thorwalder Wächter und Thorwalder Turm verabschiedet sich der Reitsteig zum **Großen Hochhübelweg,** dieser führt zurück zum Großen Zschand. Das **Zeughaus** steht hinter der nächsten Wegbiegung, aber nicht viel weiter weg in der anderen Richtung beginnen die **Richterschlüchte.** Sie sind der Zugang zu einem Weg, der allein das Erlebnis des Reitsteiges noch steigern kann: Kurz vor der **Richtergrotte,** wo sich im Winter meterdicke Eiszapfen bilden, zweigt nach rechts (ohne Markierung) der **Goldsteig** ab. Auf einer schmalen Terrasse unter filigran verwitternden Wänden und über einem von Felsbrocken übersäten Berghang windet sich dieser Weg auf drei Kilometern um die Felsen. Unbeschreiblich ist dieses Bild der Felsenwelt des Großen Zschand: aus dem Wald aufragend das Jortanshorn, die Sommerwand, die Thorwalder Wände. Der Goldsteig passiert an Klettergipfeln das Kleine Spitze Horn und das Große Spitze Horn, die Goldsteigsäule und den Felsen Kaaba. Am Ende dieses Weges steht der **Goldstein** (429 m), von dem aus der Roßsteig zum benachbarten Höhenrücken hinaufführt. Dieser Ort heißt

Goldsteinaussicht und ist der Höhepunkt dieser Wanderung. Auf dem Rückweg sollte man entspannen und nur noch durch die Wolfsschlüchte, unmittelbar neben dem Totalreservat „Böses Horn", zum Zeughaus laufen, schließlich durch den Großen Zschand zur Neumannmühle.

Praktische Reisetipps

Unterkunft und Gastronomie

- **Gasthaus am Kuhstall€,** Tel. (035971) 52044, Apr.–Okt. tgl. 10–18 Uhr, historisches Gasthaus mit Garten, gut für eine Rast, hausgemachter Eintopf, Essen um 5 €.
- **Gasthaus am Lichtenhainer Wasserfall€€,** Tel. (035971) 53733, www.lichtenhainer-wasserfall.de, tgl. 9–22 Uhr. Die Lage, die Küche und der Service zeichnen dieses Gasthaus als eines der besten in der Sächsischen Schweiz aus. Spezialität: auf Wacholder geräucherte Forelle; Wein aus allen deutschen und aus intern. Anbaugebieten.
- **Gasthof Forsthaus€€,** Kirnitzschtal (Haltestelle der Kirnitzschtalbahn), Tel. (035022) 5840, www.weka-hotels.de.
- **Mittelndorfer Mühle€€,** Kirnitzschtal (Haltestelle der Kirnitzschtalbahn), Gaststätte und Pension, Tel. (035022) 5850, www.mittelndorfer-muehle.de.
- **Felsenmühle€-€€,** Kirnitzschtalstr. 8, 01855 Ottendorf, Tel. (035974) 50088, www.pension-felsenmuehle.de.
- **Buschmühle€,** Kirnitzschtal, Tel. (035974) 50415, Gaststätte. Pension ideal für Wanderer.
- **Pension Neumannmühle€,** Kirnitzschtal (am Eingang zum Großen Zschand), Tel. (035974) 50565, www.saechsische-schweiz.com, gemütliche Kneipe mit Biergarten, mit Schlafsack auf dem Touristenboden.
- **Berghof Lichtenhain€-€€,** Am Anger 3, Tel. (035971) 56512, www.berghof.li, Familienhotel, Wandergruppen.

Wanderungen

- Neumannmühle – Lichtenhainer Wasserfall: 2½ Stunden.
- Lichtenhainer Wasserfall – Kuhstall – Kleiner und Großer Winterberg – Schmilka: 4 Stunden.
- Schmilka – Großer Winterberg – Zeughaus – Roßsteig – Wurzelweg – Schmilka: 5 Stunden.
- Schmilka – Kleine Bastei – Rauschenstein – Frienstein – Affensteine – Dietrichsgrund – Beuthenfall: 5 Stunden.
- Lichtenhainer Wasserfall – Kuhstall – Kleiner Winterberg – Großer Winterberg – Schmilka: 6 Stunden.
- Beuthenfall – Affensteine – Schrammsteinweg – Kleiner Dom – Sandloch – Zeughausweg – Unterer Affensteinweg – Beuthenfall: 5 Stunden.
- Felsenmühle – Winterstein – Raubsteinschlüchte – Buschmühle – Arnstein – Kleinsteinhöhle – Saupsdorf: 5 Stunden.

- Felsenmühle – Kleiner Zschand – Bärenfangwände – Zeughaus: 3 Stunden.
- Neumannmühle – Großer Zschand – Zeughaus – Hickelschlüchte – Reitsteig – Richterschlüchte – Goldsteig – Goldsteinaussicht – Neumannmühle: 5 Stunden.
- Zeughaus – Reitsteig – Hickelhöhle – Hickelkopf – Treppengrund – Dreiwinkelgrund – Stimmersdorfer Weg – Altarstein – Brückengrund – Kirnitzschtal – Rabensteine – Wettinplatz – Hinterhermsdorf: 5 Stunden.
- Altarstein – Luchsstein: 30 Minuten.

Kahnfahrt in der Felsklamm

Hinterhermsdorf

Am Ostrand der Sächsischen Schweiz, nahe der tschechischen Grenze, liegt Hinterhermsdorf. Das von Wald umschlossene Bergdorf ist Ausgangsort für Wanderungen in die Hintere Sächsische Schweiz.

In Hinterhermsdorf stehen 62 **Umgebindehäuser,** die meisten aus dem 18./19., einige aus dem 17. Jahrhundert. Die Dorfkirche wurde 1690 als Pestkapelle errichtet. Böhmische Protestanten, die nach dem Dreißigjährigen Krieg ihres Glaubens wegen vertrieben wurden, gründeten den heutigen Ortsteil Neudorf. Sie brachten die Leineweberei mit, die neben der ebenfalls aus Böhmen übernommenen Herstellung künstlicher Blumen lange Zeit Haupterwerb der Hermsdorfer Familien wurde. Einträglich war auch der Schmuggel über die sächsisch-böhmische Grenze.

Mitten durch den Ort verläuft die Grenze zwischen Elbsandstein und Lausitzer Granit.

Hinterhermsdorf ist der höchstgelegene Ort im rechtselbischen Teil der Sächsischen Schweiz. Eine Empfehlung für den **Winterurlaub** – dann gibt es hier viele Rodelberge und Skipisten, und die verschneiten Wege eignen sich sehr gut für Winterwanderungen.

Ins Weißbachtal

Etwa nach Norden über die Alte Nixdorfer Straße zum nahen **Weifberg** (476 m) mit Aussichtsturm,

Umgebindehäuser

In den Dörfern der Hinteren Sächsischen Schweiz, besonders häufig in Hinterhermsdorf und Saupsdorf, aber auch in der Böhmischen Schweiz, stehen noch die Sägemühlen und Dorfkneipen sowie die Häuser der Leineweber und Tuchmacher, der Kleinbauern und Handwerker, mit denen eine einzigartige und bis heute lebendige Volksarchitektur erhaltengeblieben ist.

Das Umgebindehaus entstand im Grenzgebiet zwischen dem traditionellen slawischen Blockbau und dem fränkischen Fachwerkbau. Es bewährte sich als ein ländliches Haus für viele Anforderungen.

Vermutlich begann die Geschichte des Umgebindehauses schon im 14. Jahrhundert. Die ältesten erhaltenen Umgebindehäuser, etwa das „Reiterhaus" in Neusalza-Spremberg, Oberlausitz, sind um die 350 Jahre alt. Fränkische Siedler, die im Zuge der Ostexpansion ab dem 11. Jahrhundert über Elbe und Saale zogen, haben wohl zunächst die reine Holzbauweise der Slawen übernommen. Doch mit der zunehmenden Siedlungsdichte wurde Bauholz knapp und der Verbrauch durch die Landesherren eingeschränkt. Das dürfte ein Grund gewesen sein, der die Entstehung einer neuen Bauweise förderte.

Fachwerkhäuser mit senkrechten Holzbalken waren sehr stabil und schnell und holzsparend zu errichten; Blockbauten mit waagerechten Balken speicherten sehr gut die Wärme und entsprachen dem wechselhaften Klima der Region. Beide Konstruktionsarten in einem Bau miteinander fest zu verbinden, ist aufgrund der Zellstruktur des Holzes nicht möglich: Längs zur Faser ist die Verkürzung des Holzes beim Austrocknen 15 mal kleiner als quer zur Faser. Die geniale Lösung bestand darin, zwei Häuser in einem zu bauen: Um die Blockstube wurde das Fachwerk errichtet, abgestützt durch eine Holzkonstruktion. Die Stützkonstruktion, das „Umgebinde", steht mit einigen Zentimetern Abstand vor der Blockstube; „umbindet" gleichsam das Erdgeschoss und nimmt alle Lasten des oberen Geschosses (später auch der oberen Geschosse) auf.

Während den stehenden Hölzern alle Tragefunktionen zufallen, übernehmen die waagerecht liegenden Hölzer nur noch die Wärmefunktion. Eine technisch wie ästhetisch überzeugende Bauweise.

weiter über den Folgenweg zum Schäferräumicht, einer einsam gelegenen Gaststätte, und den Bammelweg ins **Weißbachtal.** Ob der Bammelweg seinen Namen vom sächsischen Wort für Angst hat? Jedenfalls waren hier die Schmuggler unterwegs, und die hatten wohl auch „Bammel" vor Zöllnern und sonstigen Beamten. Das Weißbachtal bildet

Hartnäckig hält sich auch eine andere Erklärung für die eigenwillige Ständer-Konstruktion. Sie besagt, dass damit die vom Webstuhl ausgehenden Erschütterungen vom übrigen Haus ferngehalten werden sollten. Das ist längst widerlegt: Es gab Umgebindehäuser lange vor der Blütezeit der Hauswebereien; und Hauswebstühle standen in vielen Gegenden Europas, ohne dass dort besondere Konstruktionsformen für Häuser entwickelt werden mussten. Nachgewiesen ist, dass das Umgebindehaus langsam aus verschiedenen Vorstufen entstanden ist.

Das Umgebindehaus hat insofern etwas mit der Weberei zu tun, als dass das Handwerk gleichmäßig klimatisierte Räume brauchte, die von den Blockstuben gewährleistet wurden. Neben der Weberei, hatten die Häuser auch als Wohnung zu dienen. Man brauchte also mehr Raum, und den schuf man sich im Obergeschoss.

Bis heute haben sich viele Varianten erhalten. Es gibt die älteren Geschossbauten, wo Umgebinde und Obergeschoss als eine Einheit gezimmert sind. Nach 1650 kam die Stockwerkbauweise auf, bei der die einzelnen Ebenen in sich abgeschlossene Konstruktionen bilden. Beides ließ sich mischen, und es war nicht selten, dass das Obergeschoss ebenfalls als Massivbau errichtet wurde. Etwa ab Mitte des 19. Jahrhunderts war das Holz als Baustoff für den Massivbau nahezu völlig durch Stein verdrängt.

Das Standardwerk „Umgebindehäuser" von *Karl Bernert* (Berlin 1988) gibt als einstiges Verbreitungsgebiet für diese Volksbauweise weite Teile Europas an. In Jütland (Dänemark), Riga (Lettland), in Rumänien, Ungarn und Kroatien, um nur einige Beispiele zu nennen, sind Umgebindehäuser gebaut worden. Als westlichste Verbreitungsregion gilt der Schwarzwald. Der Verfasser beschreibt das Gebiet, in dem noch heute solche Bauten stehen, in diesen Grenzen: Spreewald im Norden, Riesengebirge im Osten, Melnik im Süden, Vogtland im Südwesten und Ostthüringen im Westen. Eine geschlossene Bebauung ganzer Ortschaften gibt es nur noch in der Oberlausitz, südlich der Linie Bautzen – Görlitz und nördlich von Èeská Lípa und Jablonec (Böhmen). Sächsische und Böhmische Schweiz liegen also nur am Rande der „Umgebindelandschaft". Von 30.000 Umgebindehäusern, die früher in der Region Oberlausitz/Nordböhmen standen, sind noch etwa 5000 erhalten.

die deutsch-tschechische Grenze und ist eines der abgelegensten Täler der Sächsischen Schweiz. Ein bequemer Wiesenweg begleitet den Bach bis zur Mündung in die Kirnitzsch, und es gibt mehrere markierte Wege, die zurück nach Hinterhermsdorf führen. Eine wenig anstrengende Tour zu allen Jahreszeiten. Vom Weifberg kann man auch weiter

zum Grenzübergang (nur für Wanderer) und nach **Mikulášovice (Nixdorf)** laufen – einer kleinen Stadt mit barocker Kirche und einigen Kneipen. Für den Rückweg bietet sich der weithin sichtbare Aussichtsturm auf dem **Tanzplan (Tanečnice,** 597 m) an, eine seit hundert Jahren beliebte Ausflugsgaststätte. Vom Tanzplan gelangt man bald zum Grenzübergang nach Sebnitz.

Durch die Kirnitzschklamm

Einladend bequem beginnen alle Wege in Hinterhermsdorf; ein Grund mehr, den beliebten Spaziergang zur **Oberen Schleuse** auf den frühen Morgen zu legen und diese Tagestour dranzuhängen: von der tief eingeschnittenen Klamm über trockene, einsame Täler zu atemberaubenden Aussichten. Ein Thema mit allen Variationen der Hinteren Sächsischen Schweiz.

Zunächst führt die Dorfstraße zur Buchenparkhalle, durch einen lichten Buchenwald. Über Stufen geht es 150 Meter bergab, an der Dachshöhle vorbei bis zur Kirnitzsch und der **Bootsstation Obere Schleuse.** Hier beginnt eine wildromantische Bootsfahrt, zwanzig Minuten lang durch die Klamm, zwischen haushoch aufragenden, moosüberzogenen Felsgebilden.

Die Wartezeit an der Bootsstation kann man in der kleinen Gaststätte abkürzen. Oder man geht gleich zu Fuß; auf dem Kamm schlängelt sich ein schmaler Pfad. Die Bootsfahrt endet an der Sperrmauer der oberen Schleuse; von dort kehren viele Ausflügler wieder zurück nach Hinterhermsdorf. Eine Kletterpartie führt auf das **Hermannseck,** über Leitern durch den Kamin bis zum Aussichtspunkt und wieder zurück.

Ein Wanderweg begleitet weiter die Kirnitzsch. Zunächst auf Schlängelweg über die Felsen, dann durch die **Wolfsschlucht** hinunter zur Talsohle. In der Wolfsschlucht gibt es einen niedrigen Felstunnel. Die nächsten beiden Stunden hält sich der Weg nahe der Kirnitzsch. Anfangs stehen die Felsen hart am Ufer, dann treten sie zurück in den Wald. Vor der dunklen Kulisse der Darnsteinwände und Rabensteine mäandert die Kirnitzsch durch eine breite Wiese, das so genannte **Niemandsland.**

Die **Stauanlage „Obere Schleuse“** wurde wahrscheinlich im 16. Jahrhundert als Holzbau errichtet, 1816/17 in Stein, die jetzige Schleuse 1931. In der Schleuse wurde Wasser gesammelt, in der Kirnitzsch das zu flößende Holz. Mit der Flutwelle des Schleusenwassers wurden die Holzstämme zu Tal geschwemmt, bis zur Elbe. Die Flößer mussten dafür sorgen, dass sich die Stämme nicht im Bach verkanteten, eine lebensgefährliche Arbeit. Das gleiche passierte noch einmal siebeneinhalb Kilometer bachabwärts, an der Niederen Schleuse. Bis 1965 wurde hier Holz geflößt, immer im Frühjahr und im Herbst. Heute ist die Schleuse ein **Technisches Denkmal.** Schon 1879 lud der Saxonia-Gebirgsverein zu Bootsfahrten auf dem 700 Meter langen Staubecken ein. Sofort erkoren die Leute diese Attraktion zu einem ihrer beliebtesten Ausflugsziele.

Königsplatz

Kurz nach der Brücke zum ehemaligen Hinterdittersbach (Zadni Jetřichovice) verzweigt sich der Weg. Nach rechts geht es in die Hölle, ein finsteres **Felsengebiet,** das vom **Hollweg** durchquert wird. Die Namen sagen hier alles: Wo die Felsgasse noch schmaler wird, heißt sie Vorderes Schweineloch und Hinteres Schweineloch, dazwischen stecken die Schlüchte des Tunnelweges. Alle Wege führen auf den lichten **Königsplatz,** den der sächsische Monarch **Friedrich August II.** zu seiner liebsten Aussicht erkoren haben soll. Tatsächlich bietet sich vom Felsplateau ein großartiges Waldpanorama dar. Vom Königsplatz ist es nicht mehr weit bis nach Hinterhermsdorf.

Die **Kirnitzsch** plätschert an der Hölle vorbei, und der Wanderweg neben ihr wird nun etwas trockener. Die nächste Möglichkeit, nach Hinterhermsdorf abzukürzen, bietet ein paar Schritte nach der **Marienquelle** das **Lindigtgründel** unterhalb der **Mehlsäcke,** das man nicht durchlaufen sollte, ohne auf die **Brüdersteine** zu klettern und den **Lindigtblick** zu erleben.

Altes Zeughaus

Wer sich stattdessen weiter an die Kirnitzsch hält, leider auf geschottertem Fahrweg, kommt zur **Thorwalder Brücke** und von dort durch den Wald zum Alten Zeughaus.

Das 1642 mitten im wildreichen Wald errichtete Alte Zeughaus diente zur Aufbewahrung des Jagdzeuges und als Wohnung für den Zeichenschläger, den Mann also, der für die Kennzeichnung der Wege und der Jagdreviere zuständig war. Heute ist es eine beliebte Einkehrstätte. Zu erreichen ist es vom Kirnitzschtal aus auch für Rollstuhlfahrer sowie mit dem Fahrrad.

Hier gibt es nun wieder viele Möglichkeiten, diese Wanderung fortzusetzen. Wer genug hat, geht durch den Großen Zschand bis zur **Neumannmühle** im Kirnitzschtal (Busstation). Aufregender ist es, zum **Großen Winterberg** zu laufen. Dafür bieten sich zwei der schönsten Wege der Hinteren Sächsischen Schweiz an. Entweder über den Roßsteig mit der grandiosen Goldstein-Aussicht. Oder, treppauf–treppab, durch die malerischen

Richterschlüchte. Bei der Rast am Großen Winterberg kann man dann entscheiden, ob die Kraft noch für die **Schrammsteine** reicht. Oder nur noch für den Bergsteig nach **Schmilka.**

Praktische Reisetipps

Info

- **Haus des Gastes,** Touristinformation, Weifbergstr. 1, 01855 Hinterhermsdorf, Tel. (035974) 5210.
- **Fremdenverkehrsamt Kirnitzschtal,** Sebnitzer Straße 2, 01855 Altendorf, Tel. (035022) 42774, Fax (035022) 50371, www.hinterhermsdorf.de.

Unterkunft und Gastronomie

- **Hotel Sonnenhof€€,** Hinterer Räumichtweg 12, Hinterhermsdorf, Tel. (035974) 50300, www.sonnenhof-hinterhermsdorf.de, tgl. 11–22 Uhr, sächsische Küche, Appartement 85 €, Fahrradausleihe, Kegelbahn, Kutschfahrten.
- **Waldpension Obere Mühle€,** Heidelbachweg 1, Hinterhermsdorf, Tel. (035974) 50320, www.obere-muehle-hinterhermsdorf.de.
- **Altes Zeughaus,** Zeughausstraße, Tel. (035974) 55800, 15. März–Okt. tgl. 11–18 Uhr.
- **Ferienhotel Hinterhermsdorf€€,** Neudorfstraße 43, Tel. (035974) 50894, www.oberelbe.de/ferienhotel.
- **Zum Wanderstübel€,** Schandauer Straße 64, Hinterhermsdorf, Tel. (035974) 50570, www.wanderstuebel.de, ab 11 Uhr, Do Ruhetag.
- **Touristenboden Zeughaushütte€,** Zeughausstraße 2, Ottendorf, Tel. (035974) 55763, www.zeughaushuette.de, Selbstversorgung, Gemeinschaftswaschräume.

Bootsstation

- **Obere Schleuse,** Hinterhermsdorf, Ostern–Okt. Mo–Fr 9.30–16 Uhr, Sa/So 9–17 Uhr, mit Kneipe.

Museum

- **Waldarbeiterstube,** Neudorfer Straße 1, Hinterhermsdorf, Ostern–Okt., Mo–Fr 10–12 und 13–17.30 Uhr, Sa/So 10–12 und 14–16.30 Uhr.

Wanderungen

- Hinterhermsdorf – Obere Schleuse: 40 Minuten.
- Hinterhermsdorf – Zeughaus: 4 Stunden.
- Zeughaus – Neumannmühle: 30 Minuten.
- Hinterhermsdorf – Obere Schleuse – Kirnitzsch – Zeughaus – Großer Winterberg – Schrammsteine – Postelwitz (Fähre nach Krippen): 8 Stunden.
- Sebnitz – Obere Schleuse: 4 Stunden.
- Hinterhermsdorf – Obere Schleuse – Kirnitzsch – Hollweg – Königsplatz – Hinterhermsdorf: 3 Stunden.
- Wanderung in die böhmische Schweiz siehe Kapitel „Um Krásná Lípa“ unter „Na Tokani“ (Balzhütte): 7 Stunden.

Sebnitz

Überblick

Das **nordöstliche Eingangstor** in die Sächsische Schweiz ist Sebnitz. Textilindustrie und Seidenblumenproduktion, Manufakturen und Heimwerkstätten prägten die Entwicklung vom Bauerndorf am Sebnitzbach zu einer Kleinstadt, die sich weit in die umliegenden Berge drängt. Der große Marktplatz liegt auf 247 Meter Höhe, der nahe Bahnhof schon 40 Meter höher, und die Randlagen klettern auf über 400 Höhenmeter. Wie Pirna hat auch Sebnitz, eine Stadt mit 9000 Einwohnern und Sachsens größter staatlich anerkannter Erholungsort, auf den ersten Blick scheinbar wenig zu bieten. Dennoch hat die „Seidenblumenstadt" am Nationalpark ihre Reize: die Gründerzeit-Bauten der Textilindustrie, das klassizistisch-schlichte Zentrum, ländliche Viertel mit Umgebindehäusern und die einladende Umgebung.

Man muss künstliche Blumen nicht mögen, auch Scherenschnitte nicht. Die Kulturgeschichte dieser Stadt aber, die vom **Weltruf einer Nischenproduktion** und der märchenhaften Volkskunst langer Winterabende bestimmt wurde, ist allemal ein spannender Exkurs.

Die sanft hügelige Umgebung macht Sebnitz auch im Winter zum Reiseziel. Skiwanderer finden gespurte Loipen; „drüben", im Böhmischen, erstrecken sich weithin unberührte Wälder.

Geschichte

Sebnitz wurde 1423 erstmals genannt, ist aber wahrscheinlich älter. Die Sebnitz als Grenzfluss fließt bereits in einer Urkunde von 1241. Der Name kommt aus dem Slawischen und bedeutet Finkenbach. Neben den bäuerlichen Höfen bestimmten beizeiten Leinewebereien das Leben in Sebnitz. 1509 wurde eine Leineweber-Innung gegründet. „Sebnitzer Zeuge" hatten einen Namen am Dresdner Hof und auf der Leipziger Messe. Erst Anfang des 18. Jahrhunderts zogen die Maurer,

Tischler, Zimmerleute und Glaser nach. In dieser Zeit wurde Sebnitz das wirtschaftliche Zentrum des Amtes Hohnstein. Als Mitte des 18. Jahrhunderts die Leineweberei zusammenbrach, fanden die Leute in der Produktion von Petroleumlampen und Tapetenpapier, besonders aber in der aus den böhmischen Dörfern übernommenen **Kunstblumenherstellung** neue Erwerbszweige. In Sebnitz wurde die Kunstblumenfertigung industrialisiert. 1905 waren in der Stadt und den umliegenden Dörfern mehr als 10.000 Menschen mit der Anfertigung von künstlicher Blütenpracht beschäftigt, die meisten unter erbärmlichen Umständen in Heimarbeit. Sebnitz war das Zentrum deutscher Kunstblumenproduktion. Von 1909 bis 1921 bestand sogar eine Kunstblumenfachschule.

Mit dem Anschluss an das Eisenbahnnetz 1877 kamen auch Maschinenbau und Elektrotechnik nach Sebnitz. In der DDR-Administration war Sebnitz Kreisstadt. Der 1953 gegründete **VEB Kunstblume Sebnitz** exportierte für die DDR künstliche Blüten in 30 Länder. Zweimal im Jahr leuchtete republikweit Sebnitzer Blumenkunst am Revers der Werktätigen: am 1. Mai die rote Nelke und zum Internationalen Frauentag am 8. März ein breiteres floristisches Sortiment. Nach dem Zusammenbruch der Kunstblumenindustrie, übrig blieb nicht viel mehr als eine Touristenattraktion, soll nun

56ss Foto: ls

noch einmal Handwerk und Gewerbe die Stadt beleben. Und der Fremdenverkehr. Sebnitz ist Ausgangspunkt für Wanderungen in die Hintere Sächsische oder in die Böhmische Schweiz, am Stadtrand gibt es Skiabfahrtshänge und fantastische Loipen, Freibad und Gondelteich.

Von seinen böhmischen Nachbarorten Mikulášovice (Nixdorf) und Dolní Poustevna (Niedereinsiedel) war Sebnitz über 50 Jahre durch eine undurchlässige Grenze getrennt. Heute führen zwei **Straßen nach Tschechien.**

Sehenswertes

Der **Markt** wurde nach dem Stadtbrand 1854 im spätklassizistischen Stil neu bebaut. In der **Peter-Pauls-Kirche** steht ein geschnitzter Renaissancealtar (1586). Ein Kleinod ist die Holzskulptur der **„Sebnitzer Madonna“** vom Ende des 15. Jahrhunderts. Sie steht am Mittelpfeiler des Schiffes und gehörte vermutlich zu einer Kreuzigungsgruppe. Das über der Madonnenfigur angebrachte Kruzifix ist von 1520. Biblische Szenen vor Motiven aus der Sächsischen Schweiz zeigen die Malereien

(1688/89) auf der zweigeschossigen Empore. Ornamental bemalt ist die hölzerne Kassettendecke. Im Chor sind Reste einer spätgotischen Ausmalung zu sehen, Szenen aus der Passion Christi.

Die Straßen rund um den Markt überraschen mit vielen architektonischen Details, besonders an den Produktions- und Wohngebäuden aus der Gründerzeit. **Umgebindehäuser** stehen an der Bergstraße, bergab von der Kirche. An der Schillerstraße, Schandauer Straße und Kirchstraße dagegen reihen sich prächtige **Bürgerhäuser.**

Neben dem Fremdenverkehrsamt an der Schillerstraße führt die **Seidenblumenmanufaktur** in traditionell-aufwendiger Handarbeit vor, wie „geblümelt" wird. Besucher können selbst versuchen, zum Beispiel eine Rose anzufertigen.

Im Hof der Manufaktur führt eine Holzbrücke über den Sebnitzbach, und eine Treppe hinauf zum **Kunstblumen- und Heimatmuseum.** Benannt ist es nach dem Regionalhistoriker, Volkskundler und Sprachforscher *Prof. Alfred Meiche* (1870–1947), Mitglied des 1877 gegründeten Gebirgsvereins für die Sächsische Schweiz. Die Ausstellung zeigt Stadtgeschichte und in nachgestellten Wohn- und Arbeitsräumen den Alltag der Sebnitzer Kunstblumenarbeiter und Handwerker. Sie ist zugleich **Galerie** für Gemälde und Grafiken regionaler Künstler, von denen besonders *Ilse Ohnesorge* (1866–1937) und der Sterl-Schüler *Hanns Georgi* (1901–1989) beachtenswert sind.

An langen Abenden im Winter wurden in Sebnitzer Heimwerkerwohnungen die traditionellen **„Schattenspiele"** gebastelt. Das sind Laternen, die mit Papier bespannt und mit Scherenschnitten illustriert wurden. Der Schriftsetzer und Redaktionsgehilfe *Adolf Tannert* (1839–1913) hat mit seinen Scherenschnitten ein künstlerisches Werk fantasievoller Bildsprache geschaffen. Diese Schattenbilder zeigen das Leben der einfachen Leute von der Wiege bis zum Wirtshaus, Landschaften und Tiere. Genreszenen erzählen von Barbieren und Botenfrauen, Musikanten und Puppenspielern, von Kirmes und Hochzeit. Das Museum hat ihm einen eigenen Raum gewidmet.

Seit es 1978 eine Sonderausstellung zum 90. Geburtstag **Max Jacobs,** des „Hohnsteiner Kaspers", ausrichtete und dafür zahlreiche Schenkungen erhielt, hat der Puppenspieler hier einen ständigen Platz bekommen. Auch der „Entdecker" der Sächsischen Schweiz, **Wilhelm Leberecht Götzinger,** der ganz in der Nähe, in Neustadt, als Pfarrer wirkte, wird mit Originalexponaten vorgestellt.

Alfred-Meiche-Wanderweg

Am Stadtmuseum beginnt der bequeme und aussichtsreiche Alfred-Meiche-Wanderweg nach Hinterhermsdorf.

Vor der Gaststätte „Waldhaus" in Oberhertigswalde kreuzt der Wanderweg die **Hohe Straße,** einen der ältesten mitteleuropäischen Handelswege. Schon im frühen Mittelalter führte die vom Atlantik kommende Hohe Straße auf ihrem Weg zum Schwarzen Meer vom Elbtal beim heutigen Bad Schandau über Nordböhmen und die Oberlausitz nach Schlesien. Sie ist in vielen Orten als Straße oder, wie hier, als Wirtschaftsweg erhalten. An der Straßenkreuzung steht noch eine alte Wegsäule.

Bald darauf steigt der Wanderweg zum **Wachberg** (496 m) auf. Am Rande steht eine Berggaststätte mit Rundsicht auf die Sächsisch-Böhmische Schweiz und den Kamm des Osterzgebirges. Noch ein Aufstieg zum **Weifberg** (478 m), dann geht es über Wiesen nach Hinterhermsdorf.

Vom Wachberg kann man nach **Saupsdorf** laufen, wo viele Umgebindehäuser aus dem 18./19. Jahrhundert stehen und einige Gasthöfe einladen. Bemerkenswert an den Saupsdorfer Umgebindehäusern sind die Schieferornamente der Giebel. In der Nähe des stillen Dorfes liegt die Kleinsteinhöhle, von dort kann man weiterlaufen zum Arnstein und ins Kirnitzschtal.

Zum Tanzplan

Sebnitzer Spaziergänge führen zum Erholungsgebiet **„Forellenschänke"**, mit Abenteuerspielplatz, Kneipp-Tretbecken und **Urzeit-Park.** Weiter auf einem Wanderweg zum böhmischen **Tanzplan** (Tanečnice), einem traditionellen Ausflugziel mit dem 1904 erbauten Aussichtsturm und Gasthaus.

Zum Goßdorfer Raubschloss

Vom Sebnitzer Ortsteil **Amtshainersdorf,** Station der „Semmeringbahn", gelangt man auf einer bequemen Wanderung zum Aussichtsberg **Unger** (538 Meter), der schon zur Oberlausitz gehört. Zunächst erreicht der Wanderweg das Goldbachtal, wo früher tatsächlich nach Gold gesucht wurde, dann die Fachwerkhäuser des Dorfes Schönbach, und von dort ist es nicht mehr weit über die Wiesen bis zum Unger. Auf dem Gipfel warten ein Gasthaus und der steinerne Aussichtsturm von 1885. Von der Plattform des Turmes reicht die Sicht - manchmal - über sechs Gebirge: im Vordergrund die Sächsisch-Böhmische Schweiz, dann das Böhmische Mittelgebirge mit seinen Vulkanbergen, das Zittauer Gebirge, das Erzgebirge, das Isergebirge, das Riesengebirge und die Elbtalweitung um Dresden. Die Gegend um den Unger ist ein beliebtes Skilauf- und Rodelgebiet.

Wer die Strecke nicht zurücklaufen oder ins nahegelegene Neustadt/S. fortsetzen will, kann über alte sächsische Dörfer gehen: zunächst auf einem Wiesenweg nach **Krumhermsdorf.** Das ehemalige Herrenhaus ist ein Barockbau mit hohem Mansardendach. Der Wanderweg verlässt die Dorfstraße auf dem Mühlsteig, begleitet den Schwarzbach und erreicht **Lohsdorf.** Auch hier stehen wieder alte Bauernhöfe, viele mit Fachwerk. Wieder geht es in das Tal des Schwarzbaches und damit in das Landschaftsschutzgebiet Sächsische Schweiz. Der dem Unger entsprungene **Schwarzbach** mündet schon nach kurzem Lauf in die Sebnitz. Auf dem Bergsporn über dem Zusammenfluss der beiden Bäche steht die sagenhafte Ruine Schwarzberg, auch Goßdorfer Raubschloss genannt. Hinauf führt ein steiler Serpentinenpfad, ein Weg, der sich besonders im Frühjahr lohnt. Dann blühen im Schwarzbachtal und auf diesem Berg viele seltene Pflanzen.

Erstmals urkundlich erwähnt wurde **Burg Schwarzberg** 1372. Sie gehörte, wem denn sonst, dem *Berken von der Duba* und gelangte im 15. Jahrhundert in sächsischen Besitz. Gesträuch und Gespenstergeschichten überwucherten das verfallende **„Goßdorfer Raubschloss".** Mitte des 19. Jahrhunderts bekamen die Ruinenrudimente romantisch-neogotische Zubauten. Der Heimatkundler **Alfred Meiche** erzählt die Sage von den Schatzgräbern am Goßdorfer Raubschloss. Die sollen nach dem Schatz der längst vertriebenen Schwarzbergritter gesucht haben, von denen es heißt, *„daß es ein wildes, raublustiges Geschlecht gewesen sei, das deshalb weit und breit verhaßt war. Diese adligen Strauchdiebe waren sogar genötigt, ihren Pferden die Hufeisen verkehrt aufschlagen zu lassen, um den Feinden den Zugang zu ihrem Raubneste zu verbergen."*

Was nicht der letzte Streich bleiben sollte. Den Schatzgräbern erschien nicht nur der Schatz als blendend helles Licht, sondern nacheinander auch ein Galgen, ein Hahn und ein Ziegenbock. Wie sich alles im einzelnen zugetragen hat, kann nachgelesen werden in *Alfred Meiches* „Sagenbuch der Sächsischen Schweiz und ihrer Randgebiete" (Altis-Verlag, Berlin 1997). Schwarzberg-Sagen sind gesammelt in einem Buch erschienen, vielleicht liegt es noch in irgendeinem Antiquariat: „Das schwarze Raubschloss zu Goßdorf oder der schwarze Tod im Jahre 1349 im Meißner Hochland", von *Ferdinand Rentzsch,* Hohnstein 1849, Verlag der Centralschulbuchhandlung Leipzig, in der Reinschen Buchhandlung.

Dem Schwarzberg gegenüber stand die **Buttermilchmühle,** die bis heute als die „ehemalige" auf Wanderkarten verzeichnet ist. Schon als Mühle war sie beliebtes Ausflugsziel. Nachdem sie in den zwanziger Jahren Schankkonzession erhalten hatte, stellte sie den Mahlbetrieb ein und bewirtete ihre Gäste, dass es eine Freude gewesen sein muss. Jedenfalls berichten ältere Dresdner in höchsten Tönen von ihrer Buttermilchmühle, und es erübrigt sich die Nachfrage, ob sie dort etwa nur Buttermilch getrunken hätten. In den siebziger Jahren wurde die Mühle als Kinderferienlager genutzt, 1985 brannte sie nach einem Blitzschlag ab und das war es dann.

Hier wird's daher nichts mit Einkehr, also weiter zum Haltepunkt **Mittelndorf,** wo man die Wanderung mit der „Sächsisch-Böhmischen Semmeringbahn" RB 71 (April–Oktober) abkürzen kann. Es sei denn, sie fährt schnöde am Haltepunkt vorbei. Dann hat der oder die Reisende vergessen, rechtzeitig dem Lokführer zu winken!

Wer wandern will, bleibt bachaufwärts im einsamen **Sebnitztal** und wird es nicht bereuen. Manchmal muss man den Bach ein Stück weit in den Wald verlassen, er weist aber immer, neben der Markierung, zuverlässig die Richtung. Am Wege liegt ein Berg, der auf Karten zumeist als **„Altes Schloss"** bezeichnet ist. Dort stand „Raschgärtners Raubschloss", das restlos verschwunden ist.

Der Wanderweg erreicht den Bahn-Haltepunkt **Ulbersdorf** und bald den Ort selbst. Die Pfarrkirche aus dem 17. Jahrhundert besitzt einen hölzernen Altar von *Gottfried Schaicker,* 1685, eine Sandstein-Taufe von 1602 und eine Holzkanzel. Das ehemalige Herrenhaus, heute die Gemeindeverwaltung, wurde erbaut im 16. und erweitert im 18. Jahrhundert. Ein ländlich-schlichtes, zweigeschossiges Barockgebäude. Von hier ist es nicht mehr weit bis nach Amtshainersdorf, wo der Tagesausflug begonnen hat.

057ss Foto: ls

Praktische Reisetipps

Info

• **Tourist-Information Sebnitz,** Neustädter Weg 10, 01855 Sebnitz, Tel./Fax (035971) 53079, www.sebnitz.de.

Unterkunft und Gastronomie

• **Hotel Sebnitzer Hof€€,** Markt 13, Tel. (035971) 9010, www.sebnitzer-hof.de.
• **Gasthof Hertigswalde€,** Hertigswalde 29, Tel. (035971) 52132, www.hertigswalde.de.
• **Forellenschenke€€,** Mannsgrabenweg 14, Tel. (035971) 80668, www.gasthof-forellenschenke.de, täglich frische Forellen.
• **Wachbergbaude€,** Wachbergstraße 66, Saupsdorf, Tel. (035974) 50330, www.wachbergbaude.de, Berggaststätte.
• **Räumichtmühle€,** Vorderes Räumicht 10, Saupsdorf, Tel. (035974) 50416, Restaurant.
• **Pension Verena€,** Hinteres Räumicht 6, Saupsdorf, Tel. (035974) 50207.
• **Pension Tannenhof€,** Oberdorf 30, Saupsdorf, Tel. (035974) 50432.
• **Pension und Berggaststätte Unger€,** auf dem Berg Unger, Sebnitzer Str. 58, 01844 Hohwald/OT Rugiswalde, Tel. (03596) 509533, www.berggaststaette-unger.de, tgl. 11–23 Uhr.
• **Kinder- und Erholungszentrum „An der Grenzbaude"€,** Bergweg 28, Tel. (035971) 5980, www.kiez-sebnitz.de.

Museum

• **Kunstblumen- und Heimatmuseum Prof. Alfred Meiche,** Hertigswalder Straße 12, Tel. (035971) 52590, Di–So 10–17 Uhr.
• **Schauwerkstatt der Seidenblumenmanufaktur,** Neustädter Weg 10, Tel. (035971) 53181, www.deutsche-kunstblume-sebnitz.de, Di–So 10–17 Uhr, Mo nur Verkaufsraum geöffnet.

Wanderungen

• Sebnitz – Alfred-Meiche-Weg – Hinterhermsdorf: 3½ Stunden.
• Sebnitz – Lichtenhainer Wasserfall – Nasser Grund – Hohe Liebe – Bad Schandau: 4½ Stunden.
• Amtshainersdorf – Schönbach – Unger – Krumhermsdorf – Schwarzbachtal – Sebnitztal – Ulbersdorf: 7 Stunden.
• Sebnitz – Grenzübergang – Tanzplan: 1½ Stunden.

Ausflug nach Stolpen zur Gräfin Cosel

Die Altstadt

Im Südwestlausitzer Hügelland, an der Grenze zur Sächsischen Schweiz, liegt Stolpen (6000 Einwohner) mit seiner denkmalgeschützten Altstadt. Um den rechteckigen Markt herum ist die mittelalterliche Struktur der **Burgstadt** erhalten geblieben, obwohl die meisten Wohnhäuser nach einem Stadtbrand 1723 neu gebaut wurden. Über dem steil ansteigenden Marktplatz erhebt sich die Burg. Die **Laurentiuskirche** wurde ebenfalls nach dem Stadtbrand wiederaufgebaut und später neobarock ausgemalt. Die bedeutendsten Häuser am **Markt** sind das Rathaus (1726–1728) und die Apotheke (1710).

Die Burg

Stolpen, das ist aber vor allem die Burg – und für die königstreuen Sachsen die Geschichte der Gräfin *Cosel*. Zum Schutz der Salzstraße von Halle nach Böhmen wurde auf einer Basaltkuppe (357 m) „anno 1121" durch die Deutschen „auf hiesigem Berge eine Burgk ... aus geschrotenem Holze" errichtet, wie es in der ersten urkundlichen Erwähnung heißt. Über die Jahrhunderte wurde aus der Schrotholzburg eine Festung. *Napoleon* ließ Burg Stolpen 1813 vor seinem Abzug sprengen. Trotz späterer Restaurierungen blieb nur eine **Ruine,** die allerdings bis heute sehenswert ist. Fünf Gebäudekomplexe sind durch Höfe miteinander verbunden. Zunächst betritt man über eine Zugbrücke die Klengelsburg mit dem 1518 errichteten Kornhaus, das als Hauptwache, Marstall (Pferdestall) und Folterkammer genutzt wurde. Am zweiten Hof stehen der Johannisturm oder **Coselturm** (1509) mit dem berühmten Kerker und der Schösserturm (1487). Im dritten Hof, dem Kanonenhof, steht der Seigerturm; von dort gelangt man in den Kapellenhof mit Resten der Wohnbauten. Vom einstigen Haupthaus schließlich, dem Bischofshaus, sind nur Rudimente und das Kellergewölbe erhalten.

Gräfin Cosel

Im Staatsgefängnis saß Gräfin *Anna Constanze Cosel,* die politisch einflussreichste Mätresse **Augusts des Starken.** Der ließ sie 1716 einkerkern, da war sie gerade 36 Jahre alt. Nach 28 Jahren Haft lebte die Gräfin freiwillig weitere 21 Jahre auf Stolpen, wo sie im Alter von 85 Jahren verstarb. 1881 entdeckte man ihr Grab in der Burgkapelle. Im Johannesturm wird eine Ausstellung über das Burg-Leben der Gräfin gezeigt.

Im Ortsteil **Langenwolmsdorf** steht das Sächsische Kunsthandwerkerhaus, ein Fachwerkbau mit Kreuzgewölben. Traditionelles Volkshandwerk der Oberlausitz, des Erzgebirges und Thüringens wird vorgeführt und verkauft. Drei Kilometer von Neustadt entfernt liegt **Rückersdorf,** dort ist die barock-bäuerlich ausgemalte Dorfkirche sehenswert.

Praktische Reisetipps

Info

- **Stolpen-Information,** Schlossstraße 14a, 01833 Stolpen, Tel. (035973) 27313, www.burgstadt-stolpen.de.
- **Touristinformation Neustadt,** Johann-Sebastian-Bach-Str. 15, 01844 Neustadt, Tel. (03596) 501516.

Unterkunft und Gastronomie

- **Burghotel€€€,** Schlossstraße 12, Stolpen, Tel. (035973) 2990.
- **Hotel Burgstadt Stolpen€€,** Neustädter Straße 7, Stolpen, Tel. (035973) 24164.
- **Zum Erbgericht€,** Am Markt 8, Heeselicht, Tel. (035973) 2290, historisches Ausflugsziel im Polenztal zwischen Hohnstein und Stolpen.
- **Kunsthandwerkerhaus Langenwolmsdorf€,** Hauptstraße 120 b, Stolpen, OT Langenwolmsdorf, Tel. (035973) 624914, 10 Doppelzimmer, Bauernwirtschaft.

115ss Foto: ls

Museen

- **Burg Stolpen,** Schlossstraße 10, Stolpen, Tel. (035973) 2340, www.burg-stolpen.de, April–Okt. tgl. 9–18 Uhr, Nov.–März tgl. 10–16 Uhr.
- **Stadtmuseum Stolpen,** Am Markt 26, Tel. (035973) 28029, Di–Do sowie Sa/So 14–16 Uhr.

Erlebnisbad

- **monte mare,** Freizeitbad, Götzingerstraße 12, Neustadt/Sachsen, Tel. (03596) 502070, http://neustadt.monte-mare.de, Mo 14–21 Uhr, Di–Do und So 10–21 Uhr, Fr. 10–23 Uhr, Sa 10–23 Uhr, Riesenrutsche, Sauna-Landschaft, Wellen- und Außenbecken, Karibik-Gastronomie.

122ss Foto: ls

Links der Elbe

Stadt und Festung Königstein

Stadt Königstein

Die Kirche, die Festung und das tiefeingeschnittene Mündungstal der Biela prägen das Stadtbild von Königstein (3200 Einwohner). Sie ist keine planmäßig angelegte Stadt. Wo das enge Bielatal es erlaubte, wurde gebaut. Da ist es durchaus reizvoll, nicht gleich die Festung zu stürmen, sondern eine Zeit lang durch die verwinkelten Gassen zu streifen.

1379 wurde die Burgsiedlung erstmals als Stadt genannt. Bis 1408 gehörte sie zu Böhmen. Königstein war vor allem eine Stadt der Handwerker und, wie alle Orte am Elbufer, der Steinbrecher und Flößer. Berühmt war das **Königsteiner Bier.** Im 18. Jahrhundert war die Brauerei Lieferantin für die kurfürstliche Hofkellerei. Jede Woche schipperte ein Bierkahn nach Dresden. In Rathen und Dorf Wehlen gedieh der gute Hopfen.

In Königstein wuchsen namhafte **Komponisten, Instrumentalisten und Musikwissenschaftler** auf: *Christian Petzold* (1677–1733) war Dresdner Hoforganist und Komponist. Konzertmeister *Hermann Franke* (1848–1913) machte *Richard Wagner* in England bekannt. Stadtmusikdirektor *Clemens Schumann* (1839– 1913) prägte eine Komponisten-Familie: *Georg Schumann* (1866–1952), Direktor der Berliner Singakademie und Komponist, *Camillo Schumann* (1872–1946), Organist an der Eisenacher Bach-Kirche.

1901 bis 1904 verkehrte in Königstein die **erste O-Bus-Linie der Welt.** Sie brachte die Leute zur

S. 192/193: Herkulessäulen im Bielatal

Kaltwasserheilanstalt Königsbrunn. Einige Oberleitungshaken sind noch vorhanden.

Die **Stadtkirche** St. Marien wurde 1720 bis 1724 unter dem Einfluss *George Bährs* erbaut. Nach einem Brand erhielt sie 1823 eine klassizistische Innenausstattung. Neben Bürgerhäusern mit hohen Wasserstandsmarken und dem Bahnviadukt ist die kursächsische **Postdistanzsäule** von 1727 sehenswert.

Festung Königstein

1 Georgenbastion
2 Streichwehr
3 Torhaus
4 Kommandantenhaus
5 Brunnenhaus
6 Schatzhaus

Auf der Sandsteintafel des Königsteins, 240 Meter über der Elbe, steht ein 9,5 Hektar großes Ensemble von Bauwerken der Spätgotik, der Renaissance, des Barock und des 19. Jahrhunderts. Als geschichtsträchtiger Monolith an der malerischen Elbschleife ist der Königstein das Pendant zum Lilienstein: Der eine Stein bietet die beste Sicht auf den anderen.

Die überlieferte Geschichte des Königsteins beginnt mit einem diplomatischen Akt: 1241 unterschrieb und besiegelte Böhmenkönig *Wenzel I.* auf dem „Stein der Könige" die Oberlausitzer

Grenzurkunde, die den Grenzverlauf zwischen dem Königreich Böhmen und dem Bistum Meißen festlegte.

1336 wurde der Name **„Chunigstein"** in einer Urkunde benutzt. 1359 weilte Kaiser *Karl IV.* im seither „Kaiserburg" genannten Westteil der Festung.

Nach einigem Hin und Her übernahmen 1408 die Wettiner den Königstein, wogegen Böhmenkönig *Sigismund* Einspruch erhob. Im **Vertrag zu Eger** 1459 zwischen der Mark Meißen und dem Königreich Böhmen, der die (bis heute gültige) sächsisch-böhmische Grenze festschrieb, erhielt der Königstein einen Sonderstatus. Böhmen behielt, bis 1806, die Lehnsoberhoheit; praktisch ging der Königstein aber an die Mark Meißen.

Von der ersten, „diplomatischen" Nutzung an wurde auf dem einst zerklüfteten Königstein immer gebaut. So entstand über Jahrhunderte die heutige Kleinstadt auf dem Plateau. 1515 wurde der Königstein zum **Kloster** umgewandelt, die Reformation beendete 1524 dieses Kapitel.

Das folgende dauerte deutlich länger: Nutzung und Ausbau des Königsteins als **Festung** und Kaserne. Womit beginnt ein Festungsbau? Mit dem Graben eines Brunnens! 1563 begannen die Arbeiten unter Leitung des Freiberger Bergmeisters *Martin Planer.* Nach sechs Jahren, in 139 Metern Tiefe, stießen die Brunnenbauer auf Wasser. Letztlich grub man den **Brunnen** in eine Tiefe von 152,47 Meter; das sind immer noch 88 Meter über

035ss Foto: ls

dem Elbspiegel. Das Wasser wurde zuerst mit Pferdegöpel und Kübel heraufgeholt, später mit einem Tonnenhebewerk – angetrieben von Menschen, Ochsen, Dampf und Elektroenergie.

Einer der ersten Gefangenen war der sächsische Kanzler **Nikolaus Krell** (1551–1601). Der aus Leipzig stammende Anhänger der calvinistischen Lehre hatte in der Regierungszeit von Kurfürst *Christian I.* **politisch-humanistische Reformen** im Staatswesen durchgesetzt, die auf eine Stärkung der landesherrlichen Zentralgewalt und des Bürgertums bedacht waren, gegen die Dominanz von Kirche und Adel. Nach dem frühen Tod *Christians I.* ging die Reaktion in die Offensive. *Krell* wurde verhaftet und auf den Königstein gebracht. Während er im „Krellturm" auf den Prozess wartete, wurden seine Reformen gekippt und die Calvinisten im Lande verfolgt. 1601 wurde *Krell* in Dresden mit dem Fallbeil hingerichtet.

Von 1590 an wurde der Königstein von über 500 Bauleuten zu einer der stärksten Festungen des Landes ausgebaut. Auch die Festung blieb nie ganz ohne Baustelle. Sie galt als uneinnehmbar. Doch weder im Dreißigjährigen noch im Siebenjährigen Krieg wurde sie als militärisches Objekt ernsthaft auf die Probe gestellt. Angeblich als Trutzburg gegen Angreifer hochgemauert, bewährte sich die Festung als **Gefängnis** für Oppositionelle, Kriegsgefangene und internierte Militärs. Zwischen

1591 und 1922 saßen auf Königstein über 1000 Häftlinge ein.

Prominente **Gefangene:** *Johann Friedrich Böttger* (1682–1719), der Meister des europäischen Porzellans, der russische Anarchist *Michail Bakunin* (1814–1876) mit vielen anderen Barrikadenkämpfern des Dresdner Maiaufstandes von 1849, der wegen „Vorbereitung zum Hochverrat" verurteilte Sozialdemokrat *August Bebel* (1840–1913), der Dichter *Frank Wedekind* (1864–1918) und der Mitbegründer der Kommunistischen Partei Deutschlands, *Fritz Heckert* (1884–1936). Während des 2. Weltkrieges waren auf der Festung französische Offiziere festgesetzt. Seit 1940 lagerte in den Kasematten ein Teil der Bestände der Dresdner Gemäldegalerie und des Grünen Gewölbes.

Nach dem Krieg war die Festung einige Jahre Jugendwerkhof (Jugendgefängnis); dann ließ das Institut für Denkmalpflege die Festung Königstein restaurieren. Seitdem ist sie als **militärhistorisches Freilichtmuseum** eines der beliebtesten Ausflugsziele in der Sächsischen Schweiz.

Sehenswertes

Schon während der Festungszeit war es Besuchern möglich, den Königstein zu besichtigen. Man klopfte am Tor an und ließ sich zum Kommandanten bringen, der vielleicht froh war über die zivile Abwechslung. Ein Offizier wurde als Fremdenführer abgestellt, es sei denn, die Besucher hatten schon einen guten Bekannten unter den höheren Dienstgraden, der das übernehmen konnte.

Von der Stadt zur Festung gibt es zwei **Aufstiegswege,** einen bequemeren, gepflasterten und einen steileren Waldweg. Vom Parkplatz am Fuß der Festung fährt ein **Fahrstuhl** zum Plateau, aber der **Fußweg** ist interessanter.

Über die **Rothe Brücke,** einer 1800 angelegten Zugbrücke, betritt man das Festungsgelände. Unterhalb der zwischen Felsen hochgezogenen

Mauer aus Sandsteinquadern geht es stetig bergan zum **Medusentor:** Das Haupt der Medusa wacht über den Zugang zur Festung, und gleich dahinter wird die Abschreckung konkret. Zum **Torhaus** (1589) gehört das aus einschlägigen Filmen bekannte Verteidigungs-Arsenal: Schießscharte und Steinschmeiße, Pechnase und Fallpalisade.

Das Eingangsensemble ist der älteste Teil der Festung, eine geschlossene Gebäudefront: rechts das **Kommandantenhaus,** links vom Torhaus die **Streichwehr** (1589) zur „Bestreichung" (Beschießung) von Leuten, die kein Eintrittsgeld bezahlt haben. An die Streichwehr schließen die **Georgenburg** und die **Georgenbastion** Kaiserburg an.

Durch den so genannten Dunklen und Hellen Aufgang im **Neuen Zeughaus** (1631) betritt man das Zentrum der Festung. Eine Ausstellung zeigt Festungs- und Militärgeschichte von 1806 bis 1945. In der 1621 erbauten **Magdalenenburg** residierten der Hof und seine Gäste, im Keller lagerte der Wein und was sonst an Proviant nötig war. 1725–1818 lag im heute zugänglichen Kellergewölbe das von *August dem Starken* beim Baumeister *Pöppelmann* in Auftrag gegebene **Riesenfass.** 250.000 Liter Wein im größten Fass der Welt! *August der Starke* wollte unbedingt den Kurfürsten von der Pfalz ausstechen und dessen Heidelberger Fässer überbieten. Nach einem Entwurf *Pöppelmanns* bauten vier Böttcher drei Jahre lang an dem Fass. Nur ein einziges Mal soll es mit Meißner Wein gefüllt gewesen sein. Beim Umbau der Magdalenenburg zum Proviantlager 1819 wurde es abgetragen.

Am „Marktplatz" der Festungsstadt steht auch das **Brunnenhaus.** Das gegenüberliegende, 113 Meter lange **Garnisonshaus** (1589) ist eine der ältesten deutschen Kasernen.

Hier wohnten 32 Soldatenfamilien. Ein Durchgang führt zum nächsten Platz, mit dem **Alten Zeughaus** (1594). Wie der Name sagt, wurden hier früher Waffen und Ausrüstungen gelagert. Nach 1871 wurden Zellen für Gefangene eingebaut. Heute zeigt ein Museum die sächsische Artillerie-Geschichte. Die 500-jährige „Faule Magd" ist eines der ältesten Geschütze Europas. Sie wurde mit Steinkugeln geladen. Im Erdgeschoss ist das von drei Säulen getragene Kreuzgratgewölbe des Renaissancebaus zu sehen.

Eine der schönsten Sichten vom Königstein hat man an **„Zobels Ecke"**, dem südlichsten Felsvorsprung. Der Blick reicht von den Schrammsteinen über den großen Winterberg zum Gebiet der Steine und den Zschirnsteinen, vorn das Tal der Biela.

Ein schmaler Gang führt nun an der Brustwehr der Festungsmauer entlang. Dieser Zickzack-Weg gibt noch eine Ahnung vom ursprünglichen Aussehen des Königsteins. Hinter dem zweiten **Wachturm** liegt die **Pestkasematte,** von der man nicht genau weiß, ob da unten wirklich einmal Pestkranke auf ihr Ende warten mussten; nach dem dritten der **Abratzkykamin.**

Der Abratzkykamin ist nach dem einzigen Eroberer der Festung Königstein benannt, nach dem Schornsteinfegergesellen **Sebastian Abratzky** aus Mahlis, einem Dorf bei Oschatz. Der 18-Jährige wollte sich eines Montagmorgens in Königstein für den Eisenbahnbau bewerben. Doch vor der Plackerei kommt das Vergnügen. Seinen letzten freien Sonntag, den 19. März 1848, nutzte er, um in dreistündiger Kaminkletterei ohne Hilfsmittel die militärisch bewachte Festung zu besteigen. Die Meldung von dieser Bezwingung des Königsteins ging durch die internationale Presse. Festungskommandant *Birnbaum* ließ *Abratzky* 12 Tage einsperren.

Die Ostspitze des Massivs heißt **Königsnase.** Von hier sieht man ein Bild von der Bastei über Lilienstein, Schrammstein- und Winterberggebiet, die linkselbischen Berge, im Hintergrund den Děčíner Schneeberg und den Spicak, im Vordergrund die Stadt Königstein. Aber den **„klassischen" Blick** vom Königstein hat man in der Nähe der Blitzeiche – ausgerechnet dem Ort, an dem 1925 eine Wandergruppe durch Blitzschlag getötet wurde. Von hier sieht der Lilienstein aus, als ob er auf einer Insel stünde. Im weiten Bogen liegt der Strom um die Hochebene, aus der der Lilienstein aufragt.

Ein schmales Gesims an der äußeren Festungsmauer hinter der Friedrichsburg wird **„Pagenbett"** genannt. Kurfürst *Johann Georg II.* hatte am 12. August 1675 auf der Christiansburg ein Gelage gegeben. Dazu floss reichlich Wein. Auch Page *Johann Heinrich Grunau* ließ sich immer wieder einschenken. Irgendwann nach Mitternacht brauchte er Kühle und Ruhe. Also torkelte der Page um den Pavillon herum bis zu einer Schießscharte, durch die er hindurchkroch, um sich auf das Gesims zu betten.

Als der Kurfürst im Morgengrauen seinen Kater lüften ging, entdeckte er den Pagen am Abgrund. Er ließ, ganz Landesvater, Seile um den Schlafenden werfen und festzurren. Dann pfiff er den Hofstaat heran und ließ *Grunau* mit Pauken und Trompeten wecken. Der wurde schlagartig nüchtern, als er unter sich in die Tiefe blickte. *Johann Georg* ließ *Johann Heinrich* noch eine Weile zappeln, der Spaß war ein köstlicher, und schließlich auf festen Boden stellen. Der Page bat um Pardon, was ihm auch gewährt wurde.

Mehr Lusthaus als Wachturm war die Christians- oder **Friedrichsburg.** Sie wurde 1591 zu militärischen Zwecken erbaut, im Obersaal fanden bald Feste statt. *August der Starke* ließ die barocke Freitreppe und auch die Balustrade anbauen.

Der Rundgang entlang der Festungsmauer endet vor der 1619 entstandenen **Georgenburg.** Sie wurde auf Resten der alten „Kayserburg" errichtet und erst als Jagdschloss, später als Gefängnis genutzt. Von den Gefangenen erzählt ein kleines Museum in der Burg.

Durch den Park gelangt man zurück zum „Marktplatz", von dort kann man sich treiben lassen, zu dem einen oder anderen Aussichtspunkt, in eines der Museen oder aber in die Schänke.

Praktische Reisetipps

Info

- **Fremdenverkehrsbüro,** Schreiberberg 2, 01824 Königstein, Tel. (035021) 68261, www.koenigstein-sachsen.de.

Unterkunft und Gastronomie

- **Hotel Lindenhof**€€**,** Gohrischer Straße 2, Königstein, Tel. (035021) 68243, www.lindenhof-koenigstein.de, tgl. 11–24 Uhr, Blick auf Königstein und Lilienstein.
- **Schrägers Gasthaus**€**,** Kirchgasse 1, Königstein, Tel. (035021) 68352, www.schraegers-gasthaus.de, Di–So 10–14.30 Uhr und 16–23 Uhr, nah am S-Bahnhof.
- **Pension Vogelsberg**€**,** Elbhäuser Weg 20, Königstein, Tel. (035021) 7650, www.hotel-vogelsberg.de.
- **Ferdinandshof**€**,** Halbestadt 51, Königstein, Tel. (035022) 54775, am Elbufer, www.ferdinandshof.com.

Königstein / Lilienstein
Gohrisch / Pfaffenstein
S. 124
Lilienstein
Kaiserstraße
Ebenheit
Halbestadt
Elbe
172
Pirna, Dresden
Personen-
fähre
S-Bahnhof
S. 195
Festung Königstein
S. 194
Königstein
Hütten
S. 208
S. 205
Diebskeller
Quirl
Pfaffendorf
Biela
Nadel-
öhr
S. 206
Pfaffenstein
Cunnersdorfer Bach
0
500 m
Bielatal

Kurort Rathen
Waltersdorfer Kirchweg
Prossen
Elbe
172
Bad Schandau
Gr. Hirschke
Langer Grund
Hörnelweg
S. 208
Kurort Gohrisch
S. 208
Gohrisch
Papststein
Königsweg

●**Landgasthof Müller€,** Halbestadt 17, Königstein, Tel. (035022) 42794, www.pensionpanorama.de, tgl. 10–23 Uhr, an der Elbe mit Blick auf Festung Königstein.
●**Restaurant in den Kasematten€€,** Festung Königstein, Tel. (035021) 640. Hier kann man eine kulinarische Zeitreise antreten, Erlebnisgastronomie.

Museen

●**Festung Königstein,** Tel. (035021) 64607, www.festung-koenigstein.de, Apr.–Sept. tgl. 9–20 Uhr, Okt. bis 18 Uhr, Nov.–März bis 17 Uhr, 24. Dezember geschlossen, Eintritt 6/4 €, Familienkarte 15 €.

Museen auf der Festung:

●**Neues Zeughaus,** Festungsbau und Militärgeschichte 1806–1945.
●**Altes Zeughaus,** Geschichte des sächsischen Zeugwesens.
●**Torhaus,** Geschichte der sächsischen Artillerie, Sonderausstellungen.
●**Schatzhaus,** Das Schatzhaus auf dem Königstein.
●**Garnisonskirche,** Fotodokumentation zur Geschichte dieser Kirche.
●**Georgenburg,** Königstein als Staatsgefängnis.
●**Proviantmagazin,** zur Geschichte des Riesenfasses.
●**Führungen mit Audio-Guide** (8 Sprachen) für 2,50 €.

Wanderungen

●Aufstieg von der Stadt zur Festung, Rundgang, Abstieg: 2 bis 3 Stunden.
●Königstein – Quirl – Pfaffendorf – Königstein: 3 Stunden.
●Königstein – Pfaffenstein – Königstein: 3 Stunden.
●Königstein – Fähre – Halbestadt – Lilienstein (Aufstieg/Abstieg) – Königstein: 3 Stunden.

Das Gebiet der Steine

Überblick

Die Landschaft links der Elbe **zwischen Königstein und der böhmischen Grenze** wird Gebiet der Steine genannt. Es ist ein Miniaturgebirge, das sich durch einen sanften Wechsel von kleineren Tafelbergen, hügeligen Wiesen und Wäldern auszeichnet. Die Wanderziele sind schon von weitem sichtbar, die Wanderwege meist nicht so steil und überlaufen, die Gastwirtschaften liegen etwas weiter auseinander.

Mit dieser Charakterisierung könnte das Gebiet der Steine ja auch einladen zu rasanten Moun-

036ss Foto: ls

tainbike-Touren. Das aber wäre für die Landschaft auf Dauer tödlich: Besonders die Hangfüße sind hochgradig **erosionsgefährdet,** also nachtragend empfindlich gegen jegliche Zerstörung des Bewuchses. Das Landschaftsbild mit seinen weitflächig ausgewaschenen Ebenheiten und stark zerklüfteten Steinen führt selbst vor, wie sensibel der zumeist nährstoffarme Boden auf Belastungen reagiert. Deshalb ist es auch hier, obwohl außerhalb der Grenzen des Nationalparks, dringend geboten, Wege nicht zu verlassen. Radfahren ist auf allen befestigten Wegen und Forstwegen erlaubt.

Quirl

Gleich hinter Königstein steht das kleine Felsmassiv Quirl. **14 Höhlen** gibt es hier, darunter die größte der Sächsischen Schweiz, den **Diebskeller:**

Hundsköpfe vor dem Papststein

29 Meter tief, 8 Meter breit und bis zu 4 Meter hoch. Ein Rundweg führt um den Quirl herum und auf das größte geschlossene Plateau aller „Schweiz"-Steine: Einen Kilometer lang und über 300 Meter breit. Sogar Getreidefelder wurden hier oben bestellt. Zu Zeiten als die Festung Königstein eine militärische Bedeutung besaß, war das Plateau gesperrt. 1866 wurde an der Nordseite ein Zugang gesprengt, um zu verhindern, dass die Preußen ihre Kanonen hinaufschaffen und den Königstein beschießen.

Pfaffenstein

Der nächste Stein ragt in greifbarer Nähe aus der Wiese auf. Er ist ein paar Meter höher und nicht so kompakt wie der Lilienstein, zerklüftet in 32 Klettergipfel mit über 400 Aufstiegswegen: der Pfaffenstein (427 m). Drei Wege gibt es an diesem Massiv, den steilen Aufstieg durch das **Nadelöhr,** die **Nasse Schlucht** und die „bequeme" Tour. Interessant sind sie alle.

Vor dem Südzipfel steht die berühmte, 43 Meter frei aufragende Felsnadel **Barbarine.** Sie gilt als eines der Wahrzeichen der Sächsischen Schweiz und ist wohl ihr berühmtester Einzelfelsen.

1905 wurde die Felsnadel erstmals bestiegen. Seit 1975 ist das Klettern an der versteinerten Jungfrau verboten. Blitzschläge hatten den Gipfelkopf beschädigt, die Erosion ihr übriges getan. Mehrfach haben Bergsteiger die Barbarine saniert. Informationen gibt es am Aussichtspunkt.

> Der Sage nach soll die Barbarine als **versteinerte Jungfrau** ungehorsame Teenager warnen. Eine Frau aus Pfaffendorf hatte ihre Tochter nach Königstein zur Kirche geschickt. Die aber fand es interessanter, am Pfaffenstein in die Blaubeeren zu gehen und dort den Förster zu treffen. Als die Alte dies entdeckte, sprach sie kein Vaterunser, sondern verfluchte ihre Tochter zu Stein. So steht die Jungfrau noch heute, und der Förster an ihrer Seite.

Nicht nur der Blick auf die Barbarine zeichnet den Pfaffenstein aus. Auf dem Plateau gibt es mehrere großartige **Aussichtsplätze** auf nahestehende Gipfel und die linkselbische Landschaft: den Glatten Turm mit der Nordaussicht, den Dom und den

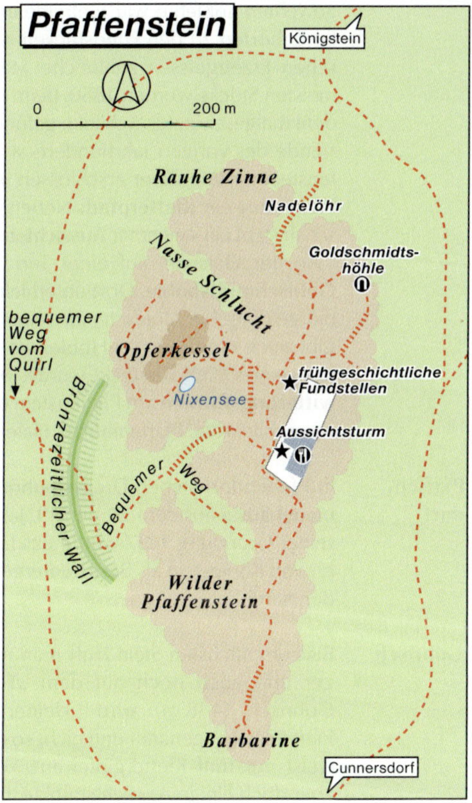

Opferkessel und den über eine Kluft zu erreichenden Wilden Pfaffenstein mit der Aussicht nach Osten.

An der Westseite des Pfaffensteins, wo der **Bequeme Weg** entlangführt, liegt ein von Gesträuch und Bäumen überwucherter **bronzezeitlicher Wall.** Vor 3000 Jahren lebten über mehrere Generationen Menschen auf dem Pfaffenstein! Trinkwasser bezogen sie aus einer Quelle. Eine Wasserstelle ist bis heute als „Nixensee“ erhalten. Auf dem fruchtbaren, während der letzten Eiszeit aufgewehten Lößlehm war Getreideanbau möglich. So gehörten zu den Fundstücken neben keramischen Erzeugnissen zahlreiche Mahlsteine. Die meisten Stücke wurden 1880, beim Bau der heute denkmalgeschützten Schänke gefunden.

Ende des vorigen Jahrhunderts wurde der Pfaffenstein für Wanderer erschlossen. Rund um den Stein führt ein **Kletterpfad.** Neben der Gastwirtschaft steht ein steinerner **Aussichtsturm** von 1904.

An der Ostseite, auf einer Terrasse, liegt die **Goldschmidtshöhle.** Dort unterhielt 1854 der Papiergeldfälscher *Goldschmidt* seine Werkstatt. Es gibt auch eine Kuhstall-Höhle, wo während der Kriege das Vieh versteckt wurde. Markante **Verwitterungsformen** am Pfaffenstein tragen Namen wie Schildkröte, Pfaffenmütze, Hafersäcke.

Pfaffendorf

In Pfaffendorf stehen Dreiseitenhöfe und Umgebindehäuser aus dem 18. und 19. Jahrhundert. Bei seiner Gründung 1437 wurde das Dorf dem Pfarrer von Königstein als Besitz untergeordnet, daher der Name.

Gohrisch

Bis zum nächsten Stein läuft man nun etwas länger und auch noch auf dem **„Todweg".** Der Gohrisch (448 m) wird „kleiner Bruder des Pfaffensteins" genannt und nicht so oft besucht. Er weist nur fünf Klettergipfel auf, kein Gasthaus, aber doch einige Aussichtspunkte. Der Name des Tafelberges ist vom slawischen *gora* = Berg abgeleitet.

Kurort Gohrisch ist der älteste Fremdenverkehrsort im Elbsandsteingebirge. 1869 wurden im Erbgericht des Bauern *Adalbert Hauffe* erstmals „Sommerfrischler" beherbergt.

Eine Arbeitsgruppe des Runden Tisches schrieb in der Ruhe dieses Kurortes 1990 den **„Gohrischer Entwurf"** für die sächsische Landesverfassung.

Papststein

Auch die Rundsicht vom zerklüfteten Papststein (451 m) ist wieder eindrucksvoll, besonders von der Nordecke auf die Kletterfelsen Große und Kleine Hunskirche mit den Schrammsteinen im Hintergrund, Königstein, Lilienstein und Falkenstein als Nachbarn. Der Name kommt vom Mittelhochdeutschen *huns kerk* = schroffe Spitze. Es heißt, man könne vom Papststein 45 Ortschaften, 10 Kirchen und 7 Schlösser entdecken.

Auf dem Papststein lädt neben dem Feuerwehrturm eine Berggaststätte ein.

Beim **Felssturz** von 1972 schlugen 3000 Kubikmeter abbrechendes Gestein eine 30 Meter breite Schneise in den Wald Richtung Papstdorf. Bis zu 100 Kubikmeter große Felsblöcke zeichnen bis heute die Spur.

In **Papstdorf** steht eine typisch sächsische, spätbarocke protestantische Kirche, deren unbekannter Baumeister sich an *George Bähr* orientierte.

Kleinhennersdorfer Stein

Der letzte dieser Reihe linkselbischer Steine ist der Kleinhennersdorfer Stein (371 m). Einen Besuch wert sind die beiden großen Höhlen, in denen Ende vorigen Jahrhunderts Sandstein abgebaut wurde – für Scheuersand.

Von Bad Schandau aus

Eine kürzere Tour beginnt an der **Bornfähre** in Bad Schandau, gegenüber dem Elbkai. Unter den Bahngleisen hindurch führt der markierte Weg nach rechts hinauf in den **Täppichtgrund** und nach **Kleinhennersdorf.**

Weiter am Waldrand auf unmarkiertem Weg Richtung Papstdorf. Von hier sieht man sehr gut den Falkenstein. Dieser Feldweg führt direkt auf den Papststein zu. Um den Aufstieg zu finden, geht man an der Weggabelung nicht nach links weiter am Waldrand entlang, sondern nach rechts in den Wald hinein. Bald zeigen Wegweiser, dass hier die beiden Höhlen am Kleinhennersdorfer Stein liegen.

Geradeaus geht es zum Gohrisch, links nach 100 Metern zum **Papststein-Aufstieg.** Der Abstieg vom Papststein erfolgt an seiner Westseite über Stahltreppen zum Parkplatz zwischen Gohrisch und Papststein. Kurz vor dem Parkplatz führt links ein schmaler Weg oberhalb der Straße zum Beginn des Hans-Förster-Weges. Auf diesem Weg gelangt man, am Felssturz vorbei, wieder nach Papstdorf. Nach Erreichen der Fahrstraße 300 Meter nach links bis zum Wegweiser in Richtung Liethenmühle, einem gemütlichen Gasthaus auf halbem Weg zwischen Papstdorf und Krippen. In dem Fachwerkbau am Liethenbach klapperte schon im 16. Jahrhundert eine Mühle.

Praktische Reisetipps

Info

- **Fremdenverkehrsamt,** Kurhaus Gohrisch, Königsteiner Str. 14, 01824 Kurort Gohrisch, Tel. (035021) 76630.
- **Geologische Naturschutzstation,** neben der Berggaststätte.

Unterkunft und Gastronomie

- **Hotel Deutsches Haus€€,** Cunnersdorfer Straße 20, Kurort Gohrisch, Tel. (035021) 67684, www.hotel-deutscheshaus.de.
- **Hotel Annas Hof€€,** Neue Hauptstraße 118, Kurort Gohrisch, Tel. (035021) 68781, www.annas-hof.de, Mo–Do und So 12–23 Uhr, Fr/Sa 12–24 Uhr.
- **Landgasthof und Hotel Zum Erbgericht€€,** Hauptstraße 30, Kurort Gohrisch, Tel. (035021) 99610, www.landhotel-erbgericht.de.
- **Landgasthof und Pension Erholung€€,** Neue Hauptstraße 119, Gohrisch, Tel. (035021) 68341, www.bergblick-erholung.de, Mi–Sa 17–23 Uhr, So 11–23 Uhr.
- **Pension und Gasthof Katzsteinbaude€,** Cunnersdorfer Straße 2c, Cunnersdorf, Tel. (035021) 68940, tgl. 7–22 Uhr. Ferienhäuser zwischen den Felsen, www.Katzstein baude.de.
- **Pension und Gasthof Liethenmühle€,** Kurort Gohrisch, OT Kleinhennersdorf, Tel./Fax (035028) 80240, tgl. 11–22 Uhr, Nov.–Apr. Mo/Di geschlossen, romantische Mühlenpension mit sächsischer Küche.

037ss Foto: ls

- **Park- und Sporthotel Margarethenhof**€€, Pfaffendorfer Straße 89, Kurort Gohrisch, Tel. (035021) 6230, www.kurort-gohrisch.de, tgl. 12–23 Uhr, internationale Küche im Fachwerkbau, Essen um 10 €, Fitnesszentrum.
- **Sennerhütte**€€, Königsteiner Straße 11, Kurort Gohrisch, Tel. (035021) 68469, Mo, Di, Do und Sa 11.30–14.30 und 17–23 Uhr, Essen aus Omas Küche um 10 €.
- **Pension „Waldidylle"**€€, Papstdorfer Straße 130, Kurort Gohrisch, Tel. (035021) 68356, www.annas-hof.de.
- **Hotel Erblehngericht**€€, Alte Hauptstraße 42, Papstdorf, Tel. (035021) 66410.
- **Kinder- und Jugenddorf ERNA**€, Pionierlagerstraße 89, Papstdorf, Tel. (035028) 80513, www.oberelbe.de/erna, Ü/F bis 20 €, für Gruppen und Schulklassen.
- **Gasthaus zum Pfaffenstein**€€, Paffensteinweg 1, Königstein, OT Pfaffendorf, Tel. (035021) 68257, www.gasthaus-zum-pfaffenstein.de.
- **Berggaststätte Papststein,** Tel. (035021) 60956, www.papststein.de, tgl. 11–16 Uhr, im Sommer bis 22 Uhr.

Museum

- **Grenzstein-Lapidarium,** Sandweg 43, Kurort Gohrisch, Tel. (035021) 68545, tgl. geöffnet, telefonische Anfragen 16–17 Uhr.

Wanderungen

- Königstein – Quirl: 2 Stunden.
- Quirl – Pfaffenstein: 1 Stunde.
- Pfaffendorf – Pfaffenstein: 1 Stunde.
- Fels Gohrisch – Kurort Gohrisch: 1 Stunde.
- Fels Gohrisch – Papststein: 30 Minuten.
- Königstein – Quirl – Pfaffenstein – Gohrisch – Kurort Gohrisch – Pfaffendorf – Königstein: 6 Stunden (ohne Aufstiege).
- Papstdorf – Liethenmühle – Krippen: 1 Stunde.

Um den Großen Zschirnstein

Krippen

In einem Seitental der Elbe, gegenüber von Bad Schandau, liegt Krippen. Ein stiller Ort genau im Zentrum der Sächsischen Schweiz, erreichbar mit S-Bahn, Bus und Schiff. Von Krippen aus sind die meisten Wanderziele in weniger als fünf Stunden zu erlaufen; und dabei geht es hier viel ruhiger zu als etwa in der „Metropole" am rechten Elbufer. Am tiefeingeschnittenen Krippenbach stehen Fachwerkhäuser, historische Produktionsstätten.

Die Geschichte des 1379 erstmals erwähnten Ortes wurde von **Elbehandel, Holzverarbeitung und Schiffbau** bestimmt. Bis zum Dreißigjährigen Krieg war Krippen ein städtischer Handels- und Gewerbeplatz mit zwei Märkten und bedeutenden Gewerken. Krippen und Schandau waren gleichrangige Konkurrenten. Zwischen Oberlauf und Elbmündung des Krippenbaches arbeiteten vier Sägemühlen. Seit 1592 ist Schiffbau nachgewiesen. 1833 wurde auf der Schiffswerft von Krippen der Rumpf für den ersten Elbdampfer angefertigt.

Im historischen Wohnhaus **Friedrich Gottlob Kellers** auf der gleichnamigen Straße wird des Erfinders des Holzschliffpapiers gedacht. *Keller* (1816–1895) lebte von 1852 an in Krippen. Das **Holzschliffpapier** ließ er 1845 in Sachsen patentieren.

Achtzig Texttafeln vermitteln am **Lehrpfad** eine kulturgeschichtliche Exkursion durch Krippen.

Naturfreunde sollten sich Zeit nehmen für die stillen Wälder und Bachtäler bei Krippen. An den schattigen Ufern des Krippenbaches leben seltene Vögel: Wasseramseln, Eisvögel und Gebirgsbachstelzen. Auf dem feuchten Gestein sonnen sich Feuersalamander. Dieser flinke, klare Bach ist auch für seinen Forellenreichtum bekannt. Am Ufer des Gliedenbaches im hinteren Bereich des Krippentales wächst der seltene Bärlapp. Ein „melodisches" Naturerlebnis bietet die Hirschbrunft in den Wäldern bei Cunnersdorf.

Wanderung nach Kleingießhübel

Auf einer bequemen Halbtagstour kann man von Krippen aus erst den höchsten, dann den formschönsten Tafelberg der Sächsischen Schweiz besuchen. Diese Wanderung zum **Großen Zschirnstein** und zum **Zirkelstein** lässt sich auf einen ganzen Tag ausdehnen; mehrere abwechslungsreiche Umwege bieten sich an.

Zunächst lernt man Krippen in seiner ganzen Länge kennen. Wo sich die Hauptstraße verzweigt, geht es nach rechts auf den **Koppelbergweg.** Die ersten Erhebungen, die in der Ferne sichtbar werden, sind der Papststein und der Königstein.

Vom Rastplatz führt ein Stufenweg zum **Kohlbornstein** – ein zwar niedriger, aber durch seine zentrale Lage hervorragender Aussichtspunkt, wäre er nicht so zugewachsen. Man schaut durch das Laub auf Krippen und Postelwitz, die Schrammsteine und den Großen Winterberg, die Berge der Lausitz und Böhmens, auf das linkselbische Gebiet der Steine und selbstverständlich auf das Ziel dieser Wanderung, den Großen Zschirnstein.

Das war der erste Abstecher. Vom Rastplatz geht es auf dem beschaulichen **Lasenweg** weiter, unterhalb der drei **Lasensteine.**

Jetzt ist bald Kleingießhübel erreicht, zuerst die unterwegs schon mehrfach angekündigte **Rölligmühle.** Doch diese legendäre Ausflugskneipe gibt es nicht mehr. Die Sägemühle befand sich von 1583 an im Besitz einer aus Böhmen eingewanderten Familie *Röllig*. 1813, als in der Gegend vor allem Kaiser *Napoleon* Straßenbaumeister war, ließ der *Rölligmüller* die Talstraße vor der Mühle anlegen.

In **Kleingießhübel** stehen vereinzelt Umgebindehäuser. Früher wurden hier mehrere Brauneisensteingruben und eine Eisenhütte betrieben. Über dem Dorf erhebt sich wie eine Festung der **Kleine Zschirnstein** (467 m).

Der Wanderweg folgt ein Stück der Dorfstraße. In der Dorfmitte hat man die Wahl zwischen einem bequemeren Weg, zunächst ein Stück Richtung Schöna, oder dem steilen Aufstieg, direkt auf den Großen Zschirnstein zu.

Großer Zschirnstein

Durch den **Hirschgrund** immer bergan erreicht man bald den Fuß des Großen Zschirnsteins.

Nach einem steilen Aufstieg erreicht man ein weitläufiges, von einem Birkenwald bestandenes Gipfelplateau mit mehreren Aussichtspunkten und einer Schutzhütte - keiner Gaststätte! Vor der Hütte, am Südende des Plateaus, steht der **Mittagsstein** – der höchste Punkt der Sächsischen Schweiz, 562 Meter über dem Meer, 80 Meter senkrecht über dem Wald. Ein großartiges Panora-

058ss Foto: ls

ma! Wenn die Luft klar ist, reicht die Sicht vom Isergebirge bis zu den Türmen der Albrechtsburg in Meißen! Doch auch bei diesiger Luft, bei jedem Wetter lohnt sich der gar nicht so anstrengende Aufstieg auf den Großen Zschirnstein. Die mulden- und schüsselförmigen Vertiefungen im Plateau heißen im Volksmund **„Opferkessel"** oder **„Rabenbäder".** Sie entstanden durch chemische Verwitterung alaunhaltigen Sandes und haben nichts mit frühgeschichtlichen Kulthandlungen zu tun.

Zirkelstein

Der Abstieg führt nun gemächlich über den Zschirnsteinweg auf den **Alten Marktweg,** schnurgerade durch den Wald Richtung Schöna zum Zirkelstein (385 m) und zur **Kaiserkrone** (355 m), den kleinsten Tafelbergen der Sächsischen Schweiz. Die Jugendherberge am Zirkelstein wurde 1914 als eines der ersten deutschen Naturfreundehäuser eröffnet.

Im **Zschirnsteinwald,** nahe der tschechischen Grenze, stehen Gedenksteine mit den Inschriften: „Mahl Marckt 1812“, „Korn Marckt 1812“ und „Hinter Korn Marckt 1812“. Sie erinnern an den illegalen Getreidehandel über die sächsisch-böhmische Grenze. Österreich hatte damals die Getreideausfuhr nach Sachsen, dem Verbündeten Napoleons, gesperrt. Auf der Elbe wachte ein Schiff über den Boykott.

Rund um Schöna

Zwischen Kaiserkrone und Zirkelstein liegt Schöna, ein verträumtes Dorf mit **Umgebindehäusern.**

In **Reinhardtsdorf** (zusammen ca. 2000 Einwohner) stehen **Sandsteinskulpturen,** die bei Bildhauersymposien im Steinbruch entstanden sind. Der heute noch betriebene Steinbruch wurde 1865 aufgeschlossen.

Die **Barockkirche** (1675/89) wird unter den Dorfkirchen der Sächsischen Schweiz gleich nach der von Lohmen genannt. Ein Kleinod ist der spätgotische Flügelaltar von 1521 mit geschnitzten Figuren der heiligen Anna und der Maria mit Jesus. Die farbenfrohen Bemalungen der Emporen (1711) zeigen Landschaftsmotive der Sächsischen Schweiz und biblische Szenen.

Der nahe gelegene **Wolfsberg** (343 m) bietet eine malerische Sicht auf die Kirche vor den Schrammsteinen. *Caspar David Friedrichs* „Wanderer über dem Nebelmeer“ könnte eine Ansicht von Wolfsberg zum Zirkelstein und Kaltenberg (Studenec) darstellen.

Von der Reinhardtsdorfer Kirche führt der **Viehweg** über die Weide zur nahegelegenen **Kleinen Bastei,** wo es viel stiller ist als an der berühmteren

Der vierkantige **Teufelsturm** in den Schrammsteinen, einer der wohl schwierigsten **Kletterfelsen,** diente bis zur „sozialistischen Umgestaltung der Landwirtschaft“ den Bauern in Reinhardtsdorf als **Sonnenuhr.** Seine Schattenbilder markierten für die Bauern auf den gegenüberliegenden Feldern den Tageslauf. Eine halbkreisförmige Felspartie hieß bei den Bauern „Henkel“: Ihr Schatten gab zur rechten Zeit das Bild einer Kaffeekanne, und die Bauern setzten sich zur Kaffeepause. Nach der Zusammenlegung der Handtuchfelder zu einem LPG-Großfeld verlor diese Sonnenuhr ihre Bedeutung; die Bauern leisteten sich Armbanduhren. „Sonnenuhr“ heißt immer noch ein Aufstiegsweg am Teufelsturm.

059ss Foto: ls

rechts der Elbe. Diese hier bietet, ähnlich der nahen **Hundskirche,** eine großartige Sicht auf die Schrammsteinkette. Von der Kleinen Bastei zur Hundskirche (huns kerk = schroffe Spitze) führt oberhalb der Bahnschienen ein Weg entlang der Elbe und zurück durch den **Hirschgrund** nach Schöna. In dieser Waldschlucht sind noch Reste uralter Wassermühlen zu sehen. An die einst romantisch-berühmte **Hirschmühle** erinnert der Name der nächstgelegenen S-Bahn-Station. Von Schmilka-Hirschmühle pendelt eine Fähre nach Schmilka.

Cunnersdorf

Ein idyllischer Ort mitten in der linkselbischen Sächsischen Schweiz ist Cunnersdorf. Ringsum lie-

Blick von der Kleinen Bastei

gen die Wanderziele in bequemer Nähe: Gohrisch und Papststein, Königstein und Krippen, die Zschirnsteine oder einfach nur Wald.

Im Dorf stehen einige ansehnliche Dreiseit-Bauernhöfe mit Sandsteinunterbau und Fachwerkobergeschoss. Deren bedeutendster ist der kurfürstliche **Forsthof** (1604) mit Herrenhaus, Torhaus und Wirtschaftsgebäuden.

In der **neoromanischen Kirche** (1854/55) steht ein barockes Altarbild. Eine Heimatstube im Umgebindehaus zeigt die im Ort gepflegte Volkskunst.

Vom Gasthof Erbgericht aus führt ein Naturlehrpfad durch das **Katzsteingebiet.** Höchster Punkt der bequemen Waldwanderung ist das Katzsteinplateau (444 m) mit dem **Katzfels** (474 m). Weiter geht es zum **Rotstein** (458 m), zurück über den **Nässeweg** und durch das Cunnersdorfer-Bach-Tal.

Praktische Reisetipps

Info

- **Touristeninformation,** Am Bahnhof 6, 01814 Bad Schandau, Tel. (035022) 41247.
- **Haus des Gastes,** Markt, 01814 Bad Schandau, Tel. (035022) 90030.
- **www.oberelbe.de**

Unterkunft und Gastronomie

- **Hotel Erbgericht€€,** Bächelweg 4 (Nähe S-Bahnhof), Krippen, Tel. (035028) 80941, www.weka-hotels.de, tgl. 7–23 Uhr, Bauernstil im ehemaligen Speicher.
- **Hotel Grundmühle€,** Friedrich-Gottlob-Keller-Straße 69, Krippen, Tel. (035028) 86190, www.weka-hotels.de, tgl. 7–23 Uhr, Essen um 10 €, Neubau an der historischen Mühle.
- **Gasthaus Zirkelstein€,** Hauptstr. 37b, Schöna, Tel. (035028) 80224, www.gasthaus-zirkelstein.de.
- **Panorama-Hotel Wolfsberg€€,** Zum Wolfsberg 102, Reinhardtsdorf-Schöna, Tel. (035028) 859900, www.panoramahotel-wolfsberg.de.

Wanderungen

- Krippen - Kleingießhübel - Großer Zschirnstein - Krippen: 4 Stunden.
- Schöna - Zirkelstein - Kaiserkrone - Schöna: 3 Stunden.

Im Bielatal

Überblick

Am südwestlichen Rand der Sächsischen Schweiz liegt das kleine Wandergebiet des Bielatales. Die **Biela** entspringt am Hohen Schneeberg in Böhmen. Auf ihrem nur 18 Kilometer langen Lauf zwischen Quelle und Elbmündung in Königstein verliert die Biela 405 Meter Höhe. Sie ist ein flinker Bach mit klarem Wasser, was ihr wohl auch den Namen gegeben hat. Das slawische *biela* heißt „weiß". Bei ihrem Lauf durch Bielagrund und Bielatal passiert sie wie durch eine Gasse eine bizarre Felsenstadt. Hier stehen „auf Reichweite" 90 Gipfel mit über 300 Kletterwegen aller Schwierigkeitsgrade beieinander, laden kurze, attraktive Wanderwege ein. Nirgends sonst in der Sächsischen Schweiz sind die Sandsteinsäulen so dürr und „windschief" wie hier. Klettergipfel stehen meist direkt an den Wegen, so dass Wanderer hier auch sehr gut die Bergsteiger beobachten können.

Anreise

Da in das Bielatal keine Bahnlinie führt, ist man auf den **Bus** angewiesen. Mit der Linie 245 ist es möglich, von Pirna aus früh hinzufahren und abends wieder heimzukehren. Die Strecke Königstein – Rosenthal – Schweizermühle ist landschaftlich sehr reizvoll. Unbedingt den Fahrplan besorgen! Wer mit dem **Auto** anreist, fährt von Pirna auf Landstraßen bis Bielatal.

Erzhütten

Schon im Mittelalter rauchten Erzhütten im Bielatal, klapperten am Bachufer die Hammerwerke. Die Ausbeute war so groß nicht, doch sind Spuren der frühen Erzverarbeitung bis heute in Flur- und Ortsnamen und in einer historischen Betriebsstätte erhalten. Für „Pirnisch Eisen", diese kunsthandwerklich wertvollen Erzeugnisse Pirnaer Eisengusses, wurde Roheisen aus den Hütten des Bielatals verwendet. Weitere Erzhütten standen im Tal der Bahra, einem Nebenfluss der Gottleuba. Das Erz kam aus dem Berggießhübeler Bergbau. Außer für

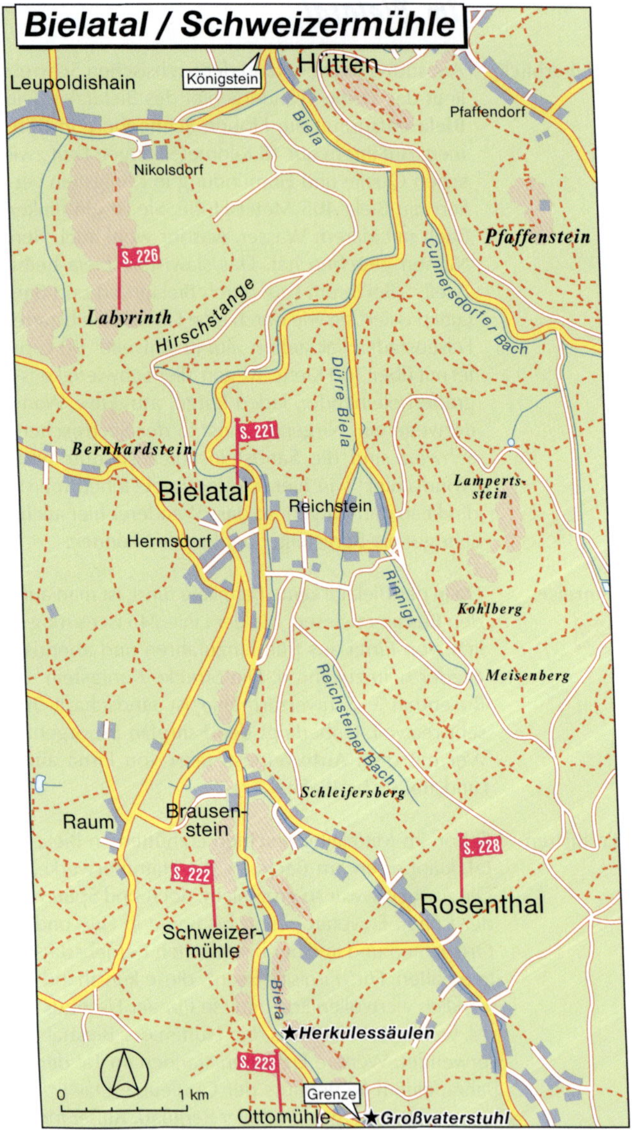
Bielatal / Schweizermühle
Hütten
Königstein
Leupoldishain
Pfaffendorf
Biela
Nikolsdorf
Pfaffenstein
S. 226
Labyrinth
Hirschstange
Cunnersdorfer Bach
Dürre Biela
S. 221
Bernhardstein
Bielatal
Lamperts-stein
Reichstein
Hermsdorf
Rinnigt
Kohlberg
Meisenberg
Reichsteiner Bach
Schleifersberg
Raum
Brausen-stein
S. 228
S. 222
Rosenthal
Schweizer-mühle
Biela
Herkulessäulen
S. 223
0
1 km
Grenze
Ottomühle
Großvaterstuhl

116ss Foto: ls

Kunstguss und Gebrauchsgegenstände wurde Roheisen auch für Kanonenkugeln gebraucht – Festung Königstein liegt in Sichtweite.

Gemeinde Rosenthal-Bielatal

Die Gemeinde Rosenthal-Bielatal entstand erst 1933 durch Zusammenschluss des einstigen Ritterguts **Hermsdorf** und der **Hammersiedlungen Brausenstein** und **Reichstein.** Erzverarbeitung in Reichstein ist seit Ende des 15. Jahrhunderts nachgewiesen, sie fand ihr Ende mit dem Dreißigjährigen Krieg. Ein historischer **Hochofen** steht in Brausenstein, direkt an der Bielatal-Straße. Er wurde in der Zeit um 1700 betrieben und ist die einzige erhaltene Betriebsstätte in diesem Tal.

Hochofen Brausenstein

Schweizermühle

Ein Stück bachaufwärts liegt Schweizermühle, heute ein Ortsteil von Rosenthal. Hier arbeiteten im 16. Jahrhundert ein Hammerwerk und eine Brettmühle. Die Mühle des *Johann Gottlob Geissler* galt schon *Götzinger* und *Nicolai* als vorzügliches Quartier. Im Juni 1824 erhielt sie bei einer Feier mit gebürtigen Schweizern zur „Einweihung der westlichen Sächsischen Schweiz" den Namen „Schweizermühle". Die Brettmühle wurde Gasthaus. 1837 ließ der Müller eine Kaltwasserheilanstalt einbauen. Frisches Bielawasser ließ jede **Kneipp-Kur** zum unvergesslichen Erlebnis werden.

So entstand bald eine Kursiedlung. Der kleinste **Kurort** in der Sächsischen Schweiz; 1838 entstand das Alte Kurhaus, 1866 das Neue. 1912 wurde die Anlage Erholungsheim und ab 1945 Lungenheilstätte.

In der Felsenstadt

Zweihundert Meter unterhalb der Schweizermühle beginnen Aufstiegswege auf die **Bastei,** den Bertablick und den Wetterfahnenfels; Felsvorsprünge, die Ausblicke auf das Bielatal ermöglichen. Sie sind sozusagen die „Vororte" dieser Felsenstadt, deren Skyline oberhalb der Schweizermühle liegt. Ihr Wahrzeichen sind die beiden so unglaublich dünnen und zerrissenen Herkulessäulen, zu denen der Wanderweg nun führen soll. Im Bielatal kann man umherwandern, als ob man durch eine mittelalterliche Stadt flaniere; ohne Karte sich verführen lassen von verwinkelten Wegen und Pfaden. Verirren ist nicht möglich, die Biela fließt nicht weiter als 300 Meter entfernt. Die Wege sind bequem und ungefährlich, deshalb sehr gut für Wanderungen **mit Kindern** geeignet.

Nach dem Straßenabzweig in Richtung Rosenthal und dem Hotel-Komplex steigen Stufen hinauf zu den Felsen. Von nun an geht es immer mehr oder weniger nah an der Biela entlang, entgegen dem Flusslauf. Der **Bielablick** ist ein Aussichtspunkt, der Ende des 19. Jahrhunderts mit einer künstlichen Ruine verziert wurde. Rechts vom Bie-

606ss Foto: ls

lablick führen Stufen hinab, durch ein Felsentor in die Felsengasse. Sie endet vor den **Herkulessäulen.** Diese skurrilen Gebilde regen manchen bildlichen Vergleich an, etwa mit raureifüberzogenen Masten im Riesengebirge. Wieder geht es durch ein Felsentor, immer weiter in dieser Gasse, zum Schiefen Turm und zum Chinesischen Turm, zum Gesuchten Turm und zum Schildkrötenturm, zum Dachsenstein. Der Große und der Kleine Mühlenwächter bewachen schon die ehemalige **Ottomühle.**

Von diesem Weg lohnt sich ein Abstecher ans andere Ufer, auf dem markierten Weg zur **Johanniswacht.** Von diesem Aussichtspunkt schaut man in das soeben durchwanderte Tal und darüber hinaus bis zur Festung Königstein. Gleich in der Nähe steht der **Sachsenstein,** eine Gruppe eng beieinanderstehender Säulen, auf deren Gipfel man auf Leitern durch Kamine klettert.

Zur Grenzplatte

Hinter der Ottomühle steht der **Großvaterstuhl,** eine Felsgruppe mit mehreren Aussichtsplätzen. In den Felswänden hinter der Straßengabelung liegt an der rechten Seite die **Bennohöhle,** darin künstlich erleuchtet die – leider gefälschte – „älteste Felsinschrift in der Sächsischen Schweiz". Neben einem Kelch steht: „M. v. Donjn ††† 1401 Benno". Damit sollte wohl der Dohnaische Burggraf gemeint sein, der damals im Gefecht mit wettinischen Soldaten gefallen war; und „Benno", vielleicht der Knappe, hat die Sache geritzt. Eine andere Interpretation besagt, *von Dohna* habe auf der Flucht die Gebeine des Meißner Bischofs *Benno,* des Weinkenners also, im Gepäck gehabt. Selbstentlarvend ist dieses Sgraffito so oder so, weil in der Zeit der Gotik die Zahl 4 eben nicht wie heute geschrieben wurde, sondern als „nach oben offene 8". Naja, egal. Jedenfalls hat die Höhle so ihren Namen bekommen, und sie wurde zum beliebten Wanderziel.

Zwischen den Felsen beginnt der **Wormsbergweg,** der in den Wald führt und leicht ansteigend, die **„Grenzplatte"** (533 m) erreicht, ein beliebter Aussichtspunkt. Von hier schaut man ins Böhmische hinein, in den Talkessel von Biela und **Hammerbach,** auf den Urlaubsort Ostrov (Eiland), auf Felstürme und den **Hohen Schneeberg (Děčínský Sněčník,** 723 m), die höchste Erhebung des Elbsandsteingebirges.

Felsengruppe Herkulessäulen im Bielatal

0060ss Foto: ls

Neunzig Meter unter der Grenzplatte liegt das Tal des Hammerbaches, da hinunter führt nun der Wanderweg in Richtung Dürre Biela. Der **„Grenzwächter“** bewacht als Kletterfelsen die nun endlich offene deutsch-tschechische Grenze.

Beim **Wachsamen Förster** überquert der Wanderweg den Hammerbach und folgt nun dem Bielagrundweg bis zur Mündung der **Dürren Biela.** Ein reizvolles Tal dieses meist spärlichen, manchmal aber auch recht munteren Wassers. Einer der markanten Türme ist die **Dürrebielenadel.** Der steile **Dürrebielegrund** führt über die Grenze hinweg, der Wanderweg aber nimmt am Grenzstein eine Linkskurve in den Wald. Auf dem **Steinbornweg** gelangt man nun bald zum Wanderweg ins Böhmische bei Rosenthal. Von hier aus kann man zum Hohen Schneeberg und den Tisaer Wänden wandern. Aber nicht mehr als Fortsetzung dieser Tour.

Noch vor dem Grenzübergang zweigt vom Steinbornweg ein unmarkierter Weg in den Wald ab, dieser führt wieder in die Felsenstadt des Bielagrundes. Zunächst zur **Falkenwand,** dann zur Verlassenen Wand und zum **Schwedenloch.** Dieser höhlenartige Gang wird auch Franzosenloch genannt. Eines der unzähligen Verstecke aus Kriegszeiten; im Dreißigjährigen Krieg vor den Schweden und im Napoleon-Krieg vor den Franzosen. Neben dem Schwedenloch liegt das **Eisloch,** hier hält sich bis in den Sommer hinein der Schnee.

Der Bielagrundweg erreicht entlang des Baches bald die Ottomühle. Nach rechts auf dem **Mühlweg** (Hilma-Weg) geht es über Felder nach Rosenthal.

Ins Labyrinth

Auch in der anderen Richtung erreicht man von Bielatal aus eine Felsenstadt. Sie ist so unbeschreiblich verschachtelt, dass sie den Namen Labyrinth verdient hat. Die Route, an der Schule beginnend, führt zunächst steil auf den **Bernhardstein** (424 m), einen der schönsten Aussichtspunkte auf das Bielatal. Nach dem Abstieg steht man auch schon vor der stark verwitterten Felsformation des **Labyrinth.** In diesem zerrissenen, ausgespülten, feingeschliffenen Sandsteingebilde gibt es einen markierten Rundweg. Der Bildhauer und Grafiker **Wieland Förster** notierte im Arbeitstagebuch „Labyrinth 1973–1984“: *„... beeindruckt bis zur Erschütterung. Felsen, plastisch, glatt und gespannt, dann wieder schalig, gehöhlt, ohrig, übereinandergeschichtet wie Gebein – ein morbider Barock.“* Der Künstler hat in einem Zyklus von 34 Zeichnungen sein Labyrinth festgehalten.

Nach dem Labyrinth führen alle Wege bald auf Straßen, zum Beispiel auf die nach Königstein führende **Hirschstange** (mit Abzweig zur Festung). Das ist ein ehemaliger Jagdweg, der durch den Wald reizvolle Sichten auf Tafelberge bietet. Oder man kehrt um, nochmals zum Bernhard-

062ss Foto: ls

stein, ohne Aufstieg. Die Alternative wäre, zum Labyrinth von Königstein aus mit dem **Fahrrad** zu fahren (über Ortsteil Hütten auf die Hirschstange).

Von der Biela zur Elbe

Nach diesen Besuchen in engzerklüfteten Felsrevieren nun noch eine Wanderung über Felder, Wiesen und Waldwege von der Biela bis an die Elbe. Sie beginnt in **Rosenthal,** unterhalb der **Pfarrkirche** (1856). Die **Winterleitenstraße** führt durch die Felder hinunter in den Wald. Dort zweigt nach links der Wurzelweg ab. Mitten im Wald liegt der **Rotstein** (458 m). Er hat vier Gipfel, auf einen kann man hinaufsteigen. Weiter geht es auf dem Mäusebornweg zum **Katzstein** (474 m). Wieder eine Leiter, noch eine Aussicht. Die dritte in dieser Reihe bietet der **Spitze Stein** (410 m), zu erreichen über einen kleinen Umweg. Im Tal liegt **Cunnersdorf** mit Gasthäusern, Bauernhöfen und Heimatmuseum.

Über die Höhe führt von dort der Kirchsteig nach **Papstdorf.** Zum Pfaffenstein oder zum Gohrisch ist es auch nicht weit. Wer über Papstdorf läuft, kann weiter nach Kleinhennersdorf gehen, dort in der Liethenmühle einkehren und die S-Bahn in Krippen erreichen. Der kürzeste Weg: Noch vor Kleinhennersdorf nach links auf den **Täppichtsteig** und hinunter zur **Bornfähre** nach Bad Schandau. Fußmüde S-Bahn-Nutzer können sich von der Bornfähre übersetzen lassen, umsteigen in die Personenfähre und so bis zum Bahnhof Bad Schandau fahren.

Im Bahratal

Die Bahra ist ein Nebenbach der Gottleuba. In den Talmulden der Bahra und zweier weiterer Bäche liegt die Gemeinde Bahratal. Auch hier wurde schon im 15. Jahrhundert Eisenerz verhüttet. Im Ortsteil Markersbach steht eine Barockkirche aus dem 17. Jahrhundert.

Bahratal ist ein günstiger Ausgangsort für bequeme Wanderungen ins Bielatal oder zur Talsperre Gottleuba. Vom Tal der Bahra ins Tal der Biela führt eine Tour, die im Ortsteil Kleppisch beginnt. Hier stand früher ein Hammerwerk. Zuerst geht es zum **Zeisigstein** (551 m), einer Sandsteingruppe, die auf Erzgebirgsgneis steht. Auf den Gipfel führt eine Treppe, zu sehen sind das Osterzgebirge mit den drei markanten Basaltkegeln **Kahleberg** (905 m), **Geising** (825 m) und **Luchberg** (576 m) sowie in Böhmen der nahe Špičák (725 m). Nach dem Abstieg geht es durch den Wald, am Naturreservat entlang, bis zur Grenzplatte und von dort ins Tal der Biela.

Am interessantesten aber sind die Möglichkeiten für Touren von Bahratal in die **Böhmische Schweiz.** Tagestouren führen über das langgezogene Dorf Petrovice auf den kegelförmigen **Špičák** hinauf oder durch den Wald in die Felsenstadt **Tyssaer Wände.**

Praktische Reisetipps

Info

- **Fremdenverkehrsamt,** Schulstraße 1, Ortsteil Bielatal, 01824 Rosenthal-Bielatal, Tel. (035033) 70291.
- **www.rosenthal-bielatal.de**

Unterkunft

- **Hotel Gasthof Raum€€,** Markersbacher Straße 1, Bielatal, Tel. (035033) 71205, www.gasthof-raum.de.
- **Zum Kaulehof€€,** Nentmannsdorf 51, Gemeinde Bahretal, Tel. (035025) 51110, Ferienwohnung im Bahretal, ideal für Rad- und Autotouren sowie bequeme Wanderungen, www.kaulehof.de.

Museum

- **Bauernmuseum Nentmannsdorf,** Nentmannsdorf 34, Gemeinde Bahretal, Tel. (035025) 51853, Sa/So 10–18 Uhr.

Wanderungen

- Bielatal – Schweizermühle – Herkulessäulen – Ottomühle – Sachsenstein – Großvaterstuhl – Bennohöhle – Grenzplatte – Dürre Biela – Schwedenloch – Rosenthal: 6 Stunden.
- Bielatal – Bernhardstein – Labyrinth – Königstein: 4 Stunden.
- Rosenthal – Rotstein – Katzstein – Spitzer Stein – Papstdorf – Bornfähre: 5 Stunden.
- Berggießhübel – Bahra – Bielatal – Lampertsbachtal – Cunnersdorf – Papstdorf – Kleinhennersdorf – Bad Schandau: 6 Stunden.
- Bahratal – Zeisigstein – Grenzplatte: 2 Stunden.

Foto: ls123ss

Böhmische
Schweiz

Prebischtor und Edmundsklamm

Hřensko

Mit einer Gastwirtschaft begann die Geschichte des böhmischen Grenzortes Hřensko (sprich: Chrschensko), deutsch: **Herrnskretschen.** Der Name ist abgeleitet von den tschechischen Worten *hranica* für Grenze und *Krcma* für Kretscham, Wirtshaus. An der Elbmündung des Kamnitzbaches stand ein Gasthaus für die Flößer und Holzhändler.

Vom Grenzübergang bis ins Ortszentrum an der sehenswerten Barockkirche läuft man eine halbe Stunde, was hier wenig angenehm ist. Deshalb empfiehlt es sich, mit der S-Bahn bis Schöna zu fahren und mit der Fähre überzusetzen.

Hřensko ist der am tiefsten gelegene Ort Böhmens: 115 Meter über dem Meeresspiegel. Am Ortsausgang beginnt ein **Rundweg** über das Prebischtor (Pravčická brána) und durch die Edmundsklamm. Anfangs führt der Weg entlang einer mäßig befahrenen Asphaltstraße, dann geht es nach links in den Wald hinein und sogleich steil bergan.

Prebischtor

Das Prebischtor ist mit seiner lichten Weite von 26 Metern die längste **natürliche Sandsteinbrücke** Europas. Der waagerecht geschichtete Felsen spannt sich in 16 Metern Höhe zwischen zwei Sandsteinriffen. Er ist an den dünnsten Stellen nur drei Meter dick und sieben Meter breit. Das Felsentor entstand durch die Auswitterung einer Nische. Irgendeines fernen Tages wird es einstürzen. Damit die Erosion nicht noch künstlich beschleunigt wird, darf der filigrane Brückensteg nicht mehr betreten werden. Doch die gegenüberliegende **„Felsenbühne"** auf dem **Kreuzstein** erlaubt die beste Sicht auf das imposante Naturbauwerk. Im Hintergrund ragt der Kegel des Rosenberges aus der malerisch-hügeligen Landschaft

063ss Foto: ls

auf. Es sei denn, das Prebischtor schwebt über dem Nebel.

Seit der Romantik gehörte das Prebischtor zu den beliebtesten Reisezielen und Bildmotiven. Schon 1826 konnten Reisende in einer einfachen Gastwirtschaft einkehren. Die heutige, 1881 im Blockhausstil erbaute Wirtschaft fügt sich wohltuend in die Landschaft ein.

S. 230/231: Blick zum Rosenberg

Prebischtor

118ss Foto: ls

Edmundsklamm

Der bequeme, 1885 angelegte **Gabrielensteig** (Gabrielina stezka, ehem. Julius-Fučik-Steig) führt an der trockenen Südseite der haushoch aufragenden **Flügelwände** (Křidělni stěna) in den Ferienort **Mezní Louka** (Rainwiese) - geradewegs auf das Hotel mit Gasthaus zu. Dort bieten sich zwei markierte Wege an, beide führen ins Tal der Kamnitz: Entweder zwei Kilometer Landstraße (eine Ahornallee, wenig befahren) nach **Mezná** (Stimmersdorf); oder ein bequemer, aber etwas längerer Waldweg in den **Soorgrund.**

Mezná ist ein historischer Ferienort mit vielen Umgebindehäusern und Gastwirtschaften. Ein sehr steiler, kurvenreicher Abstieg erreicht die Edmundsklamm, auch **Stille Klamm** (Ticha Soutěska) genannt. Eine geruhsame Wanderung entlang

064ss Foto: ls

der wilden Kamnitz gehört zu den großartigsten Erlebnissen in der Böhmischen Schweiz. Moosüberzogene, pilzbewachsene Baumstümpfe; grünbepelzte, prismenartige Steine; Grotten, Farnwälder, Felstunnel, Schwemmholzberge, eine wunderbare Mikrowelt. Gleich hinter der bescheidenen Gaststätte endet der Fußweg, und Bootsleute übernehmen die (oft sehr vielen) Wanderer. Während der etwa zwanzigminütigen **Bootsfahrt** erzählen die Fährleute mit schweykschem Humor allerlei Geschichten.

Gasthaus am Prebischtor

Stille Klamm

Wer die Zeit hat, könnte den etwa drei Kilometer längeren Weg von Mezní Louka über den Soorgrund in die **Wilde Klamm** (Divoká Soutěska) wählen. Auch hier gibt es eine Bootspartie, und nach rund 500 Metern Fußweg, jeder Meter ein neues Bild, wird die „Anschlussstelle" in der Edmundsklamm erreicht.

Nach dieser Bootsfahrt führt ein bequemer Weg schließlich aus der Klamm heraus wieder nach Hřensko.

Praktische Reisetipps

Info

- **České Švýcarsko – turistické informace,** 40717 Hřensko 82, Tel. +420 412 554 286, www.pbrana.cz.
- **Geld:** zahlreiche Wechselstuben entlang der „Elbpromenade" Hřensko, Wechselkurse praktisch überall gleich (1 € = 26 CZK; 1 SFr = 15 CZK).
- **Prebischtor:** Eintrittspreis 75, ermäßigt 25 Kronen, für die Aussichtstableaus mit Gaststätte, Apr.–Okt.: tgl. 10–18 Uhr, Nov.–März: Sa/So 10–16 Uhr.
- **Kahnpartie:** Wilde Klamm (Divoká Šoutěska) bis 17 Uhr; Stille (Edmunds-) Klamm (Tichá Šoutěska) bis 18 Uhr. Wartezeit einplanen, bei großem Andrang durchaus 30 Minuten. Tickets an den Kassen vor den Bootsstationen oder, falls geschlossen, nach der Fahrt beim Bootsmann. Fahrpreis für eine Partie: 75 Kronen, Kinder bis 10 Jahre 25 Kronen. Die Kähne pendeln in beide Richtungen mit Fahrgästen. Von November bis Ostern ist Winterruhe! Die Klammen in Hřensko, auch auf Deutsch: www.soutesky.cz.

Gastronomie

- **Hřensko:** Von Imbissstand bis Hotelrestaurant breites Angebot; besser als im überlaufenen Zentrum sind die Wirtshäuser am Eingang zur Kamnitzklamm, besonders das Klepač (Mühle).

Wanderung

- Hřensko, Ortsausgang – Prebischtor – Edmundsklamm – Hřensko: 4 Stunden (zzgl. evtl. Wartezeit für Bootsfahrt)

Felsenwelt von Jetrichovice (Dittersbach)

Jetřichovice

An der einzigen Straße, die sich von Hřensko über Mezni Louka durch die Wälder schlängelt, liegt die Siedlung Jetřichovice **(Dittersbach)** – mit ihren farbenfrohen Umgebindehäusern und ihrer großartigen Umgebung die **Perle der Böhmischen Schweiz.** Die Anreise mit Auto oder Linienbus ist auch von Děčín (Tetschen) und Krásná Lípa (Schönlinde) möglich. Dittersbach ist seit über hundert Jahren Sommerfrische, ein Besuch lohnt sich zu jeder Jahreszeit. Es gibt viele gemütliche Pensionen und Gasthäuser, die schönste Aussicht hat man vom Hotel Bellevue.

Markierte Wanderwege beginnen an der Bushaltestelle in der Mitte des Ortes. Besonders zu empfehlen ist eine halbtägige **Rundwanderung,** die zunächst (gelb) einige Meter der Straße nach **Chřibska (Kreibitz)** folgt, dann links abbiegend den Ortsrand erreicht und am Kindererholungsheim die rote Markierung aufnimmt. Im nahen Felsgebiet ist das erste Wanderziel deutlich zu sehen: Hoch oben auf dem Sandsteinzacken steht eine Hütte! Der Weg dahin folgt der roten Markierung, es geht über Sandsteinstufen und Waldweg steil bergan, mitten durch die **Dittersbacher Felsen.**

Der **Marienfelsen** (Mariina skála) ragt aus dem dichten Wald empor, mehr als 200 Stufen führen zum Gipfel, wo Fürstin *Maria Anna Kinski,* geb. *Liechtenstein,* sich 1856 ein Lustschloss im Stil eines griechischen Tempels errichten ließ. Dieses Schloss gibt es nicht mehr, dafür aber jene Holzhütte, die vom Tal aus einen bizarren Anblick geboten hat und nun der Gipfelrast ein schützendes Dach gewährt. Der Sonnenuntergang soll von hier aus betrachtet einen besonders schönen Anblick bieten. Von diesem Abstecher zurückgekehrt, folgt man wieder der roten Markierung, um **Bal-**

zers Lager (Tetřevná) zu erreichen, einen höhlenartigen Felsüberhang, der während des Dreißigjährigen Krieges den Bauern der umliegenden Gemeinden als Schlupfwinkel und später als Versteck der fürstlichen Auerhahnjäger gedient hat. Im Sandstein sind mehrere Inschriften aus der Kriegszeit zu finden. Wieder geht es bergauf, immer über Felstreppen und steile Wege, bis zum nächsten Abstecher, dem Aussichtspunkt an der **Wilhelminenwand** (Vilemínina stěna). Von hier bietet der Marienfelsen einen schönen Anblick, ringsum liegt dichter Wald und tief im Tal Dittersbach.

Der Wanderweg wird nun bequemer und trifft auf eine Wegkreuzung. Von nun an gilt die gelbe Markierung, ein Waldweg ohne nennenswerte Steigungen. Beiderseits des Weges stehen Dutzende große **Ameisenhaufen,** die allesamt eingezäunt sind und strengen Schutz verdienen.

An einer Wegkreuzung mitten in diesem tiefen Wald stand schon im 16. Jahrhundert eine Hütte für die herrschaftlichen Jäger. Im 19. Jahrhundert ließ Fürst Kinski ein Jagdschloss mit Wirtschaftsgebäuden errichten, die **Balzhütte.** Das Waldgebiet war voll von Auerhähnen, und des Fürsten Mittagstisch wohl auch. Heute stehen an der Wegkreuzung **Na Tokáni** Holzhäuser, die nach 1905 für touristische Zwecke gebaut wurden. Zwei gemütliche Gaststätten laden zu böhmischer Küche ein.

Zur Verdauung sollte man sich den Abstecher (500 Meter, gelb) zur **Engen Stiege** (Úzke schody – sprich: s-chody) gönnen, auch Mäuselöcher (Myši dira) genannt, eine Felslücke, die über Stufen und Leitern erklommen werden kann. Nach der Kletterei geht es zurück zur Wegkreuzung und

Marienfelsen bei Dittersbach

065ss Foto: ls

weiter mit der blauen Markierung Richtung Rynartice. Damit beginnt der bequeme Rückweg dieser Tour. Nach kurzen Anstiegen durch den Wald erreicht man an einer Wegbiegung die gelbe Markierung. Ein befestigter Weg führt durch das Stammbrückental – zwischen wolkenkratzenden Felswänden und von einem Bach begleitet – sanft bergab nach Dittersbach. Auf den Felsgipfeln rechts des Weges stehen Reste einer Burganlage, die von hier nur in der laubfreien Jahreszeit erkennbar sind. Hinauf zur Ruine der **Raubburg Falkenstein** (Sokoli hrádek) führt ein unmarkierter Bergpfad, der an der Hinweistafel zur Burg beginnt – ungeübten Wanderern nicht zu empfehlen, es gibt einige schwierige und nicht ungefährliche Stellen!

Der markierte Weg erreicht nun bald wieder am Kindererholungsheim den Ort Dittersbach.

Gastronomie

- Waldbaude (Lesni chata) **Na Tokaní** und Bergbaude (Horska chata) **Tokáň,** tgl. ab 11 Uhr, Buchung über www.cztour.cz.

Felsenburg Schauenstein

Diese Route ist einer der **Höhepunkte** in der Böhmischen Schweiz und Teil des europäischen Fernwanderweges nach Budapest. Markiert ist sie als Lehrpfad NS Jetřichovické skály (Dittersbacher Felsen). Die nächsten Aussichtsfelsen sind **Marienfels** (Mariina skala), die **Wilhelminenwand** (Vilemínina stěna), und der **Rudolfstein** (Rudolfuv kámen). An den Sandsteinwänden des Naturschutzgebietes Felsenstadt **Babylon** windet sich der Pfad bis zur Felsenburg Schauenstein (Loupeznicky hrad Saunstejn). Hier stand einmal das Hohenleipaer Raubschloss. Es wurde im 14. Jahrhundert erbaut und hundert Jahre später verlassen. Am Fuß und auf dem Gipfel sind noch Spuren der Besiedlung zu sehen: Keller, Balkenlager, Zisterne.

Nach dem Abstieg durch den Felsentunnel schlängelt sich der Wanderweg weiter zum Kleinen Prebischtor. Dieses Naturwunder bleibt doch deutlich hinter dem „Großen" zurück; im vorigen Jahrhundert hieß es noch „Löchriger Stein". Es ist 3,30 Meter breit und 2,30 Meter hoch. Seine Sandsteinbrücke ist gesperrt. Zum Gipfel des Windberges (Větrovec, 450 m) geht es steil bergan und wieder hinunter bis nach Mezní Louka.

Um Krásná Lípa

Kyjov (Khaa)

Am Oberlauf der Kirnitzsch, drei Kilometer westlich von Krásná Lípa (Schönlinde), liegt das mit Umgebindehäusern bebaute Dorf Kyjov (Khaa). Der erste Siedler hier mitten im Wald soll ein Kräutersammler gewesen sein; der Name Kawe/Kaue aber deutet auf mittelalterlichen Bergbau hin. Seit dem 19. Jahrhundert ist Khaa ein Erholungsort und Ausgangspunkt für Wanderungen in der Hinteren Böhmischen Schweiz. Die kleine Talsperre mitten im Ort wird gern als **Badestelle** genutzt. In Kyjov gibt es mehrere Bauden und Pensionen.

Drei Raubschlösser

Unmittelbar beim Dorf, hoch über dem Kirnitzschtal, liegt inmitten einer „Felsenstadt“ die rätselhafte **Felsenburg im Khaatal** (Kyjovsky hrádek), auch Oberkarlstein genannt. Zur Geschichte dieser wie auch der beiden anderen Burgen im Khaa-Gebiet ist wenig bekannt. Durch die Felsenstadt führt ein gelb markierter Rundweg. Er beginnt am ehemaligen Schulhaus und führt zunächst am Friedhof vorbei zur **Fürst-Kinsky-Höhe** (Kinskeho vysiná), einem zugewachsenen Aussichtspunkt. Vorsichtig auf einem Felssteig abwärts, um ein schmales Felsband herum in eine steil abfallende Schlucht bis zum Käsewasser (Kyjovsky potuček). Vor dem Betreten des von einem herabgestürzten Felsbrocken gebildeten **„Höllentores“** (Pekelná brána) kann man rechts das **Felsgebilde** „Hund und Katze“ (Pes a kočka) entdecken.

Auf dem gegenüberliegenden Hang geht es wieder steil bergan bis zum **Aussichtspunkt** „Brüdersteine“ (Skálni bratři) und durch die „Löwenhöhle“ (Lvi doupe). Hinunter, am „Riesenkopf“ (Obři hlava) vorbei kommt man in den Schlossgrund und erneut aufwärts durch eine **Felsschlucht,** die bereits zu dieser geheimnisvollen Burganlage gehört, auf deren Plateau nun eine Felstreppe führt. Zur Geschichte des **„Wüsten Schlosses“** wurden bisher keinerlei Urkunden gefunden; Ausgrabungen deuten auf eine Besiedlung im 13./14. Jh. hin. Vermutlich wurde sie, wie so viele Befestigungsanlagen, durch den Oberlausitzer Sechsstädtebund zerstört, der Mauern nur innerhalb seiner Städte geduldet hatte. Der Aussichtspunkt bietet einen reizvollen Blick ins tief eingeschnittene Kirnitzschtal und auf die gegenüberliegenden Felsen. Über Stufen führt der gelb markierte Weg durch eine sehr enge Kluft in den Frischgrund (Čerstvy důl), wo ein Wegweiser zur **Schatzkammer** (Klenotice) zeigt, einer Felskluft, wo Raubritter ihre Schätze verwahrt haben sollen. Bald ist die asphaltierte, aber für den Fahrverkehr gesperrte

Khaastraße erreicht. An der Wegkreuzung steht ein Denkmal für die Brüder Bienert, die hier einem Mord zum Opfer gefallen sind. Bachaufwärts gelangt man nach Kyjov zurück, wobei man nach 500 Metern rechts in einer Felskluft Stufen sieht, die wieder hinauf zur Kinski-Höhe klettern.

Die Khaastraße begleitet die Kirnitzsch von Kyjov bis zur Grenze beim deutschen Hinterhermsdorf. Ein romantischer, bequemer Wanderweg (rote Markierung). Auf halber Strecke liegt die **Touristenbrücke** (Turisticky most), eine historische Weg-Kreuzung mitten im Felsrevier.

Die grüne Markierung führt von der Touristenbrücke nordwärts ins Wolfsbachtal. Für den nun folgenden Abstecher zu einer weiteren Raubschloss-Ruine sollte man eine Wanderkarte (Krásnolípsko, 1:25.000) nutzen. Wo der markierte Wanderweg eine scharfe Linksbiegung beschreibt, führt geradeaus ein unmarkierter Weg parallel zum Bach in den Knoblauchgrund (Dlouhy důl). Nach etwa fünf Minuten zweigt rechts über den Bach ein Pfad in den Wald ab, und wenn dieser sich gabelt, ist der linke Weg der Rechte und das **„Wüste Schloss auf der Wolfsberger Heide"** (Vlči hrádek) erreicht.

Der grün markierte Wanderweg erreicht kurz darauf seine zweite scharfe Linksbiegung. Es geht steil bergan auf eine bewaldete Hochfläche. Nach wenigen Schritten weist ein Schild links zum „Brtnicky hrádek", einem weiteren Raubschloss. Dieses **„Wüste Schloss auf der Zeidler Heide"** lässt sich über Felsstufen erklimmen. Nur noch Balkenfalze und Vertiefungen erinnern an die Besiedlung. Nach weiteren 100 Metern erreicht der Wanderweg das **Große Preußenlager** (Velky prusky tabor), ein Felsriff, das in Kriegszeiten als Unterschlupf für bis zu 200 Menschen gedient haben soll. Weiter zu den **Eulenlöchern** (Sovi dira), einer begehbaren Höhle, die im Winter interessante Eisgebilde zeigt. Der Gipfel bietet eine reizvolle Aussicht. Die künstlichen Felsgebilde **Stein-**

altar und Taufstein (Kamenny oltař a Křtici kámen) erinnern an illegale Gottesdienste der damals verbotenen evangelischen Gemeinde. In der Nähe befand sich bis 1945 das 1771 erbaute Jagdschloss Sternberg.

Wer statt des Aufstieges (grüne Markierung) den unmarkierten, aber übersichtlichen Weg im landschaftlich sehr schönen **Tal des Wolfsbaches** nimmt, gelangt in einer Stunde nach Brtniky (Zeidler), lediglich der letzte Kilometer folgt einer mäßig befahrenen Straße.

Wolfsberg

Die Gemeinde **Brtniky** (Zeidler) ist aus einer Siedlung von Imkern entstanden. Hier gibt es eine Bahnstation der Strecke Krásná Lípa–Mikulášovice. Wer die Wanderung zur Tagestour ausdehnen möchte, folgt der gelb-roten Markierung zum **Wolfsberg** (Vlči hora, 580 m) am gleichnamigen Dorf. Dieser dominante Basaltberg konzentriert in seinen orgelähnlichen Basaltsäulen soviel Magneteisenstein, dass Kompassnadeln verrückt spielen. Vom Gasthof Wolfsberg mitten im Dorf erreicht man in 20 Minuten den Gipfel. Vom Aussichtsturm (600 m) hat man einen prächtigen Blick. Ein Gasthaus gibt es nicht, nur einen Andenkenverkauf.

Krásny buk (Schönbüchel)

Nächstes Ziel ist die Siedlung Krásny buk (Schönbüchel), deren gleichnamige Burgruine auf dem Hügel zu sehen ist. Folgt man der grünen Markierung geht es nun durch den Langengrund (Dlouhy důl) im **Kirnitzschtal** zurück nach Kyjov. Abkürzung: An der ersten Kreuzung (Gedenkkreuz) rechts die Straße nach Dlouhy důl, dort weiter mit der grünen Markierung folgen. Nach Krásná Lípa führt vom Wolfsberg direkt die rote Markierung.

Krásná Lípa (Schönlinde)

Eine junge Linde steht auf dem Marktplatz von Schönlinde. Krásná Lípa ist wieder ein liebenswertes touristisches Zentrum der Böhmischen Schweiz. Die kleine Stadt im Kirnitzschtal (3600 Einwohner) ist Sitz der Nationalparkverwaltung Böhmische Schweiz. Von hier aus lassen sich auch Wanderungen ins Lausitzer Gebirge unternehmen.

Um den zentralen Křinické naměstí (Kirnitzsch-Platz) stehen sanierte Bürger- und Geschäftshäuser des 18./19. Jahrhunderts. Die Sandsteinstufen einer Freitreppe (1818) führen hinauf zur spätbarock-klassizistischen Maria-Magdalenen-Kirche (1754/58). Das älteste Haus am Platz, ein Umgebindehaus, wurde als Museum für den in Schönlinde geborenen Maler *August Frind* (1885–1924) eingerichtet. Das „Dum u Frinda" zeigt auch regionalgeschichtliche Exponate. Im Nachbarhaus befindet sich die Touristinformation. An der Bushaltestelle steht der Wegweiser zu den Wanderzielen.

Chřibska (Kreibitz)

Rund 15 Kilometer südlich von Krásná Lípa, ebenfalls an der Grenze von Elbsandstein- und Lausitzer Gebirge, liegt das traditionsreiche Städtchen Chřibska (Kreibitz). Ein blau markierter Wanderweg führt auf den **Kaltenberg** (Studenec, 736 m) mit wunderbarer Aussicht. In Horní Chřibska (Ober Krebitz) steht die um 1414 gegründete und damit älteste bis heute produzierende **Glashütte** Europas.

Na Tokáni (Balzhütte)

Eine ganztägige **Rundwanderung** führt über 28 Kilometer zu einigen der schönsten Stellen der Böhmischen Schweiz. Ausgangsorte sind der Wander-Grenzübergang Hinterhermsdorf/ Zadní Doubice oder die Ortschaft Doubice (Daubitz) bei Krásná Lípa. **Einzige Einkehrmöglichkeiten** sind die beiden mitten im Wald gelegenen Gasthäuser an der Siedlung Na Tokáni (Balzhütte) sowie das Restaurant in Doubice.

Vom Wander-Übergang Hinterhermsdorf/Zadní Doubice führt die blaue Markierung nach rechts in Richtung Rynartice. Der Wanderweg schlängelt sich im ständigen Auf und Ab und mit unzähligen Kurven zwischen bizarren Felsgebilden – mit ei-

066ss Foto: ls

nem Abstecher zum Aussichtspunkt auf den **Teufelswänden** (Dravci skály) – durch den Wald bis zu den einsamen Holzhäusern von **Na Tokáni** (Balzhütte/siehe unter „Felsenwelt von Jetřichovice"). Weiter geht es auf dem gelb markierten Wanderweg in Richtung Doubice. Nach 500 Metern erreicht man die **Enge Stiege** (Úzke schody, sprich s-chody) einen zum Klettern einladenden Felsspalt; der Aufstieg über Stufen und Leitern kann auch umgangen werden. Im Erholungsort **Doubice** folgt man der Dorfstraße (z. T. unmarkiert) links bis zur Wegkreuzung U Doubice, dann weiter auf dem Alten Daubitzer Weg (grün) zum **Khaatal** (Kyjovske udoli). Dem Lauf der Kirnitzsch folgend, erreicht man die **Touristenbrücke** (Turisticky most) und den Ausgangsort dieser Wanderung, den Grenzübergang nach Hinterhermsdorf.

Vor der Linde am Marktplatz von Krásná Lípa

Praktische Reisetipps

Info

- **Informationszentrum Nationalpark Böhmische Schweiz,** Křinické naměstí 5, 40746 Krásná Lípa, www.ceskesvycarsko.cz (tschechisch/deutsch), tgl. 8.30–12 und 12.30–17 Uhr.

Gastronomie

- **Hotel „Beseda"**€€, Křinické naměstí, Krásná Lípa, tgl. außer Mo ab 11 Uhr, auf dem Marktplatz.
- **Restaurace „Klub"**€, am Křinické naměstí, Krásná Lípa, neben der Freitreppe zur Kirche, Mo–Mi 10–22 Uhr, Fr bis 24 Uhr, Sa/So 12–22 Uhr, gemütliche Bierstube mit kleinem böhmischen Speiseangebot.
- **Restaurant „Vlči hora"** (Wolfsberg)€, Vlči hora 147, Krásná Lípa, tgl. ab 11 Uhr, reichliche und schmackhafte böhmische Küche.

Wanderungen

- Rundweg durch die Felsenstadt: 2 Stunden.
- Kyjov – Kirnitzschtal – Touristenbrücke – Brtniky (Zeidler) – Wolfsberg – Krásny buk (Schönbüchel) – Kyjov: 5 Stunden.
- Wander-Übergang Hinterhermsdorf/Zadní Doubice – Na Tokáni (Balzhütte) – Doubice (Daubitz) – Turisticky most (Touristenbrücke) – Hinterhermsdorf: 7 Stunden.
- Gipfel des Wolfsberges, vom gleichnamigen Ort in 20 Minuten, Aussichtsturm Mai–Sept. Di–Sa 10–18 Uhr, So 10–15 Uhr, Okt.–März Sa 10–16, So 10–15 Uhr, vom Fuß des Turmes nur stark eingeschränkte Sicht.

Über die Elbleite zum Belvedere

Děčín

Von Bad Schandau fährt der Zug nach **Děčín** (Tetschen/Bodenbach), einer seltsam faszinierenden Industrie- und Hafenstadt (55.000 Einwohner), gelegen zwischen Elbsandsteingebirge, Böhmischem Mittelgebirge und Erzgebirge. Der Hauptbahnhof steht auf der linken Elbseite im einstigen Bodenbach, das zwischen **Fels und Fluss** errichtet wurde und geprägt ist von sehenswerten Bauten des 19. und frühen 20. Jahrhunderts. Hier gibt es kleine Läden, Restaurants und Kneipen, die von oberflächlichen Modernisierungen bisher verschont geblieben sind und gerade deshalb ihr einzigartiges Flair bewahren konnten. In einer Nebenstraße am Felshang steht die **Synagoge** (1907). Direkt neben dem Bahnhof befindet sich das **Museum** mit ständigen Ausstellungen zur Geschichte der Elbeschifffahrt, zur Stadtentwicklung und mit einer Sammlung gotischer Skulpturen.

Über die stählerne Brücke (1933) gelangt man ins ehemalige Tetschen, dem ältesten Viertel der Stadt, das allerdings von Plattenbauten und Mietskasernen umzingelt ist. Auf einer 50 Meter hohen Landzunge über der Elbe ragt das barocke **Schloss** auf wie ein Schiff in der Brandung. Am Elbufer führen Wege um den Felsen. Die von der Brücke kommende Hauptstraße erreicht geradewegs den Rathausplatz und die barocke Altstadt mit der **Heilig-Kreuz-Kirche** (1687/91). Von hier geleitet die **Lange Fahrt** steil hinauf zum Schloss, eine schnurgerade, stellenweise aus dem Felsen herausgebrochene Gasse, 292 Meter lang und zehn Meter breit, an beiden Enden durch Tore abgeschlossen. Kurz bevor sie den Schlosshof erreicht, öffnet sich rechts ein Tor zum **Rosengarten** (Růžová zahrada), wo auch barocke Skulpturen stehen. Das Schloss ist jahrzehntelang als Kaserne missbraucht worden, zuletzt von der sowjetischen Armee. Jetzt wird die heruntergewirtschaftete Anlage restauriert. Einige Räume sind bereits zugänglich und werden als Marionetten-Museum genutzt.

Eine **Bahnfahrt** von Děčín über Česka Kamenice (CD-Strecke 081, Fahrzeit 70–100 Min.) nach Varnsdorf durchquert Landschaftspartien des Elbsandsteingebirges und des Lausitzer Gebirges. Besonders schön ist die Strecke zwischen Česka Kamenice (Böhmisch Kamnitz) und Rybnište (Teichstatt). An der einsamen Waldstation Jedlová kann man aussteigen und auf den nahen **Tannenberg** (Jedlová, 774 m) wandern, den „Rigi Nordböhmens"; dort gibt es eine Gaststätte mit Pension.

Elbleite

Vom Masarykovo namesty muss man an der Wenzelskirche vorbei nach Nove Město (Neustadt; sieht auch so aus). Im Park beginnt der Wanderweg. Aussichten auf Děčín und die Elbe erlaubt der **Quaderberg.** Mehrmals gerät das Elbtal in den Blick, bis zur **Rosenkammaussicht** (Ružovy hřeben, 433 m). Durch Wald und Feld führt der Wanderweg dann bequem zum **Belvedere** – einem der klassischen Aussichtspunkte des Elbsandsteingebirges. Selbstverständlich mit Gasthaus. Auf der Hochebene liegt der Ort **Labská Stráň** (Elbleiten). Dort entfernt sich diese Route von der Elbe zur **Dürrkamnitz** (Suche Kamenice). Dem Bach folgend wird wieder die Elbe erreicht, und die letzten drei Kilometer durch **Hřensko** bis zum Grenzübergang sind weniger angenehm. Am besten, man legt in einem der Gasthäuser eine Rast ein.

Die Tyssaer Wände

Überblick

Felsenstadt, Labyrinth, Klettergebiet, Spielplatz der Natur, alles das trifft auf die **Tyssaer Wände** (Tiské stěny) zu. Ein stark zerklüftetes Sandsteingebiet am Rand des Erzgebirges mit einer Höhe von bis zu 615 Metern. Der kürzeste Weg führt vom Grenzübergang Bahratal nach Tyssa.

Felsengewirr

Die Wände stehen oberhalb dieses Ortes, dessen einzige Bestimmung zu sein scheint, Wanderer und Bergsteiger zu begrüßen. Wer den steilen Aufstieg von der Dorfkirche zum Kassenhäuschen (der Besuch dieses Gebietes kostet Eintrittsgeld) hinter sich hat, kann sich auf einen Spaziergang durch das Minigebirge einrichten. Hier läuft man auf Sandwegen wie an der See und zwischen Felswänden wie in den Schrammsteinen. An trockenen Tagen kommt es zur sächsisch-böhmischen Vollversammlung der Kletterkundigen. In den Tyssaer Wänden gibt es über hundert Gipfel. Ein ideales **Wandergebiet für Kinder:** abwechslungsreich und fast ohne drohende Abgründe. Ein Sandkasten mit Höhepunkten.

Bildkräftige Namen

Vom Kassenhäuschen geht ein Pfad links in die Kleinen Tyssaer Wände (Male Tiské stěny), nach rechts in die Großen (Velke Tiské stěny). Verirren ist unmöglich. Die Felsen sind nummeriert und tragen aussagekräftige Namen. In den „Großen" gibt es den Riesenelefanten und den Tanzbär; den **Eingeklemmten Schneider** und den Schmugglerrucksack; den Bürgermeister der Felsenstadt und den **Hageren Doktor;** die Umrisse von Afrika, den Enthaupteten Major, Schmalfuß, Steinpilz und Schildkröte. In den „Kleinen" findet man den Januskopf und den Beichtstuhl; den Steinernen Tisch und die Höhle der Ungeheuer, Warzenstein und **Elefantenfuß.** Wer also einen interessanten Namen sucht, wende sich an die Tyssaer Wände.

Einen gemütlichen **Gasthof** (Turisticka chata) findet man am Rand der Großen Wände nach der Hälfte des Rundganges.

Weiterfahrt

Vor dieser Gaststätte nimmt die Straße vom Grenzübergang (über Petrovice) nach Sněžnik (beim Hohen Schneeberg) eine scharfe Kurve (Busstation nach Děčin). Aus den Tyssaer Wänden führt auch ein Wanderweg nach **Ostrov** (Eiland) und zum Schneeberg.

127ss Foto: ls

Dresden
zu Fuß

Überblick

Visitenkarte

In vier großen Bögen fließt die Elbe träge durch die weiträumig von grünen Hügeln eingefasste Ebene. Breite Uferwiesen halten den Fluss auf Distanz zur Stadt. Die Elbe durchfließt die Stadt, die an ihren Ufern entstand, wie eine Lebensader. Maßvoll hält sich die Bebauung an die Horizontlinie der sie umgebenden Hügel. Nur die Türme des alten Dresden ragen heraus.

Die berühmte **Elbsilhouette am Altstädter Ufer** ist das Sinnbild des vom Barock und Historismus geprägten alten Dresden, einer Stadt, die im Feuersturm der anglo-amerikanischen Bombenangriffe vom 13./14. Februar 1945 untergegangen ist. Der konfliktreiche Wiederaufbau und Neubau Dresdens ist bis heute nicht abgeschlossen.

Im Flächenvergleich bundesdeutscher Großstädte steht Dresden nach Berlin, Hamburg und Köln an vierter Stelle, im Bevölkerungsvergleich an dreizehnter. Ein Viertel der Stadtfläche wird vom Landschaftsschutzgebiet Dresdner Heide bedeckt. Im Ballungsraum Oberes Elbtal zwischen Meißen und dem Elbsandsteingebirge leben 750.000 Menschen.

Dresden heute, die Hauptstadt des Freistaates Sachsen, ist ein ambitionierter Wissenschafts- und Hightech-Standort, eine Kulturstadt mit weltberühmten Museen und Bauwerken, rührigen Galerien, Theatern und Kinos, eine Stadt mit feinen Restaurants und einladenden Kneipen. An heißen Sommertagen scheint die ganze Stadt auf den Neustädter Elbwiesen beiderseits der Augustusbrücke zu lagern oder an den Ufern zu flanieren. Aber auch im Winter, wenn es etwas stiller ist, ist

S. 250/251: Brühlsche Terrasse

Dresden, die Altstadt an der Elbe

067ss Foto: ls

Dresden einen längeren Besuch wert. Im Jahr 2006 feierte die Stadt ihr 800-jähriges Bestehen.

Für den **Bau einer vierspurigen Brücke** über die Elbe am Waldschlösschen – dem Pavillon an der Bautzener Straße, von wo einst die eindrucksvollste Panoramasicht auf Dresden möglich war – hat Dresden auf das Weltkulturerbe Elbtal verzichtet. Der **UNESCO-Titel** wurde im Juni 2009 **aberkannt.** 57 Prozent der Dresdner, vor allem die 30- bis 49-jährigen, hielten vor dieser Entscheidung das Erbe für verzichtbar. Die 800 Meter lange Brücke über die breitesten Uferwiesen der Elbe soll 157 Millionen Euro kosten, hinzu kommen jährlich eine Million Euro Unterhaltungskosten. Ein vom Dresdner Stadtrat beschlossener Bürgerentscheid über eine Tunnellösung wurde vom Freistaat Sachsen untersagt. Das erste Auto soll im Juni 2011 über die neue Brücke fahren.

Geschichte Erstmals erwähnt wurde Dresden 1206 in einer Urkunde des Markgrafen *Dietrich des Bedrängten,* 1216 in einer weiteren Urkunde erstmals als Stadt.

Schon vorher bestand an der Elbe eine **slawische Siedlung** „Drezdany" (Ort der Auen- und Sumpfwaldbewohner), neben der eine Burg zum Schutz des Elbüberganges der Frankenstraße errichtet wurde. Bis zum Ausgang des Mittelalters blieb Dresden eine eher unbedeutende Stadt.

1485, nach der Leipziger Teilung des wettinischen Besitzes, wählte Herzog *Albrecht* für die „albertinische Linie" des Hauses *Wettin* Dresden zur **Residenz.** Eine Entscheidung, die den späteren Ruhm Dresdens begründete. Leipzig den Handel, der Chemnitzer Region mit Freiberg und Annaberg den Erzbergbau, Dresden die Repräsentation; wettinische Arbeitsteilung.

Unter Herzog *Moritz von Sachsen* wurde Dresden **Hauptstadt** des führenden protestantischen deutschen Landes. *Moritz,* Erzmarschall des Heiligen Römischen Reiches Deutscher Nation und Kurfürst von Sachsen, ließ die Stadtbefestigung – die Brühlsche Terrasse – modernisieren und das Schloss erweitern. Auch die Geschichte der heutigen Sächsischen Staatskapelle, an der *Heinrich Schütz, Richard Wagner, Richard Strauss* und *Carl-Maria von Weber* wirkten, begann unter *Moritz* mit der 1548 gegründete „Hofcantorey". Er starb 1553; sein Denkmal an der Hasenbastei der Brühlschen Terrasse ist das älteste historische Denkmal Sachsens.

Nachfolger von *Moritz* wurde Kurfürst **August von Sachsen** (1526–1586), noch nicht der legendäre „Starke", sondern der fromme „Vater August", ein Freund der Jagd und der Musen. Mit seiner Privatbibliothek legte er den Grundbestand der heutigen Sächsischen Landesbibliothek an, mit der 1560 gegründeten Kunstkammer den der Dresdner Kunstsammlungen.

Hofkapellmeister *Heinrich Schütz* schrieb 1627 mit „Daphne" in Dresden die erste deutsche Oper.

Kronentor des Zwinger

Von den Folgen des Dreißigjährigen Krieges erholte sich Dresden, Residenzstadt nun für Kurfürst *Johann Georg I.* (1585–1656), recht schnell. Im anschließenden „augusteischen Zeitalter", das bis zum Siebenjährigen Krieg dauern sollte, stieg die Stadt zu einer Metropole von europäischem Rang auf.

August der Starke, wie der populäre, einem barocken Lebensstil frönende Kurfürst *Friedrich August I.* (1670–1733) bis heute genannt wird, übernahm 1694 das Zepter. Er soll Hufeisen verbogen, Grenadiere am steifen Arm aus dem Fenster gehalten und (anschließend) 365 Kinder gezeugt haben. Um die polnische Krone zu erhalten, konvertierte er 1697 zum Katholizismus.

August der Starke prägte das Bild dieser Stadt wie kein anderer Herrscher vor und nach ihm. Er ließ den Zwinger bauen, das Japanische Palais und holte Architekten, Musiker und Maler aus den europäischen Kunstmetropolen an die Elbe. 1600 zählte Dresden 15.000 und 1756 bereits 63.000 Einwohner.

Den Schleizer Alchimisten *Johann Friedrich Böttger* ließ *August der Starke* auf Festung Königstein und in die Dresdner Kasematten einsperren: *Böttger* sollte „Gold machen" und *Augusts* Leidenschaft für Porzellan finanzieren helfen. Gold „machte" *Böttger* nicht, doch er vermarktete als erster die seinem Lehrmeister *Ehrenfried Walther von Tschirnhaus* (1651–1708) zugeschriebene Erfindung des europäischen Porzellans. Bereits 1710 wurde die bis heute weltberühmte Meissener Porzellanmanufaktur gegründet. **Meissener Porzellan** – nur echt mit den gekreuzten, blauen Schwertern.

Schlimmer als unter dem Dreißigjährigen Krieg litt die Stadt unter der preußischen Besatzung während des Siebenjährigen Krieges. Am 19. Juli 1760 schoss die preußische Artillerie die Altstadt zusammen. Der Wiederaufbau zog sich hin. Um 1800 schrieb *Johann Gottfried Herder* die Worte: „Blühe, deutsches Florenz, mit deinen Schätzen der Kunstwelt!" Daraus entstand bald das geflügelte Wort vom **„Elbflorenz"**, das von zugereisten Politikern und Journalisten immer wieder gern, von den Dresdnern selbst bestenfalls ironisch verwendet wird. Eine Schokoladen-Fabrik der DDR-Zeit hieß „VEB Elbflorenz".

1806 wurde Sachsen Königreich. In der ersten Hälfte des 19. Jahrhunderts, zurzeit der **Frühromantik,** war Dresden ein intellektuelles Zentrum des aufstrebenden Bürgertums. In den Häusern von *Christian Gottfried Körner* (Loschwitz) und *Gerhard von Kügelgen* (Neustadt) trafen sich junge, revolutionäre Maler, Dichter und Wissenschaftler. *Carl-Maria von Weber* war Musikdirektor in der Elbestadt. Seine in Dresdens Umgebung entstandene romantische Oper „Der Freischütz" wurde allerdings nicht in Dresden, sondern in Berlin uraufgeführt.

Im Mai 1849 erreichte die bürgerliche **48er-Revolution** auch die Residenzstadt. Auf dem Altmarkt standen Barrikaden, unter den Aufständischen waren *Richard Wagner, Gottfried Semper* und *Michail Bakunin.*

Dresdens **Industrialisierung** setzte in der zweiten Hälfte des 19. Jahrhunderts ein. 1839 fuhr von Leipzig nach Dresden die erste Ferneisenbahnlinie Deutschlands, 1851 eröffnete man die Eisenbahnlinie Dresden – Prag. 1850 hatte Dresden 100.000 Einwohner, 1875 schon 200.000 – die viertgrößte Stadt Deutschlands. In Dresden produzierte Deutschlands erste Zigarettenfabrik (1862), die der Stadtsilhouette 1909 mit ihrem moscheeähnlichen Tabakkontor „Yenidze" (auf sächsisch: „Schenietse") ein orientalisches Licht aufsetzte. Dieses Kontor war der erste Stahlskelettbau Deutschlands. Für den industriellen Aufstieg der Stadt stehen die Kamerafabrik Ernemann (1889), in der die erste Spiegelreflex-Kamera der Welt gebaut wurde, die Lingnerwerke (1888) als Erfinder von Zahnpastatube und Odol-Mundwasser, die Technische Hochschule (1890), 1893 die erste elektrische Straßenbahn und 1900 am Loschwitzer Elbhang die erste Bergschwebebahn der Welt.

1905 gründeten die jungen Maler *Ernst Ludwig Kirchner, Erich Heckel, Karl Schmidt-Rottluff* und *Max Pechstein* in einem verlassenen Metzgerladen der Dresdner Vorstadt die Künstlergruppe „Brücke". Das war die Geburtsstunde des deutschen **Expressionismus;** doch die vier Wilden hielten es nur bis 1910 in Dresden aus, dann gingen sie nach Berlin. 1909 legte der Werkbundarchitekt *Richard Riemerschmid* mit dem Bau der Deutschen Werkstätten Hellerau den Grundstein für die erste deutsche Gartenstadt, ein einzigartiges städtebauliches Experiment. Das von *Heinrich Tessenow* in Hellerau erbaute Festspielhaus war bis zum 1. Weltkrieg ein Treffpunkt der europäischen Theater- und Tanz-Avantgarde.

Im Zirkus „Sarrasani" wurde nach der **Novemberrevolution 1918** die Republik ausgerufen. König *Friedrich August III.* verabschiedete sich der Legende nach mit den Worten: „Macht euren Dreck alleene!" Als später die Bürger auf der Straße ihren Ex-König ehrfürchtig grüßten, soll er geseufzt haben: „Ihr seid mir scheene Rebubligoaner."

1920 gründete die Tänzerin und Choreografin *Mary Wigman,* die am Festspielhaus in Dresden-Hellerau gewirkt hatte, ihre **Tanzschule** mit Zweigstellen in Berlin, München, Hamburg und New York. Aus dieser Wigman-Schule, die den Ausdruckstanz der 20er Jahre prägte, ging auch die später international gefeierte Tänzerin *Gret Palucca* hervor. 1925 gründete die *Palucca* ihre eigene, bis heute fortbestehende Tanzschule.

Im November 1920, in der **Weimarer Republik** wurde Dresden zur Hauptstadt des Freistaates Sachsen.

Am 8. März 1933 brannten Bücher auf dem Wettiner Platz, vor einer sozialdemokratischen Verlagsdruckerei. Im September 1933 inszenierte die Kunstakademie im Rathaus eine Ausstellung „Spiegelbild des Verfalls in der Kunst", mit Werken der „Brücke"- und anderer Künstler, die schließlich 1937 in München mit der berüchtigten Schau „Entartete Kunst" verfemt werden sollten. Am 9. November 1938 wurde von den Nazis die von *Gottfried Semper* erbaute Synagoge in Brand gesetzt. Über die Jahre der **Nazidiktatur** und das Schicksal der Dresdner Juden hat der Romanis-

607ss Foto: ls

tikprofessor *Viktor Klemperer* minutiös authentische, atemberaubende Tagebücher geschrieben.

Am 13. und 14. Februar 1945 flogen britische und amerikanische Bomber drei **Angriffe auf Dresden** – die Stadt brannte aus zu einem Trümmerhaufen. In den Luftschutzkellern, auf den Straßen und in der von Phosphor brennenden Elbe starben 35.000 Menschen.

Sowjetische Panzer rollten am 8. Mai 1945 über die Hauptstraße, die deshalb später „Straße der Befreiung" heißen sollte, in die von den Nazis zur „Festung" erklärte Stadt. Noch am Tag der Kapitulation des Naziregimes wurde der Arzt und bürgerliche Antifaschist *Rainer Fetscher,* als er mit Vertretern Dresdner Widerstandsgruppen der Roten Armee zur Übergabe der Stadt entgegenging, von einer SS-Patrouille erschossen.

Bei Kriegsausbruch hatte Dresden 629.713 Einwohner (Volkszählung 17.5.39); die Volkszählung am 3. November 1945 registrierte 454.249 Einwohner.

Eine Wende zur Demokratie brachte die Befreiung von der Nazidiktatur nicht. Die Dresdner, zuerst tausende „Trümmerfrauen", begannen unter unsäglichen Bedingungen mit dem **Wiederaufbau** ihrer Stadt. Bis 1964 wurde der Zwinger denkmalgerecht rekonstruiert. Aufgebaut wurden auch die Hofkirche und andere historische Bauten, vor allem aber Wohnungen. Dieser Wiederaufbau war von Anfang an durch ideologische Prämissen geprägt. Die historische Struktur der Stadt wurde preisgegeben zugunsten einer damals (nicht nur in der DDR) als modern empfundenen und auch ideologisch begründeten „großzügigen" Bauweise.

Von 1952 bis zur Wiedereinführung der Länder 1990 war Dresden eine von **15 DDR-Bezirksstädten.**

Eines der größten Plattenbau-Wohngebiete der DDR wurde ab 1981 auf dem Westhang der Stadt errichtet: Im Neubaugebiet Gorbitz, benannt nach seinem winzigen Nachbardorf, leben über 45.000 Menschen.

1985 wurde mit dem Wiederaufbau der Semperoper begonnen, im Jahr darauf mit dem des Schlosses.

In der Nacht vom 3. zum 4. Oktober 1989, als „Republikflüchtlinge" in Sonderzügen aus der Prager Botschaft der Bundesrepublik über Dresden nach dem Westen gefahren werden sollten, knüppelte die „Volkspolizei" auf dem Hauptbahnhof Hunderte von Menschen nieder, die gehofft hatten, diese Gelegenheit zur Ausreise nutzen zu können. Vom 7. Oktober an, dem 40. und letzten „Jahrestag der DDR", gingen auch in Dresden Zehntausende **Demonstranten für Demokratie und Reformen** auf die Straße. Dresden war am Sonntag, dem 8. Oktober 1989 die erste Stadt der

608ss Foto: ls

DDR, in der ohne Gewalt demonstriert werden konnte.

Mit der konstituierenden Sitzung des 1. Sächsischen Landtages am 27. Oktober 1990 in der Dreikönigskirche auf der Hauptstraße wurde Dresden wieder Hauptstadt des **Freistaates Sachsen.**

In der Frauenkirche

Dresden, 13./14. Februar 1945

Karneval war in Dresden und der fünfte Kriegswinter. 70 Kilometer östlich stand die Rote Armee. Die Stadt war überfüllt mit mehr als einer halben Million Flüchtlingen. Am 13. Februar 1945 um 22.03 Uhr flog die britische Royal Air Force den ersten Angriff. Er dauerte genau 25 Minuten. Drei Stunden später kamen die nächsten Bomber. Gegen Mittag des 14. Februar flogen amerikanische Staffeln über Dresden, sie bombardierten die Stadt 15 Minuten.

35.000 Menschen starben damals unter den Bombenteppichen. Sie wurden von Trümmern erschlagen und in Luftschutzkellern verschüttet, sie verbrannten oder erstickten, ertranken in der brennenden, eisigen Elbe. Dresdens Zentrum war ein einziges Trümmerfeld. Die Toten wurden zunächst in Massengräbern beerdigt. Als Seuchen auszubrechen drohten, mussten die Leichen mitten in der Stadt, auf dem Altmarkt, verbrannt werden.

An der Ruine der Frauenkirche, der versunkenen „Glocke" über dem barocken, alten Dresden, und auf dem Heidefriedhof gedachten die Dresdnerinnen und Dresdner seit diesen Schreckensnächten ihrer Toten und ihrer Stadt. Ungeachtet der staatsparteilichen Inszenierung dieses Gedenkens während der DDR-Zeit war und ist der 13. Februar für viele Menschen in Dresden auch ein persönlicher Tag der Trauer und Besinnung – so in den achtziger Jahren des vergangenen Jahrhunderts zunehmend als Protest gegen waffenstarrende Großmachtpolitik. Die Trümmer Dresdens liegen bis heute als grasbewachsene Hügel am Stadtrand.

Weitläufig barock – das Zentrum

Postplatz

Dresden liegt am Postplatz. Hier kreuzen sich irgendwann alle Wege dieser Stadt. Von hier ist es zu den Kaufhäusern ebenso weit wie zur Semperoper, zum Hauptbahnhof und zum Neustädter. Am Postplatz begegnen sich das barocke Dresden, das 19. und 20. Jahrhundert und die Gegenwart. Der Postplatz wird nicht besucht, sondern überquert.

Das Häuschen mitten auf dem weitläufig gepflasterten Areal erinnert an einen fernöstlichen Gartenpavillon. Die Dresdner nennen es **„Käseglocke".** Das Wartehäuschen wurde 1928 erbaut und markierte jahrzehntelang gewissermaßen den Nabel der Stadt. Seit die zentrale Straßenbahnhaltestelle in die benachbarte Wall- und Wilsdruffer Straße verlegt und mit einer Stahl- und Glaskonstruktion überdacht wurde, harrt die „Käseglocke" auf dem neugestalteten, und dabei missratenen Postplatz einer neuen Aufgabe.

Kürzester Stadtrundgang

Einmal um die Käseglocke herum führt der kürzeste Stadtrundgang. Auf den 60 Schritten werden nicht nur einige der stadtprägenden Bauwerke sichtbar, sondern die zerrissene Seele der Stadt, das bewahrte und rekonstruierte Alte, das Neue zwischen Improvisation und Vision, die Geschäftigkeit des Alltags: zuerst der schönste Blick auf Zwinger und Kronentor, dann das wiederaufgebaute Residenzschloss mit dem Hausmannsturm, das luxuriöse Hotel im barocken Taschenbergpalais, der Cholerabrunnen als *Gottfried Sempers* einziges gotisierendes Bauwerk, der Blick in die Wilsdruffer Straße mit ihren Bauten aus den Sechzigern und Siebzigern des vergangenen Jahrhunderts, die von einem gewaltigen Stahlmast dominierte neue Zentralhaltestelle für Straßenbahnen und Busse, die Ruine des Hauptpostamtes, zehngeschossige Wohnbauten. Schließlich das spätexpressionistische Stadthaus (1922/23, unbedingt die Hauptfassade und das Foyer an der Theaterstraße ansehen) und, gegenüber dem Zwinger, das Schauspielhaus (1913, 1945/48).

Zwinger

Der Zwinger ist das weltberühmte Sinnbild des Dresdner Barock. Ein heiteres, harmonisches Bauwerk überschwenglicher Gestaltungslust. Der Architekt **Matthäus Daniel Pöppelmann** und der Bildhauer **Balthasar Permoser** haben zwischen 1710 und 1728 dieses Ensemble aus sächsischem Sandstein geschaffen.

Zunächst sollte, als Erweiterung des Schlosses, für *August den Starken* nur eine Orangerie gebaut werden. Der Name Zwinger verweist auf den Festungswall, der für diese Vergnügungsanlage geöffnet wurde, gegen den Widerstand des Militärs der Residenzstadt.

Entstanden ist eine triumphale Festarchitektur und die „architektonische Dokumentation" *(Fritz Löffler)* des Kaiser-Traumes *Augusts des Starken.* Ihrem Zweck, **öffentlicher Schauplatz höfischer Aufzüge und Maskeraden** zu sein, hat sie aber nicht lange gedient. Schon unter *August III.* (Kurfürst seit 1733), der seine Partys lieber in abgelegenen Lustschlössern feierte, verkam der Zwingerhof zum Parkplatz für Fuhrwerke. In die Galerien und Pavillons zogen kurfürstliche Sammlungen ein. Der Zwinger wurde Museum.

In den 1920er Jahren wurde zur Instandhaltung des Bauwerkes die **Zwingerbauhütte** gegründet. Beim Bombardement am 13. Februar 1945 wurde der Zwinger total zerstört. Für den Wiederaufbau, der 1964 abgeschlossen werden konnte, verwendeten die Baumeister der Zwingerbauhütte so weit wie möglich historische Steine.

Eine Brücke führt über den Zwingergraben, durch das bekrönte Tor auf den von Langgalerien und Pavillons eingefassten, weitläufigen Festplatz mit seinen Wasserspielen und Rasenrabatten. Das **Kronentor** ist ein spielerisch-eleganter Triumphbogen, der die beiden Langgalerien miteinander verbindet. Gekrönt wird es von einer Turmzwiebel. Vier Adler halten die polnische Königskrone.

Unmittelbar an der alten Stadtbefestigung liegt der **Wallpavillon.** Eine breite Treppe führt in den Pavillon, teilt sich dort in zwei Arme, die sich auf dem Wall – an der Tür zum heute von der Zwingerbauhütte genutzten Festsaal – wieder begeg-

nen. Wenn der Zwinger barocke Musik ist, dann gibt dieser Pavillon mit seinen Göttern, Grotten, Heroen und verspielten Kapitellen den Ton an.

Vom Zwingerwall führt nun gleich wieder eine geschwungene Treppe hinab zum **Nymphenbad,** das hinter dem Französischen Pavillon liegt. In der Mitte eines intimen Hofes befindet sich, umgeben von Grotten, ein quadratisches Wasserbecken. In jeder Grotte steht, kokett-verspielt, eine Nymphe; von Wassermännern beäugt.

Der Glockenspielpavillon

Die Gemäldegalerie Alte Meister

Eine der bedeutendsten Kunstsammlungen der Welt befindet sich im Zwinger, in der Gemäldegalerie Alte Meister. Sie steht geradezu sinnbildlich für den Ruhm der Stadt als Hort der Künste. Ihre Geschichte begann 1560 mit der Gründung der Dresdner Kunstkammer durch das Haus Wettin. Die Galerie selbst entstand im 18. Jahrhundert und wurde durch den Geschmack *Augusts des Starken,* mehr noch seines Nachfolgers König *August III.* geprägt. Allein während der augusteischen Zeit wurden über 4000 Gemälde zusammengetragen. Erst der Siebenjährige Krieg ab 1756 setzte der Erwerbsfreude ein Ende.

Erst zwei Jahre zuvor war das berühmteste Bild der Dresdner Galerie, *Raffaels* „Sixtinische Madonna“, dem Kloster Piacenza abgekauft worden. Manager dieser Käufe waren der konsumfreudige Premierminister *Heinrich Graf Brühl* und dessen Sekretär. *Bernardo Bellotto,* genannt *Canaletto* und ab 1748 Hofmaler, musste monatlich ein Bild liefern. Seine Veduten Dresdens und Pirnas sind Hauptwerke der Landschaftsmalerei.

Die Dresdner Galerie vereint Spitzenwerke der europäischen Renaissance und des Barock: Italiener des 15. bis 18. Jahrhunderts, vor allem die venezianische Schule *(Antonella da Messina, Giorgione, Tizian),* eine kleine spanische Abteilung *(El Greco, Luis de Morales, Murillo, Velasquez),* Franzosen des 17. und 18. Jahrhunderts *(Poussin, Lorrain, Valentin),* altniederländische *(Jan van Eyck)* und flämische Malerei *(Rubens, van Dyck),* eine großartige Sammlung holländischer Malerei *(Rembrandt, Terborch),* die deutsche Malerei *(Dürer, Cranach, Holbein, der Hausbuchmeister, Hans Baldung Grien).* Neben großen Namen sind besonders bei den Flamen und Holländern auch weniger bekannte Maler vertreten und immer wieder eine Entdeckung wert. Die Semper-Galerie wurde nach der Rekonstruktion 1992 wieder eröffnet. Café, Buchhandlung, Führungen und Konzerte im Gobelinsaal gehören dazu.

Gegenüber dem Wallpavillon liegt der **Glockenspielpavillon.** Früher hieß er einfach „Stadttor“ und war der Haupteingang vom Schloss zum Zwinger. Sein jetziger Name bürgerte sich ein,

073ss Foto: ls

nachdem 1936 ein Glockenspiel aus Meißner Porzellan angebracht worden war.

Im Zwinger sind mehrere ehemals kurfürstliche Kunstsammlungen zu besichtigen. In den beiden Eckpavillons befinden sich der **Mathematisch-Physikalische Salon** (naturwissenschaftliche Instrumente des 13.–19. Jahrhunderts, Uhrensammlung; z.Zt. wegen Umbau geschlossen) und die **Porzellansammlung** (chinesisches, japanisches und koreanisches Porzellan sowie Meißner samt den ersten Versuchen Böttgers, „weißes Gold" herzustellen). *Augusts* Wunsch, die Kaiserkrone ins Haus *Wettin* zu holen, wird am Pavillon des Mathematisch-Physikalischen Salons, dem zuerst fertiggestellten Teil des Zwingers, mit den kaiserlichen Doppeladlern dokumentiert.

So harmonisch, wie die Zwingeranlage heute erscheint, täuscht sie flüchtige Beschauer selbst da-

Zwingerhof mit Wallpavillon

rüber hinweg, dass sie unvollendet geblieben ist. Als die Bauarbeiten 1728 beendet wurden, weil das Geld für andere Prachtbauten gebraucht wurde, stand der Hof zur Elbe hin offen. Man behalf sich mit einer Mauer.

Erst mehr als 100 Jahre später hat *Gottfried Semper* die Elbseite des Zwingers geschlossen, mit dem Neubau für die **Gemäldegalerie.** *Semper* setzte an den Barockbau eine zweiflügelige Anlage im Stil der italienischen Hochrenaissance. 1847 begannen die Bauarbeiten. Ihren Abschluss 1855 hat *Semper* nicht mehr begleiten können: Wegen Teilnahme an der 1848er Revolution und am bewaffneten Maiaufstand 1849 in Dresden wurde er steckbrieflich gesucht. *Semper* musste ins Exil gehen, nach Paris, London und Wien. Die Skulpturen sind von *Ernst Rietzschel* und *Ernst Julius Hähnel.* Neben der Gemäldegalerie Alte Meister ist in der Sempergalerie das **Historische Museum** untergebracht, eine Sammlung historischer Waffen und Rüstungen.

Taschenbergpalais

Am Glockenspielpavillon liegt die vom Postplatz kommende Sophienstraße, und rechterhand das Taschenbergpalais. Das früheste gesicherte Werk *Pöppelmanns* setzte Maßstäbe für barocke Palaisarchitektur in dieser Stadt. Es entstand 1707 für die Gräfin *Cosel.* In der Bombennacht 1945 bis auf die Grundmauern ausgebrannt, wurde es erst nach der Wende wiederaufgebaut – zum **Grand-Hotel.**

Schloss

Der Wiederaufbau des Residenzschlosses erlebte mit dem Abschluss der Außenarbeiten sowie der Eröffnung des Historischen Grünen Gewölbes zum 800-jährigen Jubiläum der Stadt im Jahr 2006 einen Höhepunkt. Über Jahrhunderte war dieses prächtige Bauensemble an der Elbe das Regierungszentrum der sächsischen Kurfürsten und Könige. Die Architekturgeschichte zwischen Romanik und Historismus, vor allem Renaissance und Barock, prägen das markante Bauwerk. Das Resi-

075ss Foto: ls

denzschloss der Wettiner ist als eine **Residenz der Kunst und Wissenschaften** im Herzen der Altstadt wiedererstanden. Der Abschluss der Bauarbeiten ist für 2013 vorgesehen.

Bereits eröffnet wurden in den Räumen des Schlosses neben der Schatzkammer *Augusts des Starken* – dem Historischen **Grünen Gewölbe,** einem spätbarocken Gesamtkunstwerk aus dem Jahr 1733 – das Neue Grüne Gewölbe, das Kupferstichkabinett, das Münzkabinett und die Kunstbibliothek. Das Besucherfoyer im Kleinen Schlosshof wird von einem transparenten Rauten-Mem-

Altstadt mit Spiegelung in der Elbe:
Kathedrale, Brühlsche Terrasse, Schlossturm und Weiße Flotte

Schlossbaumeister in der zweiten Hälfte des 16. Jahrhunderts unter Kurfürst *Moritz* war *Caspar Voigt von Wierandt.* Die bedeutendsten Räume dieser Zeit waren der nach seiner figürlichen Ausmalung so benannte Riesensaal und die Schlosskapelle am Hausmannsturm. Im Riesensaal wurden die Staatszeremonien zelebriert und Feste gefeiert. Baumeister der Barockzeit war *Wolf Caspar von Klengel.* Er erhöhte den Hausmannsturm und gestaltete die Innenräume. Nach einem Brand 1701 ließ *August der Starke* das Schloss erneuern. *Louis de Silvestre* gestaltete die Festetage mit Audienzgemach und Paradeschlafzimmer; *Matthäus Daniel Pöppelmann, Johann Melchior Dinglinger, Zacharias Longuelune* und andere Künstler die **Grünes Gewölbe** genannte Schatzkammer. Weitere Teile der Renaissancearchitektur wurden im 18. Jahrhundert aufgegeben. In dieser Zeit entstand auch ein Übergang zum Taschenbergpalais. Umfangreiche Bauarbeiten unter *Dunger & Fröhlich* gingen der 800-Jahr-Feier der Wettiner 1901 voraus.

brandach des Architekten *Peter Kulka* überspannt. Der 60 Meter lange, Riesensaal genannte Turniersaal im 2. Obergeschoss des Westflügels ist im Rohbau fertiggestellt und wird einmal die Rüstkammer beherbergen. Am 7.3.2010 wird die **Türkische Kammer,** eine der weltweit reichsten Sammlungen orientalischer Kunst, wiedereröffnet. Das **„Schöne Tor“**, ein prachtvolles Renaissanceportal von 1555, schmückt bereits wieder die Schlosskapelle.

Vom 100 Meter hohen **Hausmannturm** bietet sich eine großartige Sicht auf die Altstadt. Die Aussichtsplattform befindet sich in knapp 39 Meter Höhe. Im Unterbau des Turmes fanden die Restauratoren Reste der Burg aus dem 12. Jahrhundert. Verändert und umgebaut wurde die Wettiner-Residenz in ihrer 700-jährigen Geschichte immer wieder, zuletzt 1901. Doch blieb es im Kern eine **vierflügelige Anlage aus der Zeit der Renaissance.** Beim Bombenangriff 1945 blieb die Außenfassade stehen. Der Innenhof, ein Renaissancegiebel des Westflügels und die gesamte barocke Ausstattung gingen verloren. Also wurde für den Wiederaufbau entschieden, sich vorrangig auf die für das Kulturdenkmal bedeutendste Periode, das 16. Jh. zu beziehen. Die Sgraffito-Bemalung der Fassade wird aus kleinsten Funden rekonstruiert und dort, wo eindeutige Hinweise fehlen, neu inszeniert. Die Fassaden an der West- und Nordwand werden den Zustand um die Jahrhundertwende wiedergeben.

Die **Westseite** des Schlosses steht zum Theaterplatz, der **Nordflügel** liegt bis zum Georgentor hinter der Hofkirche. Beide sind um 1900 durch die Architekten *Dunger & Fröhlich* geprägt worden. Zerstörungen erlitten der aus der Renaissancezeit überkommene Süd- und der Ostflügel des **Großen Schlosshofes.** Das der Augustusbrücke zugewandte, mächtige **Georgentor** wurde bereits in den 60er Jahren wiederhergestellt. Herzog *Georg* hatte 1530 bis 1535 das alte Elbtor im Renaissancestil umbauen lassen. Aus dieser Zeit sind nur Teile erhalten, denn das Georgentor wurde um 1900 im Neorenaissance-Stil repräsentativ erneuert. Das **Hauptportal** (1555) hat die Umbauten und auch den Feuersturm überstanden und war seitdem am Jüdenhof (beim Verkehrsmuseum) aufgestellt.

Theaterplatz

Der schönste Platz Dresdens und der einzige historische, der nun nahezu wieder so aussieht wie vor der Zerstörung im Krieg, ist der von *Gottfried Semper* konzipierte Theaterplatz; ein großartiger städtischer Raum, der alte **kulturelle Mittelpunkt** der Stadt mit Semperoper, Residenzschloss und Hofkirche, Sempergalerie, *Erlweins* Italienischem Dörfchen und *Schinkels* Altstädter Wache (Theaterkasse).

Im Zentrum des kopfsteingepflasterten Platzes steht ein **Reiterdenkmal für König Johann** von *Johannes Schilling*. Der war zwar eher Schöngeist und Wissenschaftler denn ein kriegerischer Held, legte unter Pseudonym eine vielbeachtete Übersetzung von *Dantes* „Göttlicher Komödie" vor, doch das 1899 enthüllte Denkmal hatte dem Geist der Zeit zu entsprechen – und danach gehörte der König aufs Pferd und nicht in die Schreibstube.

An das **Italienische Dörfchen,** die Wohnsiedlung der Bauleute in der augusteischen Zeit, erinnert die 1913 von *Hans Erlwein* erbaute Gaststätte mit schattigem Garten.

076ss Foto: ls

Semperoper

Semper berief sich mit seinem „Forumplan" auf die nicht ausgeführten Pläne *Pöppelmanns.* Sein Opernhaus setzte Maßstäbe für den europäischen Theaterbau. Das erste brannte 1869 ab, das zweite 1945. *Carl-Maria von Webers* „Freischütz" erklang am 31. August 1944 als letzte Vorstellung, bevor die Semperoper am 13. Februar 1945 im Bombenhagel zerstört wurde. Am 13. Februar 1985 wurde sie wiedereröffnet – mit dem „Freischütz".

Hofkirche

Die Katholische Hofkirche am Brückenkopf der Augustusbrücke war der letzte Barockbau in Dresden, und sie ist Sachsens **größte Kirche.** Baumeister war der Italiener *Gaetano Chiaveri.* Er ging 1749 aus der Stadt, im Zorn über mangelnde Unterstützung. Den Kirchbau führten *Johann Christoph Knöffel* und *Julius Heinrich Schwarze* weiter.

Die Semperoper mit dem Reiterstandbild König Johanns

Bauherr *Friedrich August II.* war Katholik, König des katholischen Polen und Kurfürst des protestantischen Sachsen – so erhielt das protestantische Dresden eine **katholische Kirche** an einem der städtebaulich bedeutendsten Standorte. Ihr Turm dominiert die berühmte Elbsilhouette. Die Hofkirche wurde nach der Zerstörung zusammen mit dem Zwinger rekonstruiert.

Fürstenzug Den 102 Meter langen „Fürstenzug" an der zur Augustusstraße gelegenen Wand des Stallhofes malte *Wilhelm Walther* 1872 in Sgraffitotechnik. Er zeigt das Haus *Wettin* mit seinen 35 Fürsten und Königen – nur der letzte fehlt, der 1918 gestürzte *Friedrich August III.* („Macht euren Dreck alleene!"). 1907 wurde das verwitternde Originalbild auf 25.000 Meißner Porzellankacheln übertragen.

Neumarkt Die Fürsten ziehen dahin – zum Neumarkt, der mit seinen Palais, Bürgerhäusern und Gassen um die Frauenkirche bis zur Zerstörung 1945 als ein Flächendenkmal bürgerlicher Barockbaukunst von europäischem Rang galt. Der Neumarkt wird wieder vom einzigartigen **Kuppelbau der Frauenkirche** *George Bährs* bekrönt und bildet mit diesem zusammen das Zentrum der Altstadt. Jahrzehntelang war dieser Platz mit der Ruine der Frauenkirche und dem wiedererrichteten Johanneum (Verkehrsmuseum) ansonsten unbebaut geblieben. Das Hilton-Hotel war der erste Versuch, Vergangenes zu kopieren. Inzwischen sind im Gefolge des Wiederaufbaus der Frauenkirche das **Coselpalais** (1746) als Café und Bürohaus sowie mehrere Hotels und Einkaufspassagen entstanden. Auf dem historischen Grundriss soll das einst barocke Ensemble rekonstruiert – das heißt nachempfunden – werden. Das Konzept ist fragwürdig und das Ergebnis das, was von quartierweise bauenden Großinvestoren eben zu bekommen ist. Eine neue Seele hat der Neumarkt bis heute nicht. Aber in den zahlreichen Restaurants und Cafés lassen sich nach dem Altstadtbummel oder dem Besuch der Frauenkirche durchaus angenehme Stunden verbringen.

Frauenkirche

George Bährs **„Glocke über dem alten Dresden"** genannter Kirchenbau stürzte zwei Tage nach der Bombardierung der Stadt in sich zusammen. Die Ruine stand als Mahnmal gegen den Krieg. Vom 13. Februar 1982 an war sie alljährlich Treffpunkt oppositioneller DDR-Friedensgruppen. Am 27. Mai 1994 wurde der erste Stein für den Wiederaufbau gesetzt.

Die Frauenkirche ist ein Zentralbau, bei dem Unterbau und Kuppel miteinander verschmelzen. Im Innenraum mit seinen fünf Emporen finden 1818 Menschen einen Sitzplatz. Die Steinkuppel wurde erst nach *Bährs* Tod 1738 vollendet. Noch während des Baues waren Zweifel an der gewagten Statik laut geworden, doch die Glocke überstand sogar die Kanonenkugeln im Siebenjährigen Krieg.

Mit der festlichen Weihe am **30. Oktober 2005** öffnete die Frauenkirche nach über sechzig Jahren wieder ihre Pforten für Besucher. Elf Jahre dauerte der Wiederaufbau, für den so weit wie möglich historisches Material des zerstörten Bauwerkes verwendet wurde. Aus der offenen Wunde, die an die Schrecken des Krieges gemahnte, ist eine „geheilte Wunde" entstanden, in der die Mahnung der Geschichte lebendig bleibt, die aber zugleich Zeugnis für Überwindung und Hoffnung, Frieden und die Versöhnung früherer Kriegsgegner ablegt.

Mit dem Wiederaufbau der Frauenkirche wurde *„der vom Kriege schwer verwundeten Stadt Dresden ihr Wahrzeichen, ihre Seele und ein wichtiger Teil ihrer besonderen Schönheit wiedergegeben"* (Gesellschaft zur Förderung des Wiederaufbaus der Frauenkirche). Das Bauwerk gilt als **Wahrzeichen,** das zu Toleranz und Frieden der Völker und Religionen mahnt. Es wird für Gottesdienste der Kirchen genutzt werden, vor allem aber als eine

077ss Foto: ls

Stätte der Begegnungen, für Konzerte, Ausstellungen und Symposien. Besucher aus der ganzen Welt erfreuen sich an diesem einzigartigen Bauwerk und Symbol.

Bereits 1996 wurde die neu entstandene **Unterkirche** eingeweiht. Sie befindet sich in den Kellergewölben in Form eines griechischen Kreuzes. In der historischen Kirche befanden sich dort die Zugänge zu den Grabanlagen. Die Unterkirche wird mit ihren 300 Plätzen zu Vorträgen, Konzerten und Andachten genutzt und kann auch besichtigt werden. Den **Altar** aus irischem Sandstein schuf der in Indien geborene und jetzt in Großbritannien lebende Künstler *Anish Kapoor.*

Offene Kirche in der Regel von Mo bis Fr 10 bis 12 und 13 bis 18 Uhr, Orgelandacht mit Kirchenführung tgl. außer So 12 Uhr, Konzerte und Gottesdienste, Kuppelaufstieg 8 €.

Johanneum

Am Rande des Neumarktes steht das Johanneum, errichtet als Stallgebäude im Renaissancestil, später umgebaut zum Gemäldemagazin und seit 1956 **Verkehrsmuseum.** Der Friedensbrunnen steht seit 1649 zum Gedenken an das Ende des Dreißigjährigen Krieges.

Um den Altmarkt

An den Neumarkt schließt der Altmarkt an. 1370 erstmals erwähnt, trägt er diesen Namen seit dem Jahr 1550.

Heute gelten der Altmarkt und das anschließende Geviert zwischen Kreuzstraße, Weißer Gasse und Gewandhausstraße als ein geschlossenes Beispiel für die **Architektur der frühen 1950er Jahre.** Ein so intimes und zugleich der Großstadt angemessenes Wohnviertel ist in Dresden seit dem Krieg bis heute nicht wieder gebaut worden. Hier steht nicht die berüchtigte Zuckerbäckerarchitektur der Berliner Stalinallee, sondern eine Bauweise, die sich an der traditionellen, kleinteiligen Dresdner Architektur orientierte: Läden, Cafés, Brunnen, Arkaden, Durchgänge zu großzügigen, grünen Innenhöfen, beibehaltene historische Straßenstruktur. Bevorzugtes Fassadenmaterial ist der Sandstein, eine Referenz an die Barocktradition der Elbestadt, wie sie schon Anfang dieses Jahrhunderts vom Dresdner Stadtarchitekten *Hans Erlwein* praktiziert wurde. Der zierliche Kupferturm auf der Westzeile des Altmarktes, an der Seestraße, stammt vom barocken Rathaus.

Die **Weiße Gasse** ist eine empfehlenswerte Adresse für gutes Essen und lange Abende. Ein Lokal neben dem anderen auf der Altstädter Kneipenmeile, und in allen lohnt sich, einzukehren – zwischen Frühstück und Absacker.

Der Beginn des Neuaufbaus der Innenstadt ist stadtauswärts an der **Grunaer Straße** (Fortsetzung der Wilsdruffer Straße) zu sehen: fünfgeschossige Wohnbauten mit Loggien und aufschlussreichen Reliefs, mit einer Ladenzeile und großzügig-grünen Innenhöfen.

Die **Prager Straße,** Flaniermeile zwischen Hauptbahnhof und Altmarkt, war vor dem Krieg eine der berühmtesten Adressen Europas, wurde neben den Champs-Elysees, dem Kurfürstendamm und dem Wenzelsplatz genannt. Zwischen 1965 und 1972 entstand die Prager Straße neu als großzügiges städtebauliches Ensemble im Geist der Moderne. Zwischen Hochhäusern, flachen Ladenzeilen, einem Gebäudekamm, dem Rundbau des Kinos und dem wabenverzierten Kaufhaus, zwischen Brunnen und Grünanlagen war viel Platz zum Flanieren. Inzwischen wurde dieser einzigartige Stadtraum der 1960er/1970er Jahre mit austauschbaren Kaufhäusern und Imbissbuden „verdichtet". Nach dem umstrittenen Abriss des Warenhauses entstand ein Neubau, für den Architekt *Peter Kulka* (Sächsischer Landtag) die Waben-Fassade des beliebten Vorgängerbaus aufnimmt.

Kreuzkirche

Bei der Neugestaltung des Altmarktes wurde erstmals die Kreuzkirche (1764/92) in diesen Platz einbezogen; vor der Zerstörung standen um den kleinen Kirchplatz die Häuser der Altmarkt-Südseite. Auf Dresdens ältestem Stadtkern wurde 1165 die Nikolaikirche mit Kreuzkapelle errichtet; der dort gegründete Knabenchor besteht noch heute – als weltberühmter **Dresdener Kreuzchor.**

Die spätbarocke Kirche überrascht mit einem beinahe düsteren Innenraum. Nur Rudimente an Altar und Orgelempore erinnern an die im Jahr 1900 aufgetragenen Jugendstil-Malereien. Beim Wiederaufbau wurde Rauputz aufgetragen. Von Frühjahr bis Herbst ist die Aussichtsplattform im **Kirchturm** geöffnet.

Rund ums Rathaus

Auch der benachbarte, 98 Meter hohe Turm des **Neuen Rathauses** lädt ein zum Rundblick auf die Stadt und ihre Hügel (Apr.–Okt. tgl. 10–18 Uhr). Ein fast fünf Meter großer, vergoldeter Rathausmann steht auf der Turmspitze und überragt mit seiner die Stadt segnenden Hand zugleich alle anderen Türme. Das Portal des Rathauses wird von einem vergoldeten, schmiedeeisernen Gitter verziert, der „Goldenen Pforte".

Auf dem schattigen Platz davor steht die **Trümmerfrau,** ein Denkmal für die Frauen, die nach Ende des Krieges die Stadt von den Trümmern beräumten und so den Wiederaufbau vorbereitet haben.

An der Rückseite des als Hotel wiederaufgebauten, spätbarocken **Gewandhauses von** 1768 steht der aus Trümmern geborgene Dinglingerbrunnen aus dem Jahre 1718, den sich Hofjuwelier und Goldschmied *Johann Melchior Dinglinger* anfertigen ließ.

Das benachbarte Eckhaus Ringstraße ist mit einem **Kinderfries** aus dem Jahr 1535 verziert; das Relief befand sich einst am Wohnhaus des Komponisten *Heinrich Schütz.*

Wilsdruffer Straße

Die Wilsdruffer Straße, Dresdens Ost-West-Magistrale, wird von Bauten aus den 1960er Jahren geprägt. Auf der Höhe des Altmarktes steht der **Kulturpalast** (1966/69), der größte Mehrzwecksaal der Stadt. Ob Konzerte der Dresdner Philharmonie, Dixielandfestival, Jazz und Rock, Schlager und Volksmusik, Theater oder Kabarett, das funktionale Gebäude mit dem Kupferdach ist seit seiner Eröffnung das kulturelle Zentrum Dresdens.

Der Dresdner Architekt *Wolfgang Hänsch* hat auch das Wohngebiet Dresden-Strießen (1955), die Webergasse (1960) am Standort der heutigen **Altmarkt-Galerie** und das **Haus der Presse** (1961) geschaffen, sowie den Wiederaufbau der Semperoper (1985) geleitet. Die Bronzetüren von *Gerd Jäger* illustrieren Szenen der Dresdner Geschichte. Das Wandbild „Der Weg der roten Fahne" stammt von Gerhard Bondzin.

Die Sanierung des denkmalgeschützten Kulturpalastes soll ab 2012 mit dem Totalumbau in einen **Konzertsaal** für die Dresdner Philharmonie und die Sächsische Staatskapelle verbunden werden. Die beiden Weltklasse-Orchester werden demnach kein eigenes Konzerthaus erhalten, Konzerte der Unterhaltungskunst werden an einen noch nicht näher benannten Ort delegiert.

Einzige Erinnerung an das alte Dresden ist hier das frühklassizistische **Landhaus** (1770/76), erbaut als Versammlungsstätte für die sächsischen Landstände. Heute beherbergt es das **Museum für Stadtgeschichte.** Drei Stockwerke werden durch ein prächtiges Rokoko-Treppenhaus verbunden.

Jeden Dezember zeigt das Stadtmuseum in seiner Weihnachtsausstellung, wie es früher auf dem Dresdner **Striezelmarkt** zuging. Als Striezel verspeisen (und exportieren) die Dresdner ihren einzig wahren, nach einem geheimgehaltenen Rezept zubereiteten Christstollen. Überliefert ist der Striezel seit 1471. Damals war er ein ungenießbar trockenes, zopfähnliches, das Christkind darstellendes Gebäck.

Im Landhaus befindet sich auch die Städtische Galerie. Hier wird vor allem Dresdner Kunst der Gegenwart, des 19. und 20. Jahrhunderts gesammelt und ausgestellt.

Albertinum Hinter dem Landhaus führt die Schießgasse am Polizeipräsidium (1895–1900) und am wiedererrichteten Kurländer Palais (1728) vorbei zum Albertinum. Es wurde 1559–63 als Zeughaus erbaut. Nach dem Umbau im Stil der Neorenaissance diente es als Staatsarchiv und für die Skulpturensammlung. Ab 1953 waren dort die Gemäldegalerie Neue Meister, das Münzkabinett, das Grüne Gewölbe und die Skulpturensammlung untergebracht. Im Sommer 2010 wird das Albertinum als Museum für **Kunst des 19. bis 21. Jahrhunderts** wiedereröffnet. Das historische Bauwerk wurde um eine „Arche für die Kunst" erweitert, ein im Lichthof in 17 Metern Höhe auf einer brückenähnlichen Konstruktion „schwebendes", hochwasser-

078ss Foto: ls

sicheres Depot für tausende Bilder der Alten und Neuen Meister. Die Rettung der Dresdner Kunstwerke vor dem Elbehochwasser 2002 war die größte derartige Aktion in Friedenszeiten; danach wurde dieser spektakuläre Neubau errichtet, der in die historische Bausubstanz nicht eingreift, aber die Kunstwerke dauerhaft zu sichern vermag.

Das neue Albertinum vereint die Werke der **Galerie Neue Meister** zwischen Romantik und Gegenwart – von *Caspar David Friedrich, Carl Gustav Carus, Ludwig Richter* bis *Herrmann Glöckner, A. R. Penck* und *Gerhard Richter* – sowie der **Skulpturensammlung** – von *Auguste Rodin* bis *Wieland Förster.*

071ss Foto: ls

Synagoge Zwischen Brühlscher Terrasse und Carolabrücke entstand der Neubau der Dresdner Synagoge. Am **9. November 2001** wurde das Bauwerk geweiht. Die historische Synagoge am gleichen Ort, ein Bauwerk *Gottfried Sempers*, ist in der „Reichskristallnacht" am 9. November 1938 von den Nazis angezündet und zerstört worden; die Ruinen wurden vollständig abgetragen und für den Straßenbau verwendet. *Semper* hatte damals einen neoromanischen Bau entworfen und so an christliche Kirchen erinnert – die Jüdische Gemeinde sollte auch äußerlich in das Stadtleben integriert sein. Für den Neubau verbindet das Architekturbüro Wandel Hoefer Lorch aus Saarbrücken eine massive Hülle mit einem zeltartigen Innenraum – das erste Gotteshaus der nomadisierenden Israeliten war ein Zelt. Zum **Gemeindezentrum** gehören auch eine Bibliothek und ein Archiv; im Garten markieren Bäume den Grundriss der Semper-Synagoge.

Brühlsche Terrasse

Vor dem Albertinum führt ein stimmungsvoller kleiner Park auf die Brühlsche Terrasse, den **„Balkon Europas"**, wie diese einstige Stadtbefestigung an der Elbe schon vor hundert Jahren genannt wurde. Die „Brühlsche Terrasse" ist wohl zu jeder Jahreszeit der schönste Ort dieser Stadt – der Zwinger ist festlich, der Theaterplatz großartig, die Brühlsche Terrasse hat beides und diesen einzigartigen Charme, der ihren Gästen, die hier flanieren, auf Bänken oder im Café sitzen, das Gefühl intimer Geselligkeit gibt. Sie schauen Dresden in die Augen, und damit beginnt doch allemal eine neue Liebe.

Der wegen seiner Verschwendungslaunen gescholtene Staatsminister *Heinrich Graf Brühl* (1700–1763) hatte, nachdem die Festungsanlagen geschliffen worden waren, die Terrasse als Wohnsitz und Garten erworben. Aus den Festungszeiten übrig geblieben sind die um 1550 ausgebauten **Kasematten.** Vom Georg-Treu-Platz aus können die unterirdischen Gewölbe besichtigt werden. Auch von der Terrasse aus, nahe des Parks, ist ein Blick in die Gewölbe möglich.

Von den Brühl-Bauten sind lediglich der **Delphinbrunnen** am Park und das schmiedeeiserne Geländer erhalten geblieben. 1814 hat der russische Gouverneur Fürst *Repnin-Wolkonski* die Brühlsche Terrasse für die Öffentlichkeit freigegeben. *Gottlob Friedrich Thormeyer* entwarf im gleichen Jahr die festliche, vom Schlossplatz zum „Balkon" aufsteigende Freitreppe. Darauf stellte 1868 der Bildhauer *Johannes Schilling* seine allegorische Figurengruppe **„Die vier Jahreszeiten"**. Neben der Freitreppe steht der historische Landtag, auch **Ständehaus** (1907) genannt. Dort tagte das sächsische Parlament. Das Ständehaus ist heute Sitz des Präsidenten des Sächsischen Landtages, des Oberlandesgerichtes sowie des Landesamtes für Denkmalpflege.

Das Café **„Sekundo Genitur"** ist im zierlichen Neobarock 1897 als Bibliothek für den „Sekundo-

079ss Foto: ls

genitur", den zweitgeborenen Prinzen, erbaut worden. Der monumentale Neorenaissancebau der **Kunstakademie** (1885/94) ist Sitz der Hochschule für Bildende Künste. Hier werden auch Ausstellungen von Gegenwartskunst gezeigt. Baumeister *Constantin Lipsius* krönte sein Werk mit einer 48 Meter hohen Glaskuppel, die von den Dresdnern **„Zitronenpresse"** genannt wird. Als Symbol der Dresdner Kunst tanzt auf dieser Kuppel die **Fama,** die griechische Göttin der Sage und des Gerüchtes. Die 4,80 Meter große, vergoldete Skulptur des Dresdner Bildhauers *Eduard Robert Henze* (1827–1906) wurde 1893 aufgestellt. Sie überstand sogar nahezu unbeschädigt das Bombardement vom 13. Februar 1945 – auch darin Sinnbild der Kunststadt Dresden.

Von der Freitreppe der Brühlschen Terrasse gelangt man über den Schloss- und Theaterplatz zum Italienischen Dörfchen. Am klassizistischen Basteischlösschen (Gaststätte) beginnt ein weiterer Spazierweg am Elbufer, der zum **Sächsischen Landtag** führt. Der Architekt *Peter Kulka* hat dafür einen Neubau mit transparentem Plenarsaal entworfen, der an das 1928/31 errichtete Gebäude des ehemaligen Landesfinanzministeriums (zuletzt Sitz der SED-Bezirksleitung) anschließt. Das dahinter aufragende Speichergebäude, 1913 von *Hans Erlwein* erbaut, wurde zu einem internationalen Kongresshotel umgebaut.

Yenidze

Das orientalische Bauwerk hinter der Marienbrücke ist die Yenidze. Unter der Kuppel dieses **maurischen Traumschlosses** werden an Sommerabenden Märchen gelesen (Fr/Sa). Einzigartiges Flair zeichnet das Terrassencafé aus. Der Dresdner Zigarettenfabrikant Hugo Zietz hatte die werbeträchtige Idee, sein **Tabakkontor** in dieser Form an die Bahnlinie Prag – Berlin zu stellen. Architekt war der damals 29-jährige *Hermann Hammitzsch.* Hinter der Fassade aus Minaretten, mosaikverzierten Portalen und 600 Fenstern waren 1500 Arbeiterinnen mit der Zigarettenproduktion beschäftigt.

Innere und Äußere Neustadt

Überblick

In Dresdens lebendigsten Stadtteilen gedeiht die Alltagskultur wie Löwenzahn. Durch Dresden zu flanieren heißt, in die Neustadt zu gehen. Hier muss sich um den Abend niemand sorgen. Es gibt Dutzende offene Türen – zu Flaschenbierkneipen (abnehmend) und Nobel-Restaurants (zunehmend in der Inneren Neustadt), in Kellergewölbe,

080ss Foto: ls

Hinterhöfe und Fabrikhallen, zu Theaterbühnen, Bartresen und Biergärten.

Die **Innere Neustadt** heißt Neustadt, weil es dort gebrannt hat, 1685, als sie noch Altendresden hieß und erst seit reichlich hundert Jahre zu Dresden gehörte. Das barocke Aufbauwerk unter Oberlandbaumeister *Wolf Caspar von Klengel* hatte sich nach der 1736 erlassenen Bauordnung zu richten, die eine maximale Bauhöhe von 15,91 Meter vorschrieb: Dresdens Silhouette sollte auch aus der Ferne sichtbar bleiben. Die meisten Straßenzüge blieben vom Bombardement am 13. August 1945 unberührt. Vollständig verschont geblieben ist die **Äußere Neustadt.** Erst 1832 ist dieses Viertel vor dem Schwarzen Tor, wo der Galgen stand, eingemeindet worden – damals siedelten dort vorwiegend böhmische Exilanten, die von Gartenarbeit lebten. Die „Antonstadt" war immer das Viertel der kleinen Ladeninhaber und Familienbetriebe, der Arbeiter und Arbeiterinnen, der Handwerkstätten, Kneipen, Ballsäle, Theater. Die Äußere Neustadt ist heute ein beliebtes Wohngebiet, ein verlässlicher Ort zum Ausgehen und Shoppen

Dresden, Innere und Äußere Neustadt
A4
B 170
1
0
300 m
Löẞnitzstraße
Hansastraße
Leipziger Straße
Bahnhof D.-Neustadt
Antonstraße
ELBE
Pieschener Allee
Hainstraße
Theresienstraße
Antonstraße
R.- Blüm- Straße
15
Königstraße
Marienbrücke
Japanisches Palais
14
Hauptstraße
Weißeritzstraße
11
Yenidze
Ostra-Ufer
Große Meißnerstr.
Neustädter Markt
Kongresszentrum
Elbpromenade
Museum für Volkskunst
13
Könneritzstraße
Devrientstraße
12
Sächsischer Landtag
Ostra- Allee
Am Zwingerteich
Semperoper
Terrassenufer
Augustusbrücke
Weiße Flotte
Umwelt-zentrum
Theater-Platz
Schloss-Platz
Zwinger

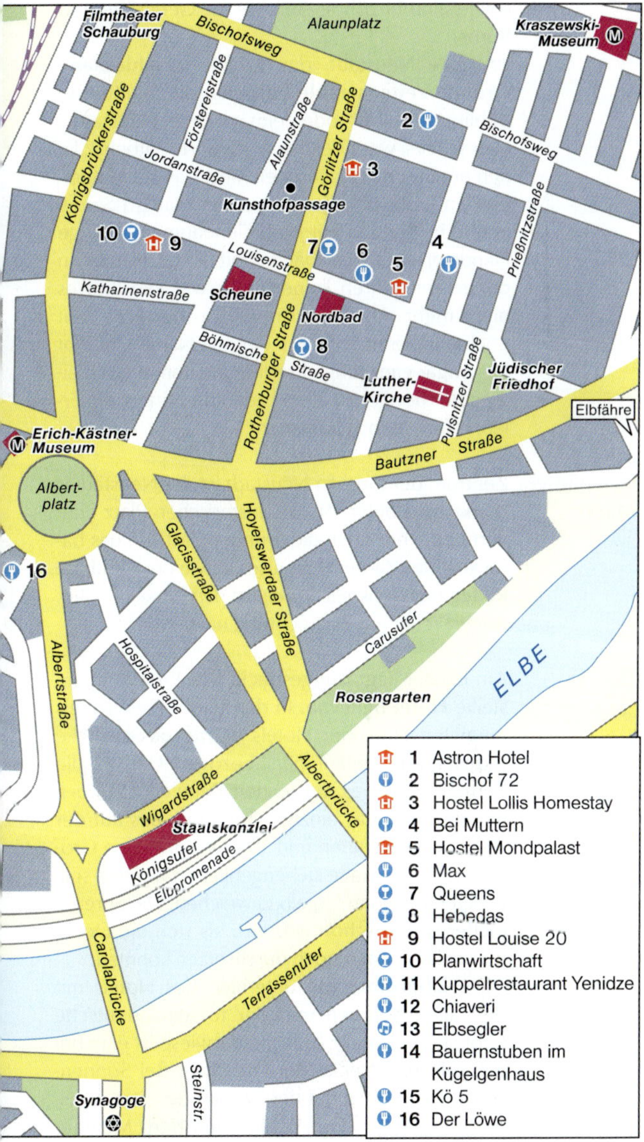
Filmtheater Schauburg
Bischofsweg
Alaunplatz
Kraszewski-Museum
Förstereistraße
Alaunstraße
Görlitzer Straße
Königsbrückerstraße
Jordanstraße
Kunsthofpassage
Prießnitzstraße
Louisenstraße
Katharinenstraße
Scheune
Nordbad
Böhmische Straße
Rothenburger Straße
Luther-Kirche
Pulsnitzer Straße
Jüdischer Friedhof
Elbfähre
Erich-Kästner-Museum
Bautzner Straße
Albertplatz
Glacisstraße
Hoyerswerdaer Straße
Carusufer
Hospitalstraße
Albertstraße
ELBE
Rosengarten
Albertbrücke
Wigardstraße
Staatskanzlei
Königsufer
Elbpromenade
Carolabrücke
Terrassenufer
Steinstr.
Synagoge
1 Astron Hotel
2 Bischof 72
3 Hostel Lollis Homestay
4 Bei Muttern
5 Hostel Mondpalast
6 Max
7 Queens
8 Hebedas
9 Hostel Louise 20
10 Planwirtschaft
11 Kuppelrestaurant Yenidze
12 Chiaveri
13 Elbsegler
14 Bauernstuben im Kügelgenhaus
15 Kö 5
16 Der Löwe

Dresden

sowie eine begehrte Adresse für Geschäfte und Büros.

Äußere Neustadt, das **größte geschlossene Gründerzeitensemble Europas,** die „Bunte Republik Neustadt" oder einfach „die Neustadt". Hier gibt es, was Dresden andernorts entbehrt: Einen organisch gewachsenen Kiez. Cafés und Kneipen an jeder Ecke und das, was man so Szene nennt, Hinterhöfe mit Kastanienbäumen, winzige Handwerksbetriebe. Dächer mit Birken, Häuser, in denen seit Jahren keiner mehr war, die gibt es nicht mehr. Aber der Krämer an der Ecke lebt noch und kennt seine Kunden mit Namen. Es gibt hier sogar ganz junge Krämer und immer noch einige der herrlichen alten Ladeninschriften, ein Erlebnis für jeden Typomanen.

Neustädter Markt

Zentrum der Inneren Neustadt ist der Neustädter Markt am Elbufer. An den historischen Platz erinnert heute nur noch die Brunnenplastiken des barocken Neustädter Rathauses sowie der **Goldene Reiter,** das Denkmal für *August den Starken* (1736). *August* reitet mit Blickrichtung nach Warschau.

Elbufer

Am Elbufer liegt langgestreckt das 1984 fertiggestellte **Hotel Bellevue.** In den Bau dieses damals teuersten Dresdner Hotels wurde das barocke **Kanzleihaus** elegant miteinbezogen. Das war die Rettung für eines der letzten Bauwerke *Pöppelmanns.* Es ist das einzige Gebäude, das auf der 1945 ausgebrannten und 1949 gesprengten Großen Meißner Straße stehengeblieben war und sollte eigentlich dem Hotelbau weichen. Die Sprenglöcher waren schon gebohrt, als sich die Denkmalschützer doch noch durchsetzen konnten.

Die **Elbpromenade** unterhalb des Hotels mit den alten Bäumen und der für eine deutsche Großstadt einmalig breiten Uferwiese ist eine beliebte Flanierstrecke der Dresdner. Bei Sonnenschein lagert man auf der Wiese oder sitzt auf einer der Bänke. Vom Pavillon mit dem Meißner

Glockenspiel schaut man auf die Altstadt, beinahe wie einst *Canaletto*.

Das **Japanische Palais** ist einer der bedeutendsten Barockbauten Dresdens. *August der Starke* brachte hier seine Porzellan- und Kunstsammlung unter. Der intime Park öffnet sich zur Elbe hin und ist ein beliebter Ort für Sonnenbad und Frühstück im Freien. Den Umbau des Palais zwischen 1727 und 1731 leitete *Matthäus Daniel Pöppelmann. Johann Benjamin Thomae* schuf den Fries im Giebel der Hauptfassade. *Gottfried Semper* übernahm 1835/36 den Umbau des Erdgeschosses für die Antikensammlung. Nach schweren Zerstörungen am Ende des Zweiten Weltkrieges wurde das Palais zwischen 1951 und 1987 wieder aufgebaut. Es dient als Ausstellungsort u.a. des **Staatlichen Museums für Völkerkunde.** Für die Zukunft gibt es vage Vorstellungen, das Palais als „Porzellanmuseum" zu nutzen. Im Sommer 2010 ist eine Ausstellung über den „Triumph der blauen Schwerter" zu sehen, Meissner Porzellan für Adel und Bürgertum 1710 bis 1815.

Königstraße

Auf dem **Palaisplatz** tanzt eine Brunnenfontäne. In der kleinen Grünanlage am Rand steht das von *Gottlob Friedrich Thormeyer* 1829 errichtete, klassizistische **Torhaus.** Viele Jahre befand sich darin ein Standesamt. In der Königstraße und ihren noblen Passagen wechseln exklusive Läden und Kunstgalerien mit schicken Cafés und Restaurants – Dresdens königliche Adresse.

Die Königstraße war als barockes Gesamtkunstwerk ab 1722 nach Plänen *Wolf Casper von Klengels* unter der Leitung von *Pöppelmann* entstanden. Klassische Harmonie als städtebaulicher Wert galt hier als Programm. Die gesamte Straße hatte sich als Sichtachse dem Japanischen Palais unterzuordnen, und dennoch erhielt jedes einzelne Haus sein Gesicht.

Mit dem selben hohen Anspruch sind die Nebenstraßen gebaut worden. Vor allem **Obergra-**

ben, Rähnitzgasse und Heinrichstraße sind als gut erhaltene barocke Straßenzüge zu nennen. In der anderen Richtung verläuft die **Nieritzstraße** als geschlossene Biedermeierzeile. Es lohnt sich, zu flanieren, viel Zeit und auch Geld mitzubringen.

Hauptstraße

Obergraben (mehrere Galerien, u. a. mit Dresdner Kunst der 1920er und 1930er Jahre!) und Heinrichstraße führen auf die **Hauptstraße,** einen beliebten Boulevard mit Platanen, vielen Läden und Cafés. In den barocken Bürgerhäusern laden die **Handwerkerpassagen** ein, und im Hof zwischen Obergraben und Dreikönigskirche steht das **Societätstheater.** Das älteste Bürgertheater Dresdens wurde 1999 als Kammertheater mit internationalem Programm wiedereröffnet. Im Gründerzeitbau am Nordausgang der Promenade wurde die 1896 erbaute **Markthalle** wiedereröffnet; auch hier laden Cafés ein. Beliebte Treffpunkte und stille Lese-Orte sind die vielen Bänke im Schatten der Platanen.

Die Hauptstraße wurde schon 1687 als **Prachtallee** zwischen Neustädter Markt und Schwarzem Thor (heute Albertplatz) angelegt. Sie war lange Zeit Dresdens prächtigste Straße. 1945 fiel sie in Trümmer. Beim Neubau bis 1980 wurden an der Westseite mehrere viergeschossige Bürgerhäuser saniert. Ansonsten bekam die „Straße der Befreiung" niedrigere Plattenbauten mit Ladenzeilen.

Neben dem klassizistischen Haus Nr. 11 steht als Nr. 13 das barocke **Kügelgen-Haus.** Es war Wohnsitz des Malers *Gerhard von Kügelgen,* der 1820 ermordet wurde. Sein Sohn, *Wilhelm von Kügelgen,* beschrieb in den „Jugenderinnerungen eines alten Mannes" die Dresdner Zeit. Seines Fassadenspruches wegen wird das Haus auch „Gottessegen" genannt. *Kügelgens* Wohnung in der zweiten Etage ist heute **Museum zur Dresdner Frühromantik.** Im Barockhaus Nr. 17 wohnten der Bildhauer *Johann Benjamin Thomae* und *Gottfried Knöffler.*

081ss Foto: ls

Die **Dreikönigskirche** wurde 1732/39 nach Plänen von *Pöppelmann* und *Bähr* erbaut. Sie war provisorischer Tagungsort des ersten sächsischen Landtages nach Neugründung des Freistaates. Heute dient sie als Konzertsaal, Kongresszentrum und „Haus der Kirche". Vom Kirchturm bietet sich (tgl. 10 bis 16.30 Uhr, So/ Feiertag ab 11.30) ein fantastischer Blick auf die Stadt.

Hinter den Wohnzeilen, in der Köpckestraße, steht der **Jägerhof** (1568-1613), einer der wenigen Dresdner Renaissancebauten und seit 1913 **Museum für Volkskunst,** speziell der sächsischen von der Lausitz bis zum Vogtland. An der Archivstraße steht der Jugendstilbau des **Staatsarchivs** (1911–15).

Zwei Denkmale stehen am Übergang der Hauptstraße zum Albertplatz. Links in der kleinen

Hauptstraße mit Goldenem Reiter und Blockhaus

Parkanlage steht die überlebensgroße **Skulptur Friedrich Schillers.** Die stolze Marmorfigur von *Selmar Werner* wurde 1913 eingeweiht. An der niedrigen, *Schiller* umgebenden Mauer zeigt ein Relief Szenen aus den Werken des Dichters.

An der anderen Seite des Weges steht unter einem Baum der **Gedenkstein** für den Mosambikaner **Jorge Gomondai,** das erste Todesopfer rassistischen Hasses im vereinten Deutschland. Der 28-Jährige wurde am frühen Morgen des 31. März 1991 an dieser Stelle von einer Gruppe Jugendlicher unter rassistischen Beschimpfungen aus der fahrenden Straßenbahn gestoßen. Eine Woche darauf verstarb *Gomondai* im Krankenhaus.

Albertplatz

Der Albertplatz liegt zwischen Innerer und Äußerer Neustadt. Er ist neben dem Postplatz und dem Pirnaischen Platz der belebteste **Verkehrsknotenpunkt** im Dresdner Zentrum. Ab 1817 wurde er als klassizistischer Sternplatz angelegt. Im 19. Jahrhundert zählte er zu den schönsten Plätzen Deutschlands. Diesen Superlativ wird heute niemand mehr bemühen wollen, dafür fehlen dem Platz prägende Bauten.

Einen besonderen Reiz hat er sich dennoch bewahrt. Ruhezonen in dem hektischen Treiben sind die beiden einander gegenüberstehenden, figürlichen **Brunnen** von *Robert Diez:* **„Stilles Wasser"** und **„Stürmische Wogen".** Sie wurden 1893 aufgestellt. Die teilweise zerstörten „Stürmischen Wogen" waren in der DDR-Zeit demontiert, an ihrer Stelle stand das Ehrenmal für die Sowjetarmee. Eine kleine Tafel erinnert daran. Es steht nun an der Stauffenbergallee, im Park vor dem Militärhistorischen Museum; und die steinernen Soldaten schauen nach Osten.

Ein Beispiel moderner Vorkriegsarchitektur ist **Dresdens erstes Hochhaus.** Es wurde 1929 von

Neustädter Markthalle an der Hauptstraße

082ss Foto: ls

Hermann Paulick für die Sächsische Staatsbank gebaut und diente zuletzt als Verwaltungsgebäude.

Vor dem Hochhaus steht eine kleine „Holzpyramide", darunter liegt der **Artesische Brunnen.** Ein Brunnen also, aus dem das Wasser allein durch seinen natürlichen Druck austritt. Es wird aber nicht hier herausgelassen, sondern unter der Straße durch bis zu den Plattenbauten geleitet, dort tritt es neben dem Blumenladen als Quelle hervor. Und dort stehen immer wieder Dresdner mit ihren Kanistern, zehn Liter für Kaffee und Tee, ein Schluck für die Ranke, die schon ein gutes Stück an der Betonfassade emporgeklettert ist. *Hans Erlwein* hat für das „artesische" Wasser ein zierliches Brunnenhaus gebaut (1906). Es wurde 1945 zerstört und 1990 rekonstruiert.

Auf der Mauer an der gegenüberliegenden Straßenseite lümmelt ein kleiner Junge: *Erich Kästner* an seinem Lieblingsplatz vor der Villa seines Onkels. Das **Erich-Kästner-Museum** in der Villa Augustin verführt als **multimediale Schatzkiste** zur spannenden Exkursion in Leben und Werk des in Dresden geborenen Autors von „Emil und die Detektive", „Das doppelte Lottchen" und anderer Jugendbuch-Klassiker.

Über die Antonstraße gelangt man von hier in wenigen Schritten zum **Neustädter Bahnhof** (1898-1901). Vom Leipziger Bahnhof (heute Teil des Güterbahnhofs Neustadt) dampfte 1839 die „Saxonia" nach Leipzig. Deutschlands erste Ferneisenbahnverbindung.

Im Uhrzeigersinn der nächste „Strahl" vom Albertplatz ist die Königsbrücker Straße, die Magistrale in den Dresdner Norden. Zu Beginn steht ein Zeugnis für bessere DDR-Architektur der frühen sechziger Jahre, das **Hauptpostamt Neustadt** (1962/64), mit Meißner Porzellanmalerei am Eingangsbereich. Hoffentlich wird es nicht abgerissen.

Äußere Neustadt

Der nächste „Strahl" des Albertplatzes führt direkt in die Äußere Neustadt. Die Alaunstraße beginnt am Café Kästner mit dem **Kästner-Denkmal,** das die Neustadt-Spatzen als Tränke zu schätzen gelernt haben.

Orientierung

Es wäre müßig, einen Rundgang durch die Äußere Neustadt vorschreiben zu wollen. Am besten, man lässt sich treiben, kommt nicht zu früh am Tag hierher und bringt für den Abend viel Zeit mit.

Das Viertel liegt im spitzen Winkel der am Albertplatz beginnenden Königsbrücker und Bautzener Straße. „Magistralen" sind die Alaunstraße und die parallele Rothenburger, dann Görlitzer Straße. Beide münden in den Alaunplatz, einer riesigen Wiese, hinter der das frühere Kasernenviertel Albertstadt liegt. Quer zu den Magistralen liegt die Louisenstraße.

Kneipen

Cafés und Bars, Kneipen und Restaurants gibt es in der Neustadt für jeden Geschmack, jede Stimmung und beinahe jeden Geldbeutel. Im Geviert Alaunstraße, Louisenstraße und Görlitzer Straße

083ss Foto: ls

lädt bald ein Wirtshaus neben dem anderen ein, doch auch anderswo lohnt es sich, auf Entdeckungstour zu gehen. Aktuelle Informationen und Tipps gibt es in den Dresdner Stadtmagazinen SAX und „Dresdner“ sowie im Internet unter www.cybersax.de und unter www.dresden-neustadt-online.de.

Entlang der Alaunstraße

Die **„Scheune“** an der Alaunstraße ist eines der wichtigsten Kulturzentren nicht nur für die Neustadt. Sie wurde in den fünfziger Jahren erbaut und hieß eigentlich *„Zentraler Klub der Jugend und Sportler - Martin Andersen Nexö“*. Das war aber nicht weiter schlimm. Erstens kann man den Dänen *Nexö* zur Lektüre empfehlen, zweitens hat dann sowieso jeder nur „Scheune“ gesagt.

Falls die Haustüren offen sind: In den **Treppenhäusern** der Alaunstraße 70 und Louisenstraße 67 dokumentieren Deckenmalereien die Bebauung der Antonstadt vor der Gründerzeit.

Kulturzentrum Scheune auf der Alaunstraße

Sogar ein **Jugendstilbad,** 1894 erbaut als „Germaniabad" mit Schwimmbassin, Wannenbädern in drei Klassen, Dampfbad und Kiefernnadel-Dampf-Kastenbad, später um Einrichtungen für Kurbäder und einen Ausschank erweitert, befindet sich in der Neustadt. Generationen haben im **Nordbad** Schwimmen gelernt. In den 1950er Jahren wurde es renoviert, in den siebziger Jahren begann es allmählich zu verfallen. 1990 befragte die Stadtteilinitiative IG Äußere Neustadt Einwohner nach deren Meinung zur Zukunft des Bades. Die erklärten deutlich, sie wollten das Nordbad wiederhaben. Nach einigem Hin und Her begann 1993 die denkmalgerechte Sanierung. Dabei bekam das Hundertjährige Bad auch ökologische Energietechnik eingebaut. Inzwischen wird es wieder gern besucht, als Schwimmbad, Reinigungsbad und Sauna und als kulturhistorische Perle der Äußeren Neustadt.

Drei **Jugendstilhäuser** sind in der Katharinenstraße zu sehen, jedes der Häuser überquellend von bauplastischem Schmuck.

An der **Böhmischen Straße** wohnten Gärtner. Das Eckhaus zur Alaunstraße war Schlächterei und Destille, jetzt ist es die älteste Weinhandlung Dresdens.

Im **Hinterhof** der Alaunstraße 71 steht die **Villa der Fabrikanten Jordan & Timaeus.** Mitte des 19. Jh. war dieser Name ein Begriff für Schokolade, Kakao, Zuckerwaren, Lebkuchen; eine der größten Dresdner Fabriken. Um 1820 erbaut wurde das nur einstöckige Haus in der Alaunstraße Nr. 85.

Alaunplatz

Der Alaunplatz war **Exerzier- und Paradeplatz.** Von den Balkonen der Häuser am Bischofsweg schauten die Offiziersfrauen ihren Gatten beim Stechschritt zu.

Heute ist die Wiese die Lunge der Neustadt und gelegentlich Ziel für **Rummelplatzbesucher.** Kinderspielplatz und Tollplatz für Neustadt-Hunde aller Art, Platz zum Drachensteigen, die Ruhebank für Senioren und Arbeitslose, der Fußweg in den Prießnitzgrund und die Dresdner Heide, das alles ist der Alaunplatz heute.

Görlitzer und Luisenstraße

An der eigenwillig krummen Kreuzung Louisenstraße/Görlitzer/Rothenburger, mit der Ladentür fast auf der Straßenbahnschiene befindet sich **Mu-**

084ss Foto: ls

sik-Meinel, Dresdens wohl bekanntester Musikalienladen. Schräg gegenüber, im Hinterhof Louisenstraße 47, steht das Kleinod der Neustadt, das **Nordbad.**

Eines der ältesten Gebäude der Äußeren Neustadt ist die **„Rädlersche Schule"** auf der Louisenstraße 60. Sie wurde 1789, im Jahr der Französischen Revolution, als Volks- und Industrieschule errichtet. Weiter auf dieser Straße, gelangt man nach rechts ins Quartier um den **Martin-Luther-Platz.** Die neoromanische **Lutherkirche** wurde 1883 bis 1887 erbaut, also noch ein Jahr vor den prächtigen Wohnhäusern am Platz. In den hallenartigen Treppenhäusern gibt es Wand- und Deckengemälde zu sehen, doch leider sind die Haustüren meist abgeschlossen.

Jüdischer Friedhof

Die Pulsnitzer Straße hieß bis 1861 „Judengasse". Hinter einer hohen Mauer liegt der Jüdische Friedhof. Er wurde 1751 für die Juden in Sachsen angelegt und ist in Sachsen der älteste erhaltene. Ein Gittertor versperrt den Zugang. Wer diesen Friedhof besichtigen möchte, kann im Nachbarhaus Pulsnitzer Straße 10 bei der Begegnungsstätte für jüdische Geschichte und Kultur in Sachsen, **HATIKVA,** klingeln. Im selben Haus sitzt das alternative Statt-Reisebüro „Igel-Tour".

HATIKVA heißt Hoffnung. Der gemeinnützige Verein wurde 1992 gegründet. Er erforscht und publiziert **jüdisch-sächsische Geschichte** und widmet sich damit einem in Dresden jahrzehntelang vernachlässigten Thema. In den Vereinsräumen gibt es eine Bibliothek, ein Presse-Archiv und ein Café. Hier werden Ausstellungen gezeigt, gibt es Lesungen, Workshops zu jüdischer Kultur, wird Klezmer gespielt, getanzt oder Hebräisch gelernt. HATIKVA lädt an Wochenenden gemeinsam mit

Pfunds Molkerei

Igel-Tour zu Stadtrundgängen ein: Juden in Dresden, Jüdische Familien, Schicksale jüdischer Frauen, Dresden im Nationalsozialismus und andere Themen.

• **HATIKVA,** Bildungs- und Begegnungsstätte für Jüdische Geschichte und Kultur Sachsen e.V., Pulsnitzer Straße 10, Tel. (0351) 8020489. Café Shoshana, offen zu Veranstaltungen sowie So 12–19 Uhr.

Bautzner Straße

Nach Osten wird die Äußere Neustadt vom Prießnitzbach begrenzt. Kurz vor der Prießnitz, an der verkehrsreichen Bautzner Straße, gibt es einen Milchladen. Das allein wäre ja heute schon der Erwähnung wert. Bautzner Straße 79 aber ist die Adresse des **„schönsten Milchladens der Welt“,** wie die Dresdner in der ihnen eigenen Bescheidenheit sagen. 1881/92 verkleidete die Keramikfirma *Villeroy & Boch* den gesamten Laden mit bemalten Fliesen. Im denkmalgeschützten Laden gibt es immer noch Milch zu kaufen, aber auch vorzüglichen Käse und Wein. Beim Auswählen oder bei einem Imbiss bietet sich Gelegenheit, sich die Bilder auf den Fliesen anzusehen: Pflanzenornamente, Fabeltiere und der Weg der Milch von der Kuh bis in *Pfunds* Molkereiflasche. In der oberen Etage gibt es ein Restaurant und das Milchmuseum.

Vom Milchladen kann man hinunter zur Elbe gehen oder über die Prießnitzstraße weiter durch die Äußere Neustadt. Die Bautzner Straße führt stadtauswärts (Straßenbahn Linie 11) zum **Waldschlösschenpavillon.** In der

Sechs Kühe stellte 1879 der Landwirt *Paul Pfund* in seine „Milchkuranstalt“ auf der Waldstraße (heute Görlitzer Straße). Seine Kunden konnten die im sauberen Stall zufriedenen Kühe beobachten und durften wählen, von welcher Kuh sie Milch haben wollten. Die Großstädter waren begeistert. 1880 gründete *Pfund* auf der Bautzner Straße samt Hinterhof zur Prießnitzstraße seine Molkerei, die bald zu einem der größten Milchunternehmen Deutschlands werden sollte. Die **Dresdner Molkerei Gebrüder Pfund** stellte 1887 als erste deutsche Firma Kondensmilch her; sie hatte 55 Filialen in Dresden, eine Fabrik in Böhmen, eine Spedition in Hamburg. *Pfunds* produktionstechnische Anlagen haben die Milchwirtschaft nachhaltig verändert. Bis 1979 produzierte „Pfund“ in diesem Betrieb Milch. Dann wurden große Teile des Betriebes abgerissen, der Laden aber bestand weiter. Kürzlich wurde er denkmalgerecht saniert.

Dresdner Heide passiert die Bautzener Landstraße nacheinander die **drei Albrechtschlösser** (siehe „Entlang der Elbe nach Pillnitz), die „Mordgrundbrücke", den einstigen Kurort Weißer Hirsch und Bühlau, den Vorort an der Heide. Diese Strecke wird von der Straßenbahn Linie 11 befahren.

Zum Albertplatz hin stehen im „Preußischen Viertel" stattliche Häuser aus der Zeit der Jahrhundertwende und dazwischen kleine Villen.

Entlang der Elbe nach Pillnitz

Augustusbrücke

Die **Augustusbrücke** zwischen Schlossplatz und Neustädter Markt hat Vorgänger bereits im 13. Jahrhundert. Nachdem sie mehrfach erneuert worden war, wurde sie 1731 nach Plänen *Pöppelmanns* umgebaut, dann noch einmal 1906 bis 1910. In der Bombennacht 1945 wurde sie zerstört, bis 1949 wieder aufgebaut. In warmen Sommernächten ist sie ein beliebter Ort zum Flanieren.

Am Neustädter Brückenkopf steht das barocke Blockhaus, erbaut 1737/1755 nach Plänen von *Zacharias Longuelune* als Neustädter Wache. Heute ist es unter anderem Sitz der Sächsischen Akademie der Künste und ein Ausstellungsort. Am Gartenlokal auf der gegenüberliegenden Seite erinnert eine kleine Skulptur an Augusts des Starken legendären Hofnarren *Fröhlich* (1694–1757), dessen Wohnhaus, das Narrenhäusel, hier stand. Neobarocke Repräsentationsbauten sind das **Finanzministerium** sowie, mit dem Kupferdach, die **Regierungskanzlei.** Zwischen den beiden Regierungsbauten überquert die Carolabrücke (1971) den Fluss.

Elbwiesen

Die breiten Elbwiesen sind Dresdens unschätzbares Vermögen. Eine Landschaft wie das Elbtal zwischen Schloss Pillnitz an der südöstlichen und dem Barockschloss Übigau an der nordwestlichen

610ss Foto: ls

Stadtgrenze gibt es weltweit nicht noch einmal. Bis zum Sommer 2009 gehörte sie zum UNESCO-Weltkulturerbe. Doch auch nach der Aberkennung des Titels bleibt sie eine bewahrenswerte, einzigartige Kulturlandschaft. Dresden lernt man nicht kennen, ohne an der Elbe entlang wenigstens einmal von der Augustusbrücke bis zum Blauen Wunder, besser noch bis Hosterwitz und Pillnitz gelaufen zu sein. Aber auch zwischen der Inneren Neustadt (Japanisches Palais) und den immer noch ländlichen einstigen Dorfkernen Altmickten und Altübigau lohnt sich ein Spaziergang entlang der Elbe.

Hier soll die Waldschlösschenbrücke entstehen

Rosengarten

Hinter der **Albertbrücke** (1877, 1946 erste wiederhergestellte Elbbrücke) liegt leicht erhöht auf einem Damm der Rosengarten. Am anderen Ufer sieht man die Hochhäuser des Stadtteils Johannstadt. Durch den Rosengarten oder direkt an der Elbe entlang erreicht man die einstige **Drachenschänke.** Hier hat 1848 der romantische Dichter *Joseph Freiherr von Eichendorff* gewohnt. Die Schänke gibt es schon seit 1734.

Von der **Prießnitzmündung** könnte man den Spaziergang in die Neustadt fortsetzen. Der Prießnitz folgend, wäre man in einer Viertelstunde in der Dresdner Heide.

Eine Fahrt mit dem Elbdampfer

Die Sächsische Dampfschiffahrt ist die älteste und größte Raddampferflotte der Welt mit neun historischen Raddampfern, zwei Salonschiffen und zwei Motorschiffen. Seit über 160 Jahren fahren Ausflügler mit dem Dampfer ins Elbsandsteingebirge. 1836 wurde den Kaufleuten *Schwenke* und *Lange* das Privileg zur Dampfschifffahrt im Königreich Sachsen erteilt und die Elbdampfschiffahrtsgesellschaft gegründet. Im August 1837 lief der Dampfer „Königin Maria" vom Stapel. Mit einer Leistung von 40 PS unternahm die „Königin Maria" die ersten öffentlichen Fahrten zwischen Dresden und Rathen/Bad Schandau. 1840 bekamen die beiden Schiffe „Königin Maria" und „Prinz Albert" neue englische Dampfmaschinen. Damit schafften sie die Strecke von Dresden nach Tetschen (Děčín) und zurück in elf Stunden. Die „Sächsisch-Böhmische Dampfschiffahrtsgesellschaft" beförderte um die Jahrhundertwende auf den 180 Flusskilometern zwischen Torgau und Leitmeritz (Litoměřice) jährlich um die 3,5 Millionen Passagiere. Bis 1915 wuchs die Flotte auf 34 Dampfer an. Nach dem Zweiten Weltkrieg waren es nur noch zehn, von denen neun bis heute in Betrieb sind.

Nachdem die Dampfer 1928 weiß angestrichen worden waren, hießen sie bald nur noch „Weiße Flotte". 1945 nahm die Elbschifffahrt den Fahrverkehr wieder auf; 1955 wurden erneut 3 Millionen Gäste befördert. Danach ging der Zuspruch wieder zurück und pegelte sich auf jährlich 1,5 Millionen ein. Seit 1992 betreibt die Sächsische Dampfschiffahrts GmbH die älteste und größte Raddampferflotte der Welt. Sie restaurierte denkmalsgerecht die neun historischen Elbraddampfer, die heute mit ihren Schaufelrädern zwischen Dresden und Gebirge die Elbe kräuseln.

2007 gingen 756.000 Fahrgäste an Bord eines der Elbschiffe. Die besten Plätze auf dem Raddampfer sind natürlich an Bug und Heck, aber

Die Albrecht-schlösser

Jetzt breitet sich die Elbwiese noch weiter aus, hier entsteht die monströse **Waldschlösschenbrücke.**

Der Körnerweg führt an der Elbe entlang zu Dresdens erstem und bis zur Jahrhundertwende einzigem Wasserwerk, der **Saloppe,** danach passiert er die drei Albrechtschlösser. In der Parklandschaft auf den Loschwitzer Elbhängen stehen, weithin sichtbar, Schloss Albrechtsberg, die Villa Stockhausen und Schloss Eckberg. Ein Stufenweg führt von der Elbe aus in den Park.

Schloss Albrechtsberg wurde in den Jahren 1850/54 durch den preußischen Landbaumeister *Adolf Lohse* für Prinz *Albrecht von Preußen* ge-

auch hinter dem Rad, in der warmen und windgeschützen Ecke. Dort kann man die vorüberziehende Landschaft betrachten und auf das Rauschen des Schaufelrades hören. Nicht nur Kinder schauen gern im Maschinenraum den alten Dampfmaschinen bei der Arbeit zu.

In Dresden befindet sich die Anlegestelle am Terrassenufer unter der Brühlschen Terrasse. Auf dem Fahrplan stehen Linienfahrten elbaufwärts in die Sächsische Schweiz nach Bad Schandau und weiter in die Böhmische Schweiz nach Děčín. Elbabwärts fahren Dampfer von Dresden ins Elbland bis Meißen und Seußlitz. „Stadtführungen zu Wasser" und die Schlösserfahrt nach Schloss Pillnitz sind stadtnahe Dampferangebote. Abends werden Jazz- und Dixielandfahrten unternommen. Zum Tanz auf der Elbe lädt die „Sommernachtsfahrt" ein. Saisonhöhepunkte sind die Dampferparade am 1. Mai und das Dampfschiff-Fest im August.

Die **Fahrzeit** von Dresden nach Bad Schandau beträgt für die „Große Elbtallinie" sechseinhalb, für die Rückfahrt viereinviertel Stunden. Von Bad Schandau nach Dìèín oder an der Sächsischen Weinstraße ab Dresden fährt man drei Stunden.

Eine **Tageskarte**, mit der man einen Tag lang beliebig oft fahren kann, kostet für Erwachsene 21 €, für Kinder von 3 bis 14 Jahren 10,50 €. Die Familienkarte für zwei Erwachsene und bis zu drei Kinder kostet 33 €. Weitere Ermäßigungen gibt es montags sowie für Gruppen. Mit der Dampfschiff-Card für 10 € gibt es alle Normalfahrten zum halben Preis.

- **Informationen, Kartenbestellungen:** Sächsische Dampfschiffahrts GmbH & Co. Conti Elbschiffahrts KG, Hertha-Lindner-Straße 10, Dresden, Tel. (0351) 866090, Fax 8660988, www.saechsische-dampfschiffahrt.de.
- **Tagesausflüge und Charterfahrten** auch über: Personenschiffahrt Oberelbe, Am Hausberg 12, Pirna, Tel. (03501) 528467, www.elbeschiffahrt-frenzel.de.

Dresden

baut. Der Schinkel-Schüler stellte ins Semper-Dresden einen spätromantischen Prachtbau, dessen Terrassen und Treppen feierlich zur Elbmauer herabsteigen. Seine Ideen holte *Adolf Lohse* sich bei römischen Renaissancevillen, besonders bei der Villa Medici. Auf der symmetrisch geschwungenen Elbterrasse liegt ein Römisches Bad.

Das Märchenschloss Albrechtsberg bietet drinnen Marmorsäulen und Edelhölzer, Kronleuchter, phantasievolle Malereien und Ledertapeten. Im Türkischen Bad könnte man auf den Kleinen Muck warten. Der kam wirklich. 1951 bis 1990 war Schloss Albrechtsberg der **Pionierpalast,** Dresdens größter Spielplatz, und im Türkischen Bad das Märchenzimmer. Heute werden im Schloss, das seit 1925 der Stadt Dresden gehört, Empfänge und rauschende Feste gefeiert. Die am Schloss bestehende Jugendkunstschule gibt dort öffentliche Konzerte. Eine Ausstellung informiert über die Geschichte des Hauses.

Ebenfalls von *Lohse* gebaut wurde die **Villa Stockhausen** (1853). Ab 1906 wohnte dort der Industrielle und Begründer des Deutschen Hygienemuseums, *Karl August Lingner.* Seit 1916 gehört sie der Stadt. Am Bergfuß liegt das Mausoleum für den 1916 verstorbenen *Lingner,* eine Arbeit von *Hans Poelzig* mit Reliefs von *Georg Kolbe.*

Das dritte der Albrechtschlösser ist **Schloss Eckberg** (1859/61), ein Hotel. Es erhebt sich über einem Bergsporn und wirkt in seinen neogotischen Formen wie eine Burg des englischen Mittelalters.

Körnerhaus

Nun wird bald das Blaue Wunder sichtbar. Der Körnerweg erreicht Loschwitz und damit das im 17. Jahrhundert erbaute Sommerhaus des Oberkonsistorialrates *Christian Gottfried Körner.* Eine Gedenktafel erinnert daran, dass hier Ende des 18. Jahrhunderts ein intellektuelles Zentrum aufstrebenden Bürgertums war. Dieses Haus besuchten *Goethe, Schiller, Kleist, Arndt, Humboldt, Novalis, Ludwig Tieck* und die Brüder *Schlegel.* Zum

085ss Foto: ls

Körnerhaus gehörte ein Weinberg. *Schiller* schrieb in dieser beschwingten Atmosphäre die „Ode an die Freude" und den „Don Carlos". Beim Wein im gegenüberliegenden Blasewitz lernte er die Schankwirttochter *Justine Segedin* kennen, die „Gustel von Blasewitz" in seinem Drama „Wallensteins Lager".

Dresden

Das Blaue Wunder

Das Blaue Wunder verbindet die historischen Stadtteile Blasewitz und Loschwitz. Die **Stahlbrücke** wurde 1891/93 erbaut, hat eine Spannweite von 141,5 Metern und die Gesamtlänge von 260 Metern. Ein technisches und städtebauliches Meisterwerk, und eine Hauptverkehrsader der Stadt.

Blasewitz

Am anderen Elbufer, neben den Brückenpfeilern, steht die **Villa Marie,** 1870 erbaut als Sommersitz einer ungarischen Grafenfamilie. In den 1980er

Schloss Albrechtsberg

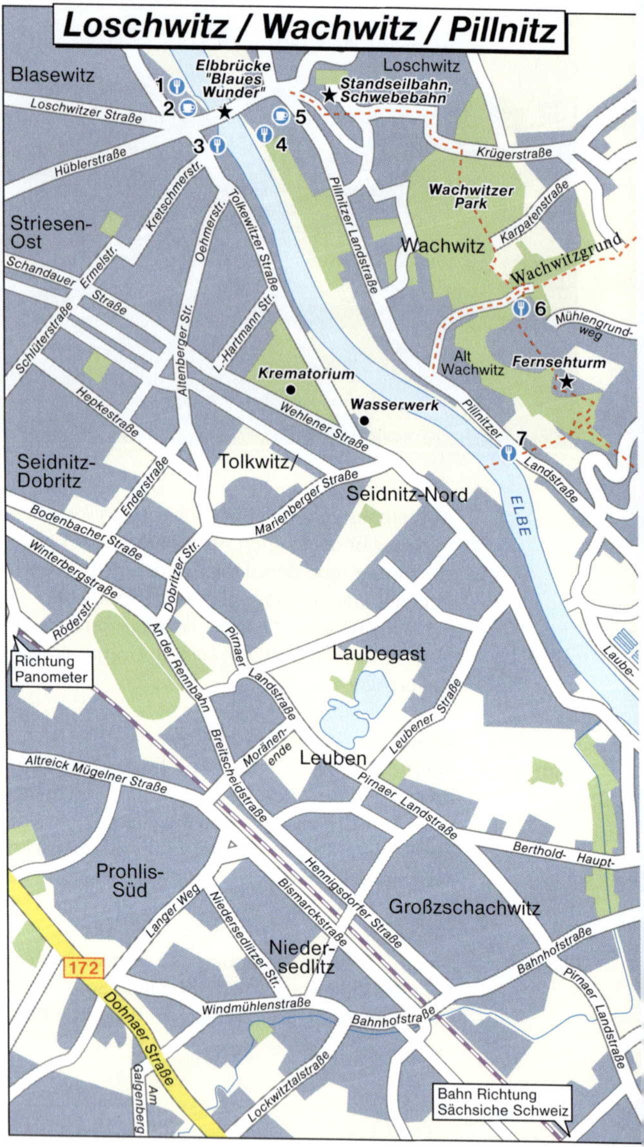
Loschwitz / Wachwitz / Pillnitz
Blasewitz
Elbbrücke "Blaues Wunder"
Loschwitz
Standseilbahn, Schwebebahn
Loschwitzer Straße
Hüblerstraße
Krügerstraße
Wachwitzer Park
Karpatenstraße
Striesen-Ost
Kretschmerstr.
Oehmerstr.
Tolkewitzer Straße
Pillnitzer Landstraße
Wachwitz
Wachwitzgrund
Schandauer Straße
Ermelstr.
Schlüterstraße
Altenberger Str.
L.-Hartmann Str.
Mühlengrundweg
Alt Wachwitz
Fernsehturm
Krematorium
Wasserwerk
Hepkestraße
Wehlener Straße
Pillnitzer Landstraße
Seidnitz-Dobritz
Tolkwitz/
Seidnitz-Nord
Enderstraße
Marienberger Straße
ELBE
Bodenbacher Straße
Winterbergstraße
Dobritzer Str.
Röderstr.
Richtung Panometer
An der Rennbahn
Pirnaer Landstraße
Laubegast
Laube-
Leubener Straße
Moränenende
Leuben
Breitscheidstraße
Altreick Mügelner Straße
Pirnaer Landstraße
Berthold-Haupt-
Hennigsdorfer Straße
Bismarckstraße
Prohlis-Süd
Großzschachwitz
Langer Weg
Niedersedlitzer Str.
Niedersedlitz
Bahnhofstraße
Pirnaer Landstraße
172
Dohnaer Straße
Windmühlenstraße
Bahnhofstraße
Lockwitztalstraße
Am Galgenberg
Bahn Richtung Sächsiche Schweiz

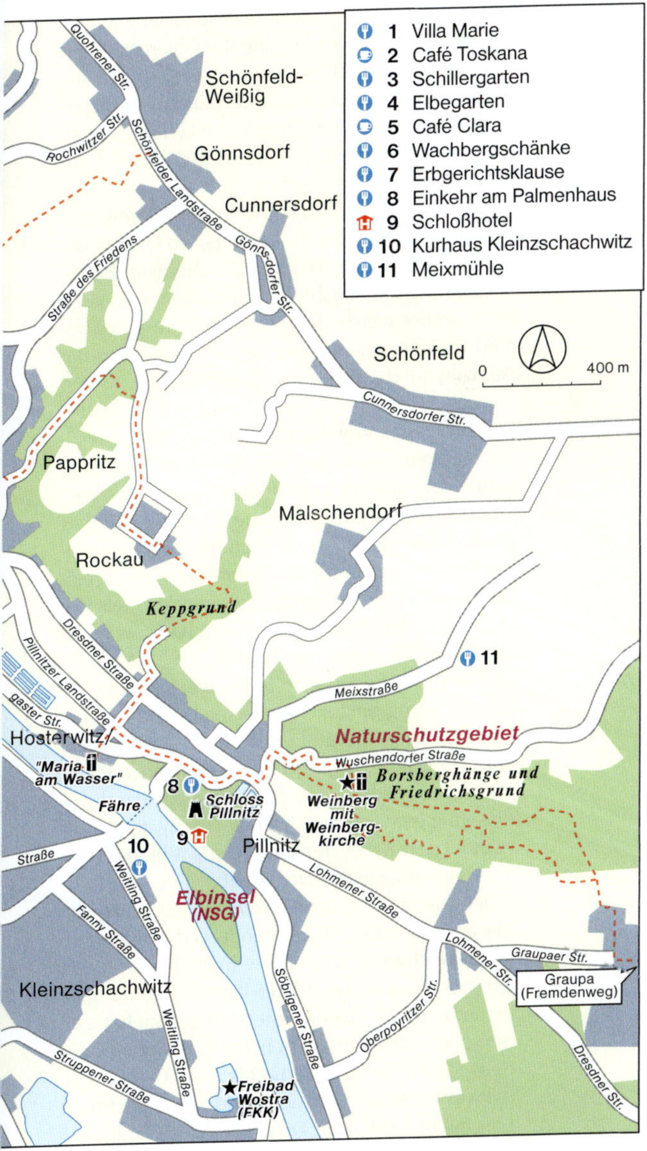
1 Villa Marie
2 Café Toskana
3 Schillergarten
4 Elbegarten
5 Café Clara
6 Wachbergschänke
7 Erbgerichtsklause
8 Einkehr am Palmenhaus
9 Schloßhotel
10 Kurhaus Kleinzschachwitz
11 Meixmühle
0
400 m
Schönfeld-Weißig
Gönnsdorf
Cunnersdorf
Schönfeld
Quohrener Str.
Rochwitzer Str.
Schönfelder Landstraße
Gönnsdorfer Str.
Straße des Friedens
Cunnersdorfer Str.
Pappritz
Malschendorf
Rockau
Keppgrund
Dresdner Straße
Pillnitzer Landstraße
Meixstraße
Naturschutzgebiet
Wuschendorfer Straße
Borsberghänge und Friedrichsgrund
Weinberg mit Weinbergkirche
Hosterwitz
"Maria am Wasser"
Fähre
Schloss Pillnitz
Pillnitz
Elbinsel (NSG)
Lohmener Straße
Lohmener Str.
Graupaer Str.
Graupa (Fremdenweg)
Weitling Straße
Fanny Straße
Kleinzschachwitz
Söbrigener Straße
Oberpoyritzer Str.
Dresdner Str.
Struppener Straße
Freibad Wostra (FKK)
Dresden

Jahren war die Villa eine inoffizielle Galerie junger Künstler in der Privatwohnung der Galeristin *Wanda C. Reichardt* (1987 verboten). Heute ist die Villa Marie eines der reizvollsten Restaurants der Elbestadt – die Toskana in Dresden. Nach der Hochwasserkatastrophe vom August 2002 wurde sie wiedereröffnet.

Das legendäre **„Toskana"** am Blasewitzer Brückenkopf des Blauen Wunders, wo Damen bei Kaffee und Eierschecke und die Bohemiens bei einer Zeitung saßen, gibt es dem Namen nach auch noch. Leider wurde der morbide Charme des traditionsreichen Caféhauses heraussaniert, aber die Aussicht auf das Blaue Wunder ist reizvoll.

Loschwitz

Loschwitz, das **Weinbauerndorf** (ab 1921 Dresdner Stadtteil) am Hang zwischen Heide und Elbe, hatte für die Städter schon immer etwas Exotisches.

1315 wurde es als slawische Siedlung erstmals erwähnt. Schon im 16. Jahrhundert zogen Dresdner Familien während des Sommers in die Weinberge. Bis Mitte des vorigen Jahrhunderts war der Weinbau der wichtigste Wirtschaftszweig in Loschwitz. Dann kam die Reblaus.

In den folgenden Jahrzehnten wuchsen die Villen den Hang hinauf. Eine verspielter oder abenteuerlicher als die andere. Kastelle und Burgen, Türmchen und Zinnenzierrat. Renaissance-Palast und Jugendstil-Villa, alle passen sie zueinander in diesem eigentümlichen Viertel. Loschwitz war bis zum letzten Krieg der bevorzugte **Villenort** am Rand der industrialisierten Stadt.

Der Fotograf *August Kotzsch* hat das Loschwitz des ausgehenden 19. Jahrhunderts dokumentiert. In **Altloschwitz,** an der Friedrich-Wieck-Straße, lebt noch etwas von der dörflichen Stimmung, in der *Kotzsch* die Plattenkamera aufgebaut hat. Um den alten Dorfkern stehen Fachwerkhäuser aus dem 17./18. Jahrhundert. Das Café Clara, Keramikwerkstätten, Galerien und das Buchhaus Loschwitz laden ein. Friedrich-Wieck-Straße 45

086ss Foto: ls

wird **Fährgut** genannt und war bis 1839 als Weingut mit Weinpresse bewirtschaftet. Deshalb heißt es auch „Presse". Die Fährhaustür bezeichnet das Baujahr des Fachwerkhauses mit 1697. Friedrich-Wieck-Straße 10 wohnte der Mann, der dieser Dorfstraße den Namen gab, der Musikpädagoge und Vater der Komponistin *Clara Schumann.*

Die Bergbahnen

Die Friedrich-Wieck-Straße führt zum **Körnerplatz.** Sie ist nur eine von sieben Straßen, die dort einmünden. Am Körnerplatz liegt auch die untere Station der **Standseilbahn.** Sie verbindet Loschwitz mit dem ehemaligen Kurort Weißer Hirsch. 1895 wurde die Anlage erbaut, der Höhenunterschied beträgt 99 Meter.

Auf einem kleinen Bergsporn, aber noch am Fuße des Hanges steht die **Loschwitzer Kirche.** Sie wurde 1705 bis 1708 von *Christian Fehre* gebaut, *George Bähr* hat das Projekt begleitet. 1945

Das Blaue Wunder verbindet Blasewitz und Loschwitz

wurde sie nahezu restlos zerstört und erst in den 1990er Jahren rekonstruiert.

Neben der Kirche liegt die Talstation der 1900 eröffneten ersten **Schwebebahn** der Welt. In drei Minuten überwindet die Bahn 84 Höhenmeter bis nach Oberloschwitz.

Leonhardimuseum

Hauptverkehrsader für die Hangpartie ist die steile **Grundstraße** im Loschwitzgrund. Hinter der ersten Kurve steht das Leonhardimuseum. Die ehemalige Hentschelmühle, unterste der sieben Wassermühlen in diesem Tal, wurde 1884 bis 1896 durch den Landschaftsmaler und Tintenfabrikanten *Edmund Leonhardi* zum Künstlerquartier **„Rote Amsel"** umgebaut. Einer der Gäste war immer wieder *Leonhardis* Lehrer *Ludwig Richter.* Ein romantisches Haus ist das „Leonhardi" geblieben: Fachwerkbau mit mehreren Erkern, die Ausfachungen mit historisierenden Malereien geschmückt, die Skulptur eines Ritters mit Schild und Lanze, ein Vorgarten und im Sommer das winzige Café. Außer den großformatigen Werken *Leonhardis,* der als romantischer Maler des Waldes bekannt geworden ist, zeigt das Museum in der Galerie wechselnde Ausstellungen Dresdner Künstler.

Vom Körnerplatz führt der Veilchenweg steil den Loschwitzhang hinauf. Der markierte **„Dichter-Musiker-Maler-Weg"** geleitet durch die Kulturgeschichte des Stadtteils (10 km) – zu den Wohnorten und Landschaften von *Theodor Körner, Joseph von Eichendorff, Friedrich Schiller, Ludwig Richter, Carl Maria von Weber, Josef Hegenbarth* – und darüber hinaus bis zum Prebischtor in der Böhmischen Schweiz (96 km).

Wachwitz

Über den Joseph-Hegenbarth-Weg (an der Wegkreuzung unter der kleinen Brücke hindurch, nicht nach rechts) gelangt man zum Wachwitzer **Rhododendronpark.** Mit dem darüberliegenden Wachwitzer Höhenpark ist er ein Teil des ehemaligen Königlichen Weinberges.

120ss Foto: ls

König *Friedrich August II.* hatte hier einen Sommersitz. Das Schloss, die so genannte **Neue Villa** (1893) ist heute Sächsische Akademie für Lehrerfortbildung.

Wachwitzer Weinberg heißt der Weg, der nach links am Park vorbei zum Kotzsch-Weg hinaufführt, dieser über Stufen nach Oberloschwitz auf den markierten Wanderweg. Durch den Park geht es nun hinunter in den Wachwitzgrund und nach **Altwachwitz.** Der als Rundling angelegte Dorfkern ist noch gut erkennbar. Von hier führen ein markierter Weg zum Fernsehturm und ein Wiesenpfad wieder an die Elbe.

Den Weg bis nach Altwachwitz kann man auch sehr angenehm entlang der Elbe zurücklegen. Am anderen Ufer stehen das Wasserwerk (1898) und der Jugendstil-Bau des Krematoriums von Dresden-Tolkwitz (1894, *Paul Wallot*).

Leonhardimuseum

Hosterwitz

Der Elbeweg führt nun über Wiesen durch ländliche Gegend nach Hosterwitz. Auf der Uferböschung, unter den alten Bäumen und vor dem Horizont der Borsberghänge, steht **Maria am Wasser.** Ein zierlicher Barockbau. Die Kirche wurde erstmals 1406 erwähnt und im 18. Jahrhundert umgebaut. Die Elbeschiffer gingen dort zur Messe, während die Bomätscher ihre Schiffe über die Laubegaster Furt zerren mussten.

Hinter der Fährstation beginnt bereits der Schlosspark Pillnitz.

Carl-Maria von Weber entdeckte 1818 bei einem Frühlingsspaziergang mit seiner Frau *Caroline von Brandt* in Hosterwitz das Winzerhaus des *Gottfried Felsner.* In dem Winzerhaus schrieb *Carl-Maria von Weber* den „Freischütz", die „Eurianthe", den „Oberon" und die „Aufforderung zum Tanz". Das um 1720 erbaute Hosterwitzer Winzerhaus ist heute **Musik-Museum,** das einzige zum Leben und Werk dieses bedeutenden Komponisten der Romantik.

Pillnitz

Der gemächliche Elbstrom, die geschweiften Dächer des Lustschlosses, die wie eine Hand zum Wasser geöffnete Treppe, die gestutzten Büsche des Parks und am Horizont die grüngrauen Weinberge, so bietet sich Pillnitz den Reisenden dar, die sich vom Fluss aus dem Schloss nähern. **Schloss Pillnitz** erscheint wie verwachsen mit der Landschaft, zu der auch die einzige noch erhaltene Elbinsel auf dem sächsischen Flusslauf gehört. Schloss und Park sind Ausflugsziel und Museum, Konzertplatz und Ausgangsort für Wanderungen in die nahen Berge und eines der schönsten Werke sächsischer Schlossbaukunst.

Die Geschichte des Schlosses reicht zurück bis ins Mittelalter. Damals stand in dieser Gegend eine Burg, später ein Renaissanceschloss, eine Schlosskirche, ein Lusthaus. 1720 entstand im Auftrag *Augusts des Starken,* nach Plänen von *Pöppelmann,* das **Wasserpalais.** In den folgenden Jahren wurden die Pavillons gebaut, alle mit formalen Anspielungen auf die chinesische Kultur. Pillnitz ist das früheste Beispiel der Chinoiserie in der europäischen Architektur. 1723 entstand das **Bergpalais** als Pendant zum Wasserpalais.

088ss Foto: ls

Die nach Hosterwitz verlaufende **Maille-Bahn** (benannt nach einem golfähnlichen Spiel aus der Zeit des Rokoko), eine Kastanienallee, steht für den Versuch, Schloss Pillnitz und die Residenz durch eine Achse zu verbinden. Bis 1918 war Pillnitz die Sommerresidenz der Wettiner.

Schlossgarten

Vier Gartenformen sind im Schlosspark vereint; der Irrgarten im **Heckenquartier,** der romantische **Englische Park,** der **Holländische Garten** mit dem gusseisernen **Palmenhaus** (1859) und der nach 1804 angelegte **Chinesische Garten,** in dem an einem Teich der Chinesische Pavillon steht.

Weinbergkirche in Pillnitz

089ss Foto: ls

Im Englischen Park wächst seit 1801 eine inzwischen uralte Japanische **Kamelie.** Sie ist die einzige Überlebende von vier, Ende des 18. Jahrhunderts nach Europa gebrachten Kamelien. Ihr Kronendurchmesser erreichte bereits 11 Meter. Bis zu 35.000 Blüten bringt der Baum in den Monaten Februar bis April hervor. Den Winter verbringt er im eigenen Schutzhaus.

Eine **Gondel** vom Ende des 18. Jahrhunderts, mit der die Hofgesellschaft von Dresden auf der Elbe zur Sommerresidenz geschwommen ist, steht in einem offenen Pavillon am Rande des Heckenquartiers.

Schlossmuseum

Das **Museum für Kunsthandwerk** zeigt in den beiden Palais Möbel, Gefäße und Hausgeräte aus der Zeit zwischen Gotik und Jugendstil sowie Möbel aus den Deutschen Werkstätten Hellerau. Gegenwartsdesign wird in Sonderausstellungen präsentiert. Zudem gibt es im Wasserpalais eine Buchhandlung sowie im **Neuen Palais** und im

090ss Foto: ls

Fliederhof ein Antiquariat, Läden für Kunsthandwerk und eine Teestube.

Gründe um Pillnitz

Nach dem Schloss- und Parkrundgang bietet sich die nähere Umgebung zu Wanderungen an. Ein markierter Weg führt in den romantischen **Keppgrund.** Dazu muss man über Maille-Bahn und Dresdner Straße nach Hosterwitz laufen, bis zum Keppgrundweg. Über die Felder von Malschendorf auf dem Schönfelder Hochland führt dieser Weg wieder bergab zur historischen Ausflugsgaststätte Meixmühle, von dort durch den **Friedrichsgrund** (Meixgrund) zurück nach Pillnitz. Im Friedrichsgrund steht die neogotische **Künstliche Ruine** (1785). Sie wurde auf den Resten der mittelalterlichen Burg errichtet und gehört zur Komposition der Schlossanlage.

Bergpalais und Springbrunnen im Lustgarten

Delfinförmiger Laternenfuß im Schlossgarten

Praktische Reisetipps

Info

- Über Aktivitäten in der Region wie z. B. das jährliche Elbhangfest (Juni) informiert die Internetseite **www.elbhang fest.de.**

Bergbahnen

- **Verkehr** tgl. nach Fahrplan, Service-Telefon der Verkehrsbetriebe: (0351) 8043536.
- **Bergschwebebahn** Loschwitz-Oberloschwitz (älteste Bergschwebebahn der Welt, zwischen 10 und 18 Uhr Führungen mit Besichtigung der Anlagen).
- **Standseilbahn** Loschwitz–Weißer Hirsch (Führungen an Wochenenden zwischen 10 und 15 Uhr).

Anreise

Von Hosterwitz/Pillnitz Rückfahrt mit Bus 63 bis Schillerplatz, weiter mit Straßenbahn 6 oder 12; oder bis Karcherallee, weiter Straßenbahn 1 oder 2. Oder mit Fähre nach Kleinzschachwitz, Straßenbahn 1.

Hellerau – Gartenstadt am Wald

Überblick

Am Westrand der Dresdner Heide, zwischen den sandreichen Hellerbergen, wo ein knappes Jahrhundert lang Soldaten gedrillt wurden, und Klotzsche, dem alten Villen- und Kurort, liegt auf hügeligem Gelände die **erste deutsche Gartenstadt** (siehe Exkurs „Deutsche Werkstätten Hellerau"). Sie hat sich in den vergangenen neunzig Jahren kaum verändert. Ein Rundgang durch Hellerau führt durch schmale, dem natürlichen Gelände angepasste Straßen und Wege, an reizvollen Reihen- und Einzelhäusern vorbei, die verspielt und sachlich zugleich sind, verspielt in ihrer Zwiesprache mit der umgebenden Natur, sachlich in ihrer Funktion für die Bewohner.

Rund um den Markt

Die Straßenbahn Linie 8 fährt am „Abzweig Hellerau" in den Wald hinein und in der Gartenstadt, nur eine Station weiter, wieder aus dem Wald heraus. Haltestelle Post Hellerau. Ein **„Kurzer Weg"** mit Kleinhäusern von *Richard Riemerschmid* führt auf den **Markt.** *Riemerschmids* Plan einer ge-

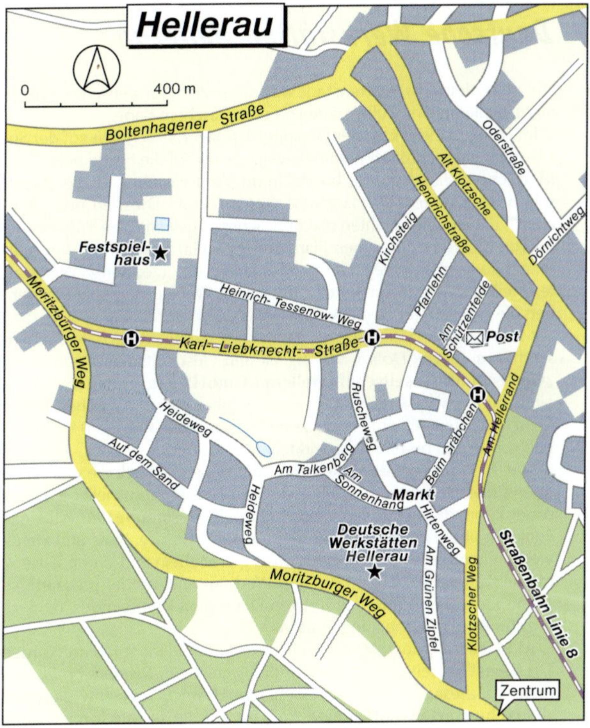

schlossenen Marktbebauung wurde nicht mehr realisiert, nur die Kaufladenreihe mit Terrasse und einem Durchgang zu den Gärten des Kleinhausviertels. Dennoch fügt sich der kleine Platz mit Bauten aus den späten zwanziger Jahren gut in die Gartenstadt ein. Gegenüber dem Café Hellerau, neben dem Torbogen, schlängelt sich ein Weg in das Kleinhausviertel **„Am Grünen Zipfel".** Diese Riemerschmid-Häuser waren die ersten, die in der Siedlung auf der „Au am Heller" gebaut wurden, darin sollten die Möbeltischler und andere Beschäftigte der Deutschen Werkstätten für Handwerkskunst ihre Wohnung mit Garten erhalten.

Deutsche Werkstätten Hellerau

Die erste deutsche Gartenstadt war ein sozialreformerisches Experiment, Hellerau eine Kulturstätte von europäischem Rang.

Im Frühjahr 1908 kam der Dresdner Tischler *Karl Schmidt* auf der Suche nach einem größeren Betriebsgelände bis auf die Heide beim Dorf Klotzsche. *Schmidt* führte bis dahin im Vorort Laubegast die „Deutschen Werkstätten für Handwerkskunst GmbH Dresden und München", die aus allen Nähten platzten. *Schmidt* gewann den Bürgermeister von Klotzsche für seinen Plan, dort eine Gartenstadt mit Werkstättengebäude zu errichten. Der Grundstein für die „Deutschen Werkstätten Hellerau" wurde am 9. Juni 1909 gelegt. Wenige Tage später begannen die Arbeiten für das Kleinhausviertel „Am Grünen Zipfel".

Möbeltischler Schmidt, der Münchner Architekt *Richard Riemerschmidt* und *Wolf Dohrn,* Schöngeist und Geschäftsmann, hatten die **„Gartenstadt Gesellschaft Hellerau GmbH" gegründet** und damit ein Experiment gewagt, das schon zwei Jahre darauf (zwischen Berlin, Genf und München eher noch als im konservativen Dresden) für Aufsehen sorgte und bis heute fortwirkt.

Die „Deutschen Werkstätten Hellerau" bauten **Möbel,** die sich in Fertigung und Design vom eklektizistischen Eintopf industrieller Massenproduktion distanzierten: Werkstattarbeit, Besinnung auf Material, Funktion und eine darauf abgestimmte Formsprache. Holz und Handwerk sollten weiterleben in zweckmäßigen Möbeln und Wohnhäusern. In Hellerau verwirklichten die drei Werkstätten-Gründer programmatische Ideen des 1908 gegründeten Deutschen Werkbundes, dem sie in zentralen Positionen angehörten.

Mit Hellerau, der „Au am Heller" (ein Heidelandstrich im Norden Dresdens) bauten auf 140 Hektar die Architekten *Riemerschmid, Hermann Muthesius, Adolf von Hildebrand, Heinrich Tessenow* die **erste deutsche Gartenstadt** – eine Antwort auf die sozialreformerischen Projekte der Engländer *John Ruskin* und *William Morris* und die von *Ebenezer Howard* 1903 bei London gebaute Gartenstadt Letchworth.

Die Siedlung „Am Grünen Zipfel" und der Marktplatz mit seiner Ladenstraße waren das Herz des grünreichen Gemeinwesens Hellerau, in dem Arbeiten, Wohnen und Kommunizieren wieder an einem Ort zueinandergebracht werden sollten. Wer durch Hellerau ging, so *Riemerschmids* Wunsch, „sollte sich denken: ja, die passen zueinander, die Häuser und die Menschen."

Nach dem 2. Weltkrieg wurden die Werkstätten als Rüstungsbetrieb – unter anderem waren dort Patronenkisten hergestellt worden – teilweise demontiert. In dem später **„volkseigenen" Betrieb** wirkten neben anderen die Bauhäusler *Franz Ehrlich* und *Selman Selmanagic.* Noch in den 1960er Jahren waren Hellerauer Möbel eine Provokation für den Zuckerbäckergeschmack der SED-Politbürokratie. Bis 1990 wurden dann mit „MDW" wer weiß wie viele Wohnungen eingerichtet – das

Spanplatten-Montagemöbelprogramm passte exakt in die allerorten hochgezogenen WBS-70-Plattenbauten.

Der **1992 privatisierte Betrieb** beruft sich auf die progressiven Traditionen der Deutschen Werkstätten Hellerau. Die denkmalgeschützten historischen Räume wurden vermietet an Architekten, Künstler, Designer und Büros von Hightech-Firmen, die wohl alle ein besonderes Interesse an diesem authentischen Ort europäischer Kulturgeschichte eint. Hellerau hat mit diesem „Branchenmix" auch eine neue zukunftsfähige Identität erhalten. Der Betrieb profiliert sich mit einem Produktionssegment, das sich als verlässliche Konstante durch seine gesamte Geschichte gezogen hat, mit hochwertigem Innenausbau und anspruchsvoller Objekteinrichtung.

Die Werkstatt-Galerie präsentiert Arbeiten freier Künstler sowie Raumplanungs- und Möbelprogramme aus dem eigenen Haus und international führender Hersteller. Neben den Ausstellungseröffnungen gehören Konzerte von den Studenten der Hochschule für Musik „Carl Maria von Weber" (monatlich, meist am ersten Mittwoch, 19.30 Uhr), Vorträge und Sommerfeste zum Galerieprogramm in diesem von *Richard Riemerschmidt* wie eine Schraubzwinge angeordneten Werkstättenbau.

Die Gartenstadt Hellerau sollte, wie die Werkstätten mit ihren Möbeln, zum bürgerlichen Zeitgeschmack und Zeitgeist zukunftsweisende Alternativen formulieren. *Wolf Dohrn* kannte den Schweizer Tanzpädagogen *Emile Jaques-Dalcroze,* der sich in Genf mit seiner Improvisationslehre von der Rhythmischen Gymnastik quer zum konventionellen Verständnis von Tanz gestellt hatte und einen neuen Ort für seine Arbeit suchte. Dieser Ort sollte Hellerau werden. *Dohrn* beauftragte *Heinrich Tessenow,* dessen puritanisch-sachliche Häuser das Bild der ländlich-romantischen Gartenstadt bereits in mehreren Straßen kontrastierten, mit dem Bau eines Theaters.

Tessenow baute mit dem **Festspielhaus** am Rande der Gartenstadt 1911 einen klassisch schlichten Tempel der Kunst. Ein hoher, von vier Säulen getragener Dreiecksgiebel betont das Erhabene dieses Bauwerkes, das aber auch an dieser Schauseite nicht die für den einzelnen Besucher fassbaren Maße übersteigt. Vor dem Theater, zu beiden Seiten der vom Giebel gewiesenen Hauptachse, liegt ein streng gegliederter Platz, den Laubengängen und Wohnpavillons umgeben.

Jaquez-Dalcroze und der Theatertheoretiker *Adolphe Appia* öffneten das Festspielhaus für die internationale Avantgarde des Theaters, der Musik und Kunstpädagogik. An der „Bildungsanstalt" experimentierten junge Leute aus 15 europäischen Ländern, darunter auch *Mary Wigman* und *Gret Palucca.* Glanzpunkte setzten die alljährlichen Schulfeste der Bildungsanstalt, in denen Schülerinnen und Schüler – in antiker Tradition – dem Volk ihre Arbeit vorführten. Nach Hellerau kamen Klassiker der europäischen Moderne: *Paul Claudel* und *Franz Kafka, Emil Nolde* und *Oskar Kokoschka, Hans Poelzig, Le Corbusier, El Lissitzki, Igor Strawinski, Sergeji Rachmaninow.*

Der tragische Unfalltod *Wolf Dohrns* (er stürzte am 4. Februar 1914 bei einem Skiausflug in den Walliser Alpen ab) und der Weltkrieg beendeten die künstlerische Hoch-Zeit am Festspielhaus. In den zwanziger Jahren war es noch Arbeits- und Auftrittsort für Künstler; doch schon in der Zeit der Weimarer Republik bezog die Polizei das Festspielhaus als **Kaserne.** Nach dem Machtantritt der Nazis marschierte die SA ein. Nach der Befreiung blieb die Rote Armee drin – bis 1992. Der Festsaal wurde zur Sporthalle der Soldaten.

Der **Förderverein „Europäische Werkstatt für Kunst und Kultur"** engagiert sich für die Sanierung des Festspielhauses. So wird die Gartenstadt Hellerau mit Werkstätten und Festspielhaus wieder eine Stätte der Begegnung europäischer und internationaler Kultur.

- **Förderverein für die Europäische Werkstatt für Kunst und Kultur Hellerau e. V.,** Festspielhaus, Karl-Liebknecht-Straße 56–58.
- **Deutsche Werkstätten Hellerau,** Werkstättengalerie, Tel. (0351) 8838202, Mo–Fr 9–16 Uhr (nicht an Feiertagen)
- **www.dwh.de**
- **www.hellerau.de**
- **www.festspielhaus-hellerau.com**

Die Werkstätten

Die Fabrik wurde am **Moritzburger Weg** gebaut, der in den „Am Grünen Zipfel" mündet. Bevor die Handwerker ihre Werkstätten erreichten, liefen sie beim Chef vorbei. Dieses Haus mit dem schmiedeeisernen Gartentor, Moritzburger Weg 69, baute *Riemerschmid* für Werkstätten-Begründer *Karl Schmidt.* An der gutshofähnlichen Fabrik entlang führt der Moritzburger Weg zum **Heideweg.**

Wohngebiete

Heinrich Tessenow hat dort für die Werkstättenmeister schlichte Einfamilienhäuser gebaut. Der Weg führt sanft den Hügel hinauf, an der Gabelung vor dem **Gondelteich** geht es rechts in das Kleinhausviertel **„Am Talkenberg".** Fast alle Straßennamen fanden die Gartenstadt-Architekten in alten Flurbezeichnungen. Diese Häuserreihe hat wieder *Riemerschmid* gebaut. Noch einmal nach rechts zweigt **„Am Sonnenhang"** ab. Hier steht

091ss Foto: ls

eine Siedlung von Holzhäusern, die in den 1930er Jahren durch die Deutschen Werkstätten gebaut wurden. Es sind Musterhäuser der Architekten *Adelbert Niemeyer, Eugen Schwemmle, Wilhelm Kreis, Oswin Hempel* und anderer.

Die Kiefern am Sonnenhang sind inzwischen ordentlich herangewachsen, also führt ein schattiger Weg wieder auf den Markt. Nach links steigt der **Ruscheweg** an, wieder von *Riemerschmid.* **„Am Schänkenberg“** stehen Reihenhäuser von *Tessenow,* Haus Nr. 2 von *Hermann Muthesius.* Von diesem Berliner Architekten, der sich am englischen Landhausstil orientierte, sind die Kleinhäuser **„Beim Gräbchen“** und, oberhalb der Straßenbahnlinie, **„An der Winkelwiese“.** Bauten von *Riemerschmid* stehen wieder **„Am Hellerrand“,** der schon hinausführt nach Klotzsche. In dem Randviertel liegen **„Am Schützenfelde“,** das *Curt Frick* bebaut hat, und der **Pfarrlehn** mit Tessenow-Reihenhäusern.

Das Festspielhaus

Der Tessenow-Weg führt im spitzen Winkel von der Karl-Liebknecht-Straße (Straßenbahn) weg zur Schule, die nach Entwürfen von *Curt Frick* gebaut wurde. Über die Liebknecht-Straße bis zur Haltestelle Urnenfeldweg erreicht man *Heinrich Tessenows* **Festspielhaus,** das zu den wesentlichen Bauten der deutschen Architektur des frühen 20. Jahrhunderts gehört.

Die Villenviertel

Zurück ins Zentrum der Gartenstadt führt der Heideweg. Rechts davon liegt das Villenviertel der Gartenstadt **„Auf dem Sand“.** Beachtenswert sind besonders die Villen Nr. 6 von *Oswin Hempel,* 10/19/21 von *Riemerschmid,* Nr. 11 von *Muthesius,* Nr. 12 von *Tessenow,* Nr. 26 von *Bruno Paul.* Vom Villenviertel gibt es mehrere Wege zum Markt, auf denen man noch einmal die vielstimmige Harmonie der Gartenstadt erleben kann.

Campus im Grünen – das Universitätsgelände

Überblick

Die Technische Universität Dresden gehört zu den ältesten in Deutschland, und sie ist mit 35.000 Studenten und 4200 Mitarbeitern die größte in Sachsen. Seit 1994 ist sie **Voll-Universität** mit 14 Fakultäten. Das Universitätsgelände liegt an der Südhöhe, wie dieses Stadtgebiet am Hang von den Dresdnern auch genannt wird. Der Campus im Grünen ist das „jugendlichste“ Viertel Dresdens, mit **Studentenkneipen** und architektonischen Zeugnissen von 150 Jahren Technik- und Wissenschaftsgeschichte, mit stillen Innenhöfen und langen Nächten. Von den neueren Bauten im Uni-Gelände sind vor allem das Hörsaalzentrum Bergstraße sowie das **Max-Planck-Institut** hervorzuheben.

Vom Hauptbahnhof fahren die Straßenbahnen Linie 3 und Linie 11, sowie die Busse 61 und 66 ins

093ss Foto: ls

Universitätsgelände. Zu Fuß ist man in einer guten Viertelstunde an der Neuen Mensa mit der beliebten Bierstube. Falls es auf kürzestem Weg in eine Studentenkneipe gehen soll: Vom Münchener Platz zweigt in Richtung Stadtzentrum die Hübnerstraße ab, im Keller des Hauses Hübnerstraße 13 gibt das **Campus Restaurant** sein allabendliches-nächtliches Seminar: Szenelokal im besten Sinne, einladend offen, intim, berauschend. Eine Straße weiter, auf der Liebigstraße, wartet die nächste Studentenkneipe, das beliebte B. Liebig, mit freundlichen Preisen und Kunst im Keller.

An der Fritz-Löffler-Straße, die direkt zum Campus führt, stehen Wohnheime aus den 1950er Jahren sowie die zwiebeltürmige **Russisch-Orthodoxe Kirche** des heiligen Simeon vom wunderbaren Berge; erbaut 1872 für die Kaiserlich-Russische Gesandtschaft.

Campus der Technischen Universität

Georg-Schumann-Bau

Der Münchener Platz wird von einem burgartigen, finster verschachtelten und auch mit der hohen Freitreppe eher abweisenden Bau beherrscht, bei dem wohl jeder sofort richtig auf ein Justizgebäude tippt. Das ehemalige **Sächsische Landgericht** wurde 1907 von *Oskar Kramer* erbaut. Während der Nazizeit urteilte hier der Volksgerichtshof, im Hof des Gebäudes stand das Fallbeil. Eine Gedenkstätte erinnert an die Opfer der Nazijustiz, aber auch an unschuldige Opfer stalinistischer Nachkriegsprozesse. Als Georg-Schumann-Bau, benannt nach dem bekannten ermordeten Antifaschisten, gehört das Landgerichtsgebäude der TU. Im dahintergelegenen Kreuzbau gibt es einen intimen Hof, darin die Bronzeplastik eines nachdenklichen Studenten (Buch zugeklappt).

Zeuner-Bau

Der Zeuner-Bau ist einer der ältesten im Kerngelände der TU. Mit dem benachbarten **Mollier-Bau** wurde er von *Karl Weisbach* entworfen. *Gustav Anton Zeuner* kam als Professor für Mechanik und theoretische Maschinenlehre nach Dresden. Unter seiner Leitung wurde 1890 das Dresdner Polytechnikum in den Rang einer Technischen Hochschule erhoben. *Zeuners* Nachfolger wurde 1897 der Thermodynamiker *Richard Mollier.*

Beyer-Bau

Wahrzeichen des Universitätsgeländes ist der Turm des Beyer-Baus. 1913 schuf *Martin Dülfer,* Professor für Entwerfen an der Technischen Hochschule, diesen **Klinkerbau im Jugendstil.**

Im Beyer-Bau war das Wissenschaftlich-Photographische Institut untergebracht, wie eine Inschrift über dem Glaserker erinnert. Gegründet wurde es 1852 durch den Altmeister der Fotografie, **Hermann Krone,** als Photographische Lehranstalt.

Bauingenieur *Kurt Beyer* (1881-1952) wurde 1919 an die Hochschule berufen, baute Stahlkonstruktionen für Großgeräte im Braunkohletagebau und arbeitete nach dem Krieg an der Instandsetzung der zerstörten Elbbrücken mit.

Der flache Plattenbau am Fritz-Foerster-Platz ist die **Neue Mensa.** Davor steht eine Stahlskulptur des Dresdner Konstruktivisten *Hermann Glöckner* (1889–1987). Zwischen Beyer-Bau und Neuer Mensa ist das moderne **Hörsaalzentrum** entstanden. Nach der Vorlesung in die nächste Campus-Kneipe: Müller's Café, 100 Meter die Bergstraße hinauf. Hier gibt's täglich ein preiswertes Mittagessen und reichlich belegte Fladenbrote, das loben nicht nur die Studenten.

Fritz-Foerster-Bau

Hinter dem Beyer-Bau beginnt eine Pappelallee, sie führt bergan zu einem architektonischen Dreiklang: Zentral, oberhalb der Freitreppe, steht der U-förmige Fritz-Foerster-Bau, davor links der **König-Bau,** rechts der **Erich-Müller-Bau.** Auch dieses Ensemble schuf der Architekt *Martin Dülfert.* Sehenswert am Foerster-Bau sind die Vestibüle am Nord- und Südeingang.

Unter Leitung von **Fritz Foerster** (1866–1931) wurde 1895 an der TH ein Lehrstuhl für Elektrochemie und physikalische Chemie eingerichtet. Daraufhin wurde Dresden innerhalb kurzer Zeit ein Zentrum der Elektrochemie.

Rektoratsgebäude

Der bisherige Weg durch das Uni-Gelände führt allmählich immer weiter die Südhöhe hinauf und erreicht nun an der Mommsenstraße oberhalb des Foerster-Baus das **historische Verwaltungszentrum der TU.** Das eher ländlich wirkende Rektoratsgebäude überrascht als Amtssitz mit seinen harmonischen Proportionen. Im Nebengebäude befindet sich die **Alte Mensa,** auch als Veranstaltungsort schon immer eine beliebte Dresdner Adresse. Mensa und Rektorat werden durch einen kleinen Garten verbunden. Zwischen den Gebäuden öffnen sich immer wieder reizvolle Fernblicke auf die im Tal liegende Stadt.

Barkhausen-Bau Den architektonischen Glanzpunkt der neueren TU-Bauten setzt der in den fünfziger Jahren von *Karl Wilhelm Ochs* errichtete Barkhausen-Bau, benannt nach dem Senior der Schwachstromtechnik und Entdecker des Kurzwellenprinzips, **Heinrich Barkhausen** (1881–1956). Ein langgestreckter Bau mit einem in der Mitte herausgehobenen, verglasten Treppenhaus, davor ein Zierbrunnen und im Hof ein Garten. Der Barkhausen-Bau war einer der ersten Neubauten im TU-Gelände nach 1945.

Weberplatz Am Zelleschen Weg steht der architektonisch spannende Neubau der **Landes- und Universitätsbibliothek** (2002); Lesesaal und Cafeteria sind immer besuchenswert. Ein verschwiegener Fußweg führt über die Erlwein- und Egon-Erwin-Kisch-Straße und durch den Beutlerpark – mit Café, Gartenlokal und Spielplatz – in einer Viertelstunde zum dreieckigen Weberplatz. Anstelle des Putzsteinbaus mit Uhrturm stand hier bis 1945 die Königlich-Sächsische Lehrerakademie. Den Neubau für die **Arbeiter-und-Bauern-Fakultät** leitete ab 1947 der Architekt *Heinrich Rettig*. Dabei orientierte er sich an bester Dresdner Bautradition, ohne zu kopieren. Für die rückwärtige Schauseite an der Teplitzer Straße verwendete er das historische Portal der Lehrerakademie. Später gehörte er zu den maßgeblichen Architekten des frühen Plattenbaus; von ihm stammen die vier Zehngeschosser an der Freiberger Straße, beim Postplatz.

Sandsteinskulpturen vor dem Hauptportal am Weberplatz stellen einen Arbeiter mit Buch und Schraubstock und eine Bäuerin mit Buch und Getreidegarbe dar; beide in Igelittschuhen.

Als diese Nachkriegs-Plastik-Schuhe getragen wurden, kehrte der von den Nazis als Jude aus dem Amt getriebene Romanist **Viktor Klemperer** an die Technische Hochschule zurück. *Klemperer* lehrte in dem flachen, dem Hauptgebäude angeschlossenen Flügel, der bereits vor dem Krieg unter dem Einfluss des Bauhauses errichtet worden

094ss Foto: ls

war. Der Hörsaal ist nach *Klemperer* benannt, nicht aber dieses bisher entgegen der TU-Tradition namenlose Gebäude.

Für den **Rückweg ins Stadtzentrum** kann man die Straßenbahn Linie 11 nehmen.

Sächsische Landes- und Universitätsbibliothek

Der Große Garten

Der Große Garten, die „grüne Lunge" des Stadtzentrums, liegt nur eine Viertelstunde vom Rathaus entfernt (davon zehn Minuten durch den Blüherpark, der praktisch „dazugehört"). Er ist der älteste Park der Stadt, ab 1676 angelegt als kurfürstliche Fasanerie, ab 1684 von *Johann Friedrich Karcher* erweitert zum Lustgarten im französischen Stil. Das **Italienische Palais** (1678–91) am Schnittpunkt der Hauptwege war der erste Barockbau Dresdens und der erste Monumentalbau nach dem Dreißigjährigen Krieg. 1945 wurde es zerstört. Inzwischen ist mit der Rekonstruktion begonnen worden. Genutzt wird das Palais für Konzerte und Ausstellungen. Um den Palaisteich standen ursprünglich acht, heute sind es nur noch fünf Kavaliershäuser. Im Parktheater gibt es im Sommer Konzerte und kleine Feste.

Nachdem im Siebenjährigen Krieg die Preußen im Großen Garten Quartier bezogen, über 600 Linden gefällt und mehrere Skulpturen zertrümmert hatten, wurde er am Rande durch *Friedrich Bouché* zum **englischen Landschaftspark** umgewandelt. Besonders reizvoll ist die Gegend um den Carolasee.

1861 öffnete der **Zoo,** 1889 der **Botanische Garten.** *Joseph Peter Lenné* legte 1846 die „Bürgerwiese" an. Für die Internationale Gartenbauausstellung 1926 schuf *Hans Poelzig* den expressiv schillernden Mosaikbrunnen: fünf Blütenkelche, die aus einer Schale emporwachsen.

Nach dem Krieg bauten viele Dresdner auf zugewiesenem „Grabeland" Kartoffeln an. Im „Nationalen Aufbauwerk", unbezahlten Arbeits-

Praktische Reisetipps zu Dresden

Information

- **Tourist-Information,** Kulturpalast, Wilschruffer Straße, Tel. (0351) 50160160.
- **Stadtrundfahrt:** Service-Tel. (0351) 8571011, saisonabhängig verschiedene Touren, große Stadtrundfahrt ab Stadtmuseum, ca. 1½ Std., 15 €.
- **Stadtrundfahrt zum Nahverkehrstarif:** Folgende Linien verbinden die schönsten Orte der Stadt:

Straßenbahn **Linie 4** (Laubegast an der Elbe, Innenstadt, Altstadt, auf der Augustusbrücke über die Elbe, elbnah weiter bis nach Radebeul, Endstation Weinböhla)

Linie 8 (Südvorstadt, Hauptbahnhof, Postplatz, über die Elbe, Neustädter Markt, Äußere Neustadt, Industriegelände, Dresdner Heide, Gartenstadt Hellerau)

Linie 11 (Zschertnitz auf der Südhöhe, durch das Universitätsviertel, Hauptbahnhof, Postplatz, über die Elbe,

stunden der Bevölkerung, entstand aus einer Kiesgrube die **Freilichtbühne** „Junge Garde" (1953/55) mit 5000 Plätzen: legendäre Bühne für die Abschlusskonzerte der Dixielandfestivals, die Frühlingsleidenschaft der Dresdner.

Nicht nur Kinder fahren gern mit der **Parkeisenbahn.** Auf der 5,6 Kilometer langen Rundstrecke durch den Barockgarten kann man die Landschaft genießen und an fünf Bahnhöfen aussteigen. 1950 startete der dampfende Liliput auf 15 Zoll breiten Gleisen als erste Pioniereisenbahn der DDR. 250 Kinder sind hier als Freizeiteisenbahner tätig.

Im Blüherpark, zwischen Rathaus und Großem Garten, steht der neoklassizistische Bau des **Hygiene-Museums.** Größte Sensation zur Eröffnung 1930 war die „Gläserne Frau", ein faszinierendes Modell für die Funktionsweise der menschlichen Organe. Die Gründung des Deutschen Hygiene-Museum geht zurück auf die zur Internationalen Hygieneausstellung 1911 in Dresden vom Odol-Fabrikanten *Karl August Lingner* eingerichtete Stiftung.

- **Dresdner Zoo,** Tiergartenstraße 1, Tel. (0351) 478060, Fax (0351) 4780660 , www.zoo-dresden.de, tgl. 8.30–18.30 Uhr, im Winter bis 16.30 Uhr. 3000 Tiere in 400 Arten, traditionsreiche Affenhaltung, Streichelgehege, Station der Parkeisenbahn.
- **Deutsches Hygiene-Museum,** Lingnerplatz 1, Tel. (0351) 4846400, www.dhmd.de, Di–So, Feiertag 10–18 Uhr, Eintritt: 6 €, ermäßigt 3 €. Museum über den Mensch.
- **www.palais-grosser-garten.de**
- **www.offenes-palais.de**

Bahnhof Neustadt, Waldschlösschen, Schloss Albrechtsberg, Dresdner Heide, Bühlau).

Die längste **Buslinie** ist mit 30 km (80 Min. Fahrtzeit) die **Linie 63** – von Löbtau an der Weißeritz über die Südhöhe (links sitzen), Campingplatz Mockritz, den Großen Garten und Strießen über das Blaue Wunder nach Loschwitz, an den Elhängen entlang (Wachwitz) bis nach Pillnitz und Oberpoyritz (weiter bis Graupa/Bonnewitz in der Tarifzone Pirna oder VVO Gesamtnetz mit der Tageskarte).

Eine interessante Buslinie ist auch die **Linie 80** (von Klotzsche aus über Hellerau entlang der Heide, 1920er-Jahre-Siedlung Trachau, Einkaufszentrum Elbepark, über die Elbe, Altcotta, weiter durch ländliche Gegend nach Altomsewitz und Omsewitz (von dort sind auch schöne stadtnahe Wanderungen möglich). Es ist empfehlenswert, verkehrsarme Zeiten zu nutzen sowie Umleitungen und evtl. Änderungen des Streckennetzes zu beachten.

- **City-Card:** Freie Fahrt mit öffentlichen Verkehrsmitteln im Stadtbereich Dresden, freier Eintritt in 12 Museen, Ermäßigungen für Stadtrundfahrt mit Bus und Straßenbahn, Besichtigungsfahrten mit Schaufelraddampfer, Eintritt in Museen und Ausstellungen. Gültig: 48 Stunden; 21 €. Erhältlich in den Tourist-Informationen und Service-Zentren der Verkehrsbetriebe (Postplatz).

- **Regio-Card:** 32 €, gilt für 72 Stunden und schließt den Regionalverkehr ein.
- **Dresden-Days:** Pauschal-Programm für Individualreisende, 2 Übernachtungen mit Frühstück (freie Wahl unter 34 Hotels verschiedener Kategorien), Dresden-Card, Informationsmaterial, Gutscheinheft, Eintrittskarten für Kulturveranstaltungen. Tagesausflug in die Umgebung oder nach Prag zusätzlich buchbar. Auch als Geschenk-Gutschein.
- **Buchungen** in der Tourist-Information, Kulturpalast, Tel. (0351) 50160160.
- **Sax-Ticket,** am Filmtheater Schauburg, Eingang Bischofsweg, Königsbrücker Str. 55, Tel. (0351) 8038744, Mo–Fr 10–20, Sa 11–14 Uhr, Vorverkauf Konzert, Kino, Theater.
- **Fundbüro:** Theaterstraße 13, Tel. (0351) 5996.
- **Mitwohnzentrale,** www.mitwohnzentrale-dresden.de, dresdner-mitwohnzentrale.de.

Unterkunft

Wer im Dresdner Zentrum wohnen möchte, muss fast immer recht tief in die Tasche greifen. Ausnahmen sind die Hostels und Jugendherbergen.

- **Kempinski-Hotel Taschenberg-Palais€€€,** Taschenberg 3, Tel. (0351) 49120, www.kempinski-dresden.de. Fünf-Sterne-Hotel am Zwinger und Schloss.
- **Bülow Residenz€€€,** Rähnitzgasse 19, Tel. (0351) 80030, www.buelow-residenz.de. Zwischen Goldenem Reiter und Dreikönigskirche.
- **Hilton€€€,** An der Frauenkirche 5, Tel. (0351) 86420, www.hilton.de/dresden. 1980er-Jahre-Bau zwischen Frauenkirche und Brühlscher Terrasse.
- **Gewandhaus€€€,** Ringstraße 1, Tel. (0351) 49490, www.dresden.radissonsas.com. Zwischen Altmarkt und Rathaus.
- **Art'otel€€€,** Ostra Allee 33, Tel. (0351) 49220, www.artotel.de/dresden/dresden.html. Design- und Kunsthotel in Zwinger-Nähe, ausgestattet mit Werken von *A. R. Penck,* wechselnde Kunstausstellungen.
- **Schloss Eckberg€€€,** Bautzener Straße 134, Tel. (0351) 80990, www.schloss-eckberg.de. Historischer Herrensitz in einer Parkanlage an der Elbe.
- **Astron Hotel€€€,** Hansastraße 43, Tel. (0351) 84240, verkehrsgünstig am Weg von der Autobahn in die Innenstadt.
- **Dorint Hotel€€€,** Grunaer Straße 14, Tel. (0351) 49150, www.dorint-hotels.com/dresden. Nähe Altstadt und Großer Garten, an der Gläsernen Manufaktur.

Foto: ls 096ss

- **Holiday Inn**€€, Stauffenbergallee 25, Tel. (0351) 81510, www.holiday-inn-dresden.de. Nähe Äußere Neustadt
- **Hotel am Terrassenufer**€€, Terrassenufer 12, Tel. (0351) 4409500, www.hotel-terrassenufer.de. Plattenbau an der Elbe, Blick auf Altstadtpanorama.
- **Ramada Hotel**€€, Wilhelm-Franke-Str. 90, Tel. (0351) 47820, www.ramada.de. Kongresshotel am Stadtrand zu Freital.
- **Hotel am Blauen Wunder**€€, Loschwitzer Straße 48, Tel. (0351) 33660, www.hotel-am-blauen-wunder.de. In Dresden-Loschwitz, an der berühmten Brücke „Blaues Wunder".
- **Martha Hospiz**€€, Nieritzstr. 11, Tel. (0351) 81760, www.martha-hospiz.de. Seit 1899 christliche Herberge, Innere Neustadt.
- **Tulip Inn**€€, Melanchthonstr. 2, Tel. (0351) 80610, www.tulipinndresden.com. Am Elbufer im Regierungsviertel.
- **Mercure Elbpromenade**€€, Hamburger Str. 64, Tel. (0351) 42520, www.accorhotels.com. Nähe Autobahnabfahrt Altstadt.
- **Hotel Prinz Eugen**€€, Gustav-Hartmann-Str. 4, Tel. (0351) 255900, www.hotel-prinz-eugen.de. Dresden-Laubegast, an der Elbe.
- **Mark Hotel Alpha**€€, Fritz-Reuter-Str. 21, Tel. (0351) 80950, www.markhotels.de. Verkehrsgünstig im Hechtviertel.

Im Großen Garten

- **Ibis Hotels Königstein/Lilienstein/Bastei€€,** Prager Str., Tel. (0351) 48566661, www.accorhotels.com. Nähe Hauptbahnhof und Altstadt.
- **Kim Hotel€€,** Gompitzer Höhe 2, Tel. (0351) 41020, www.kim-hotel.de. Blick über die Stadt, nahe der Altstadt.
- **City Herberge€€,** Lingner Allee 3, Tel. (0351) 4859900, www.city-herberge.de. Stadtzentrum zwischen Großer Garten und Pirnaischer Platz.
- **Ferienhaus Am Loschwitzhang€,** Veilchenweg 13, Tel. (0351) 2687279, www.ferienhaus-dresden-loschwitz.de. Romantisch am Loschwitzer Hang gelegen, Elbblick und Garten.
- **Pension Altbriesnitz€,** Alte Meißner Landstr. 26, Tel. (0351) 423900, www.pensionaltbriesnitz.de. Denkmalgeschütztes Haus mit Natursteinbrunnen im zentrumsnahen Dorfkern.
- **Pension „An der Pillnitzer Schlossfähre"€,** Hosterwitzer Straße 22, Tel. (0351) 2107850, www.pension-pillnitzer-schlossfaehre.de. Kleinzschachwitz, an der Elbfähre zum Schloss Pillnitz.
- **Gästehaus Mezcalero€,** Königsbrücker Straße 64, Tel. (0351) 810770, www.mezcalero.de. Hinterhaus in der Äußeren Neustadt, mit mexikanischem Ambiente.
- **A&O Dresden€,** Hotel und Hostel, Strehlener Str. 10, Tel. (0351) 4692715900. Nah am Hauptbahnhof und Stadtzentrum, ruhig, eines der günstigsten Hotels im Stadtzentrum.
- **Hostel Mondpalast€,** Louisenstraße 72, Tel. (0351) 5634050, www.mondpalast.de. Mitten im Kneipen- und Szeneviertel Äußere Neustadt.
- **Hostel Louise 20€,** Louisenstraße 20, Tel. (0351) 8894894, www.louise20.de. Gemütlich, über der Szenekneipe Planwirtschaft, Ökohotel.
- **Lollis Homestay€,** Görlitzer Straße 34, Tel. (0351) 8108458, www.lollishome.de. Dresdens kleinstes Hostel, Äußere Neustadt, ruhige Lage.
- **Jugendgästehaus€,** Maternistraße 22, Tel. (0351) 492620, www.jugendherberge-sachsen.de. Großer Plattenbau hinter dem World Trade Center, sehr verkehrsgünstig, einfache Ausstattung, Jugendherbergsausweis erforderlich.
- **Jugendherberge Rudi Arndt€,** Hübnerstraße 11, Tel. (0351) 4710667, www.jh-rudiarndt.de. Villa in der Südvorstadt, Jugendherbergsausweis erforderlich.

Gaststätten

Altstadt

- **Alte Schankwirtschaft Zum Schießhaus€,** Am Schießhaus 19, Tel. (0351) 4845990, tgl. 11–1 Uhr. Sächsisch-Deftiges.
- **Altmarktkeller€,** Altmarkt 4, Tel. (0351) 4818130, tgl. ab 11 Uhr, unter mächtigem Kreuzgewölbe ein sächsisch-

böhmisches Bierhaus, Fr/Sa Livemusik: Dixieland, Swing, böhmische Blasmusik.

- **Borowski€,** Prager Straße 8a, Tel. (0351) 4906411, tgl. ab 9 Uhr, der Treffpunkt in der Shoppingmeile, modernes Interieur, mit Terrasse, schöne Aussicht, Frühstück ab 5,20 €.
- **brennNessel€,** Schützengasse 18, Tel. (0351) 4943319, tgl. ab 11 Uhr. Vegetarisches am Umweltzentrum, in einem 300 Jahre alten Fachwerkhaus, Biergarten im Innenhof.
- **Busmanns€€,** Kleine Brüdergasse 5, Tel. (0351) 8621200, tgl. ab 11 Uhr, für Gourmets exklusive sächsische und internationale Küche, Hausspezialitäten ab 22 €.
- **Café Novelle im Haus des Buches€,** Dr.-Külz-Ring 12, Tel. (0351) 4973650, Mo–Fr 9.30–20 Uhr, Sa 9–16 Uhr, das Lesecafé in der 3. Etage der Buchhandlung, oft Autorenlesungen.
- **Carolaschlösschen€€,** Querallee 7, Tel. (0351) 2506000, tgl. ab 10 Uhr, traditionsreiches Ausflugslokal am Carolateich mitten im Großen Garten.
- **Chiaveri€€,** Restaurant im Sächsischen Landtag, Bernhard-von-Lindenau-Platz 1, Tel. (0351) 4960399, tgl. ab 11 Uhr, modernes, großzügiges Ambiente und Blick auf die Altstadt an der Elbe, sächsische und mediterrane Küche.
- **Gewandhaus€€,** Ringstraße 1, Tel. (0351) 49490, nobel, sehr nobel, und eine Havanna-Bar gibt's auch.
- **Italienisches Dörfchen€€,** Theaterplatz 3, Tel. (0351) 498160, tgl. ab 10 Uhr, italienische Küche an einem der schönsten Plätze Europas.
- **Kahnaletto€€,** Terrassenufer/Augustusbrücke, Tel. (0351) 4953037, tgl. 12–15 Uhr und 18–24 Uhr, Schiffsrestaurant mit italienischer Küche und Bar im Bauch.
- **Kuppelrestaurant auf der Yenidze€€,** Weißeritzstr. 3, Tel. (0351) 4905990, tgl. 11–24 Uhr, zu orientalischen Speisen ein schöner Blick auf Dresden, auch sächsische Spezialitäten und der höchste Biergarten der Stadt.
- **Ladencafé aha€,** Kreuzstraße 7, Tel. (0351) 4960673, tgl. 10–24 Uhr, buntes Café im Eine-Welt-Laden, schmackhaftes Vegetarisches.
- **Lesage Bar in der Gläsernen Manufaktur€€,** Lennéstraße 1, Tel. (0351) 4204250, tgl. 8–24 Uhr, Restaurant 12–14.30 Uhr, 18–22 Uhr. Mediterranes in moderner Architektur.
- **Pulverturm€€,** An der Frauenkirche 12, Tel. (0351) 262600, Gewölberestaurant, türkisches, russisches, sächsisches oder schwedisches Menü, sächs. Sauerbraten.
- **Radeberger Spezialausschank€€,** Terrassenufer 1, Tel. (0351) 4848660, tgl. ab 10 Uhr, im ehem. Brückenmeistereihaus unterhalb der Semperoper, alles, was zum *Radeberger Pilsner* passt.
- **Sky€€,** Wiener Platz 10, Tel. (0351) 4843184, Mo–Fr ab 10 Uhr, Wochenende ab 9 Uhr, Bar und Restaurant im Kugelhaus gegenüber dem Hauptbahnhof.

- **Sophienkeller€€**, Taschenberg 3, Tel. (0351) 497260, tgl. ab 11 Uhr. Gewölberestaurant im Taschenbergpalais, deftiges aus der Feldküche und andere sächsische Spezialitäten.
- **Torwirtschaft „Großer Garten"€**, Lennéstraße 11, Tel. (0351) 4595200, tgl. ab 10 Uhr, am Großen Garten, Dresdens größter Biergarten, zwischen Gläserner Manufaktur, Hygiene-Museum und Sportstadion, bayerisch-sächsische Küche.
- **Trödelkaffee€**, Gewandhausstraße 9, Tel. (0351) 48170 48, tgl. 12–24 Uhr, handgefilterter Bohnenkaffee und hausgebackene Eierschecke, alte Schlager und Geschirr aus Omas Schrank, jeden 1. Mi Drehorgelnacht.
- **Weiße Gasse€-€€**, *das* Kneipenviertel zwischen Kulturpalast und Kreuzkirche mit mehr als einem Dutzend Restaurants und Cafés.

Friedrichstadt

- **Café Friedrichstadt€-€€**, Friedrichstraße 38/40, Tel. (0351) 49278810, So/Mo 11–18 Uhr, Di–Do 11–22 Uhr, Fr/Sa 11–24 Uhr, Bierstube im barocken Ambiente, mit Garten, Bad und Sauna.
- **Fischhaus Alberthafen€-€€**, Magdeburger Straße 58, Tel. (0351) 4982110, Mo–Fr 12–15 Uhr, 18–23.30 Uhr, Sa/So ab 12 Uhr, Gourmetrestaurant im historischen Elbhafen, Fisch und Wein, Hafenkantine wochentags 7–14 Uhr, 3–4 €.
- **Kuppelrestaurant Yenidze€**, Weißeritzstr. 3, tgl. ab 11 Uhr, zwei Etagen in der Kuppel der einstigen Tabakfabrik an der Elbe, Dresdens höchstgelegener Biergarten, Blick über Dresden bis zum Elbsandsteingebirge, sächsische und orientalische Speisen, Essen ab 9,90 €.

Übigau

- **Sommerwirtschaft im Schlossgarten€**, Rethelstraße 47, Mai–Okt. tgl. 11–20 Uhr, Ausflugsgaststätte am Elbufer. Das barocke Schloss Übigau war Lustschloss *Augusts des Starken* sowie Geburtsstätte des ersten sächsischen Dampfschiffes und der ersten deutschen Dampflokomotive. Eine Bürgerinitiative engagiert sich jetzt für die Zukunft des leerstehenden Barockdenkmals. Garten und Schloss sind am besten erreichbar mit dem Fahrrad elbabwärts auf dem Elberadweg.

Südhöhe/Campus

- **B'liebig€**, Liebigstraße 24, Tel. (0351) 4718759, tgl. ab 11 Uhr, beliebt nicht nur bei Studenten, Biergarten, Cocktailbar.
- **Café im Bentlerpark€**, Tel. (0351) 4725662, tgl. 11–21, im Winter 14–19 Uhr, Sitzplätze im Garten, Spielplatz.

Neustadt

- **Bauernstuben im Kügelgenhaus€**, Hauptstraße 13, Tel. (0351) 563312, tgl. ab 11 Uhr, ländlich rustikal in einem ex-

097ss Foto: ls

ponierten Haus der Dresdner Stadtgeschichte, Innere Neustadt, Innenhof, Kellergewölbe.

- **Bei Muttern€,** Schönfelder Str. 2, Tel. (0351) 8028537, Do–Di 11.30–23 Uhr, der Name sagt's doch, mitten in der Äußeren Neustadt.
- **Ball- und Brauhaus Watzke€,** Kötzschenbroder, Ecke Leipziger Str., Tel. (0351) 852920, www.watzke.de, Mai–Sept. Mo–Fr ab 12 Uhr, sonst ab 17 Uhr, romantisch an der Elbe, im Saal monatlich ein rauschender Ball.

Altstadt an der Elbe

- **Bischof 72€,** Bischofsweg 72, Tel. (0351) 8022800, Mo–Fr 11.30–15 und ab 18 Uhr, Wochenende ab 17 Uhr. Typische Neustadt-Wirtschaft, Biergarten, Tagesessen 3,50 €.
- **Brauhaus am Waldschlösschen,** Am Brauhaus 8, Tel. (0351) 6523900, www.waldschloesschen.de, tgl. ab 11 Uhr, Erlebnisrestaurant, Brauerei, Cocktailbar, vom Biergarten Blick auf die Baustelle der Waldschlösschenbrücke, Mo–Sa allabendlich Live-Musik, Menü ab 13 €.
- **Der Löwe€,** Hauptstraße 48, Tel. (0351) 8041138, www.derloewe.de, tgl. 10–24 Uhr, bulgarische, mediterrane und deutsche Küche, klimatisierter Wintergarten, Sandsteinskulpturen von *Peter Makolies* und *Lothar Sell*.
- **Fischhaus€€,** Fischhausstr. 14, Tel. (0351) 899100, Mo–Fr ab 12 Uhr, Sa/So ab 11 Uhr, traditionsreiches Ausflugslokal seit 1573 am Rand der Dresdner Heide, schöner Garten, Fisch- und Wildspezialitäten.
- **Hebeda's€,** Rothenburger Str. 30, Tel. (0351) 8951010, im Winter ab 19, im Sommer ab 20 Uhr, seit 1914 beliebte Eckkneipe „Hebeda's Familieneinkehr", heute Szenetreff. Film und Tanz, eine der sympathischsten Ecken in Dresden.
- **Isbuschka€,** Pulsnitzer Str.1, Tel. (0351) 8047623, tgl. ab 11 Uhr, russische Spezialitäten, z. B. hausgemachte Pelmeni, am Wochenende russische Livemusik.
- **Kö 5€€,** Königstraße 5, Tel. (0351) 8024088, tgl. ab 11.30 Uhr, sächsische Weine im eleganten Restaurant an der Prachtmeile der Inneren Neustadt, Herrenstube, Weinkeller, Hofschänke.
- **Marcolinis Vorwerk€€,** Bautzener Str. 96, Tel. (0351) 8996356, tgl. 12–23.30 Uhr, Gourmetlokal in einer Stadtvilla, Sommerterrasse.
- **Max€,** Louisenstraße 65, Tel. (0351) 5635996, Mo–Fr ab 9 Uhr, Wochenende ab 10 Uhr, mediterranes in der Äußeren Neustadt.
- **Planwirtschaft€,** Alaunstraße 36–40, Tel. (0351) 8013071, tgl. 9–1 Uhr, Wochenende bis 3 Uhr, tgl. Frühstück bis 15 Uhr, eine der ältesten Szenekneipen in der Neustadt, Café, Hinterhof-Garten, Keller.
- **Queens€,** Görlitzer Straße 3, Tel. (0351) 8031650, tgl. ab 20 Uhr, Gay & Lesbian Bar, Getränke ab 2 €.
- Darüber hinaus gibt es zwischen Alaun- und Görlitzer Straße, Bischofsweg und Bautzener Straße **vielfältige Kneipen, Restaurants, Bars und gastliche Gärten.** Einfach abends losgehen und sich verführen lassen.

Wilschdorf

- **Waldmax€,** Waldhofstraße 26, Tel. (0351) 8904620, tgl. ab 11 Uhr, traditionsreiches Ausflugslokal am Rand der Jungen Dresdner Heide. Ältere Karten verzeichnen es noch als „Waldesruh", bei den Dresdnern hieß es immer Waldmax – nach ihrem ersten Besitzer *Max Schmiedgen*. Gemütlicher Schankraum, Biergarten mit Selbstbedienung. Großer Kinderspielplatz im Kiefernwald. Blasmusik, Grillabende, Weinverkostungen

● **Ausflugstipp:** Mit dem Bus Linie 80 bis zum Heidefriedhof (hier ruhen zehntausende Opfer des Bombardements vom 13./14. Februar 1945). Gegenüber dem Friedhofseingang führt ein breiter Weg in den Wald, bis zur Boxdorfer Straße, auf parallelem Waldweg entlang dieser Straße bis zum Waldmax. Nach der Einkehr weiter durch die Heide und eine Kleingartenanlage, in einer halben Stunde ist man in der Gartenstadt Hellerau.

Löbtau

● **Bacchus€-€€,** Clara-Zetkin-Str. 15, Tel. (0351) 4214069, täglich 17–24 Uhr, beliebtes Weinlokal, Terrasse.

Omsewitz

● **Biotop Kümmelschänke€,** Kümmelschänkenweg 2, Tel. (0351) 4216144, Mo–Fr 17–24 Uhr, Sa 14–24 Uhr, So 12–24 Uhr, www.kuemmelschaenke.de. Ein vorzügliches Ausflugsziel für Familien mit Kindern und für alle, die in der Großstadt ländlich-naturnahe Entspannung suchen. Das traditionsreiche Ausflugslokal ist 1993 als Biotop mit hervorragender Vollwertküche wiederentstanden. Ziegen, Gänse und Kaninchen laufen herum, neben dem Gastraum gibt es eine Keramikwerkstatt, offen für spontane Besuche ebenso wie für Kursteilnehmer.

Es gibt eine Backstube, eine Lehmwerkstatt und Seminarräume. Der nahe Omsewitzer Grund mit seinen Streuobstwiesen lädt zum Spaziergang ein. Das Gasthaus im Omsewitzer Dorfkern liegt 10 Minuten Fußweg entfernt vom Plattenbau-Wohngebiet Gorbitz. Parkplätze sind sehr knapp. Man fährt mit der Bahn (Linien 2, 6, 7) oder mit der Buslinie 80.

Podemus

● **Zschoner Mühle€,** Zschoner Grund 2, Tel. (0351) 4210252, Sa/So ab 11 Uhr, Mo–Fr ab 17 Uhr, Nov. und Jan.–März Mo/Di geschlossen, während der Ferien in Sachsen tgl. ab 11 Uhr. Funktionstüchtig restaurierte, über 400 Jahre alte Wassermühle im romantischen Zschoner Grund, ausgestattet mit bäuerlichen Antiquitäten aus dem Barock und der Gründerzeit. Mühlenführungen. Kulturprogramm mit Puppentheater, Schaumahlen, Kindertheater, Sommerkino. Küche: deftig Ländliches, leichte Kost und Vegetarisches. Mühlenbier 2,75 €.

● **Ausflugstipp:** Von der Kümmelschänke zur Zschoner Mühle läuft man bequem eine halbe Stunde, mit Fernsicht auf die Stadt. Der Zschoner Grund – oberhalb der Mühle heißt er Wilde Zschone und sieht auch so aus – ist ein beliebtes Ausflugsziel der Dresdner. Die Anfahrt erfolgt mit der Buslinie 97.

Johannstadt

- **Fährgarten€,** Käthe-Kollwitz-Ufer 23, Tel. (0351) 459 6262, Apr.-Okt. tgl. ab 10 Uhr, schattige Plätze am Elbufer, einer der schönsten Biergärten.

Strießen

- **Kamasutra€€,** Bodenbacher Straße 60, Tel. (0351) 2596080, Mo-Do 17-23.30 Uhr, Fr-So 11.30-23.30 Uhr, fernöstlich-exotischer Lebensgenuss, das prachtvolle Interieur wurde in Indien handgefertigt, Küche vom Feinsten.

Blasewitz

- **Café Toskana€,** Schillerplatz 7, Tel. (0351) 3100744, Mo-Sa 9-19 Uhr, traditionsreiches Café direkt am Blauen Wunder. Berühmt für seine Eierschecke, den Lieblingskuchen der Dresdner.
- **Schillergarten€,** Schillerplatz 9, Tel. (0351) 8119922, tgl. ab 11 Uhr, traditionsreiches Restaurant (gegr. 1730) mit dem größten Biergarten am Elbufer. Hier becherte schon *Friedrich Schiller* (mit *Justine Segedin:* „Potz der Blitz, ist das nicht die Gustel von Blasewitz?" in „Wallensteins Lager").
- **Villa Marie€€,** Fährgäßchen 1, Tel. (0351) 3111186, www.villa-marie.com, tgl. ab 11.30 Uhr, So/Sa ab 10 Uhr, die Toskana an der Elbe, Blick auf Elbhänge und Blaues Wunder, stilvolle Räume, romantischer Garten.

Loschwitz

- **Clara€,** Friedrich-Wieck-Str. 20, Tel. (0351) 2666704, Mo-Fr ab 17 Uhr, Sa/So ab 12 Uhr, stilvolles Weincafé an der Elbe, internationale Wein- und Kaffeespezialitäten, sonntags Frühstück, Mittwochs Livemusik. Der Name erinnert an *Clara Schumann,* deren Vater *Friedrich Wieck* in dieser Straße gelebt hat, aber auch an die beiden Betreiberinnen *Claudia* und *Corinna.*
- **Elbegarten direkt am Blauen Wunder€** („Dresdens schönster Sonnenuntergang"), Mo-Fr 12-23 Uhr, Wochenende 11-23 Uhr, beliebtes Ausflugsziel, einfach angenehm, Bier 2,90 €.
- **Lingnerschloss€,** Bautzner Straße 132, Lingner-Terrassen der Villa Stockhausen, dem mittleren der drei Elbschlösser, 1906-1916 Sitz des Unternehmers und Mäzens *Karl August Lingner* (Odol-Mundwasser). Biergarten und Café mit sehr schönem Blick über das Elbtal. Geöffnet bei schönem Wetter. Näheres unter www.lingnerterrassen.de. Zufahrt über Bautzner Straße, Wanderweg von der Elbe aus - Aufstieg über Schloss Albrechtsberg, dann rechts halten.

Nymphenbad im Zwinger

098ss Foto: ls

●**Luisenhof**€€, Bergbahnstr. 8, Tel. (0351) 2149960, Mo–Sa ab 11 Uhr, So ab 10 Uhr, der „Balkon von Dresden" an der oberen Station der Standseilbahn, großartige Aussicht, Lindengarten.

Kleinzschachwitz

●**Kurhaus**€€, Berthold-Haupt-Straße 128, Tel. (0351) 2001996, tgl. 11–24 Uhr, 1883 erbaut als Sommerfrische an der Elbe, direkt an der Fähre zum Schloss Pillnitz, Kaffeespezialitäten, Biergarten.

Wachwitz

●**Erbgerichtsklause**€, Pillnitzer Landstraße 170, Tel. (0351) 2632363, wochentags ab 18 Uhr, Wochenende ab 12 Uhr, uriges kleines lokal mit romantischem Biergarten direkt an der Elbe, regionale Küche.

●**Wachbergschänke**€€, Wachwitzgrund 84, Tel. (0351) 2640014, Mi–Fr ab 17 Uhr, Wochenende ab 11 Uhr, 1883 eröffnet, wiedereröffnet 1996, eines der ältesten Ausflugslokale Dresdens, romantisch gelegen im Wachwitzgrund, einem reizvollen Seitental der Elbe – zu jeder Jahreszeit eines der schönsten stadtnahen Ausflugsziele Dresdens mit Fachwerkbauten aus dem 17. bis 19. Jahrhundert. Rittersaal, Jagdhütte und Aussichtsplattform – herrlicher Blick über Dresden.

Pillnitz

- **Biergarten im Schlosshotel**€€, August-Böckstiegel-Str. 10, Tel. (0351) 26140, Apr.–Okt. 10–20 Uhr, beim Bier unter Linden zum Schloss Pillnitz schauen.
- **Einkehr am Palmenhaus**€, Orangeriestr. 5, Tel. (0351) 2610188, Di–So 11.30–23.30 Uhr, sächsische Weine und Speisen, Biergarten.

Stadtstrände

- **Elbsegler**€, Partylocation direkt neben der Augustusbrücke mit Canaletto-Blick auf die Altstadt.
- **Stadtstrände am Pieschener Elbufer/Jachthafen**€, zu Fuß oder mit dem Rad von der Augustusbrücke rechts der Elbe, unter der Marienbrücke hindurch, dann noch wenige Meter. Straßenbahnlinien 4/9 bis Alter Schlachthof. Mit dem Auto über Leipziger Straße. Purobeach, Citybeach mit Strandkörben, Bars, Beachballplätzen, Imbissbude, abends Party. Die weiten Elbwiesen laden zum Picknick ein mit schönem Blick auf die Altstadt.

Museen

Staatliche Kunstsammlungen

- **Staatliche Kunstsammlungen Dresden,** Dresdner Residenzschloss, Taschenberg 2, www.skd-dresden.de.
- **Albertinum – Galerie Neue Meister, Skulpturensammlung,** Wiedereröffnung im Sommer 2010.
- **Residenzschloss – Historisches Grünes Gewölbe, Neues Grünes Gewölbe, Kupferstichkabinett, Münzkabinett, Kunstbibliothek, Sonderausstellungen,** Schlossplatz, Mi–Mo 10–18 Uhr, Di geschlossen.
- **Zwinger – Gemäldegalerie Alte Meister, Rüstkammer, Mathematisch-Physikalischer Salon** (wegen Restaurierung des Pavillons geschlossen), **Porzellansammlung,** Theaterplatz, tgl. 10–18 Uhr, Mo geschlossen.
- **Josef-Hegenbarth-Archiv,** Calberlastraße, Do 10–12, 14–16 Uhr.
- **Kunstgewerbemuseum Schloss Pillnitz,** tgl. 10–18 Uhr, Bergpalais Mo geschlossen, Wasserpalais Di geschlossen.
- **Museum für Sächsische Volkskunst mit Puppentheatersammlung,** Jägerhof, Köpkestraße, tgl. 10–18 Uhr, Mo geschlossen.

Museen der Stadt Dresden

- **Stadtmuseum Dresden,** Wilsdruffer Straße 2, www.stmd.de, Di, Mi, Do und Sa/So 10–18 Uhr, Fr 12–20 Uhr, Mo geschlossen.
- **Städtische Galerie Dresden – Kunstsammlung,** Wilsdruffer Straße 2, www.galerie-dresden.de, Di, Mi, Do und Sa/So 10–18 Uhr, Fr 12–20 Uhr, Mo geschlossen.
- **Kügelgenhaus,** Museum der Dresdner Romantik, Hauptstraße 13, Mi–So 10–18 Uhr.

- **Kraszewski-Museum,** Nordstraße 28, www.stmd.de, Mi–So 10–18 Uhr.
- **Carl-Maria-von-Weber-Museum,** Dresdner Straße 44, Mi–So 13–18 Uhr.
- **Schillerhäuschen,** Schillerstraße 19, Sa/So 10–17 Uhr.

Dresden 1756

- **Panometer,** monumentale Panoramadarstellung der Stadtansicht im Jahre 1756 – also kurz vor Ausbruch des Siebenjährigen Krieges –, ein Werk des Berliner Künstlers und Architekten *Yadegar Asisi* in einem ehemaligen Gasometer südlich des Großen Gartens. Gasanstaltstraße 8b, Tel. (0351) 8603940, Di–Fr 9–19 Uhr, Wochenende 10–20 Uhr, www.asisi-factory.de.

Naturhistorische Sammlungen

- **Staatliche Naturhistorische Sammlungen Dresden, Staatliches Museum für Mineralogie und Geologie Dresden, Staatliches Musum für Tierkunde, Ausstellungen im Japanischen Palais,** www.snsd.de.

Technische Sammlungen

- **Technische Sammlungen Dresden,** Junghansstraße 1–3, www.tsd.de, Di–Fr 9–17 Uhr, Sa/So 10–18 Uhr.

Weitere Museen

- **Buchmuseum der Sächsischen Landesbibliothek,** Sächsische Landes- und Universitätsbibliothek, Zellescher Weg 18, Mo–Fr 9–16 Uhr, Sonderausstellungen auch samstags.
- **Erich Kästner Museum,** Antonstraße 1, www.erich-kaestner-museum.de, So–Di 10–18 Uhr, Mi 10–20 Uhr, das interaktive Micromuseum.
- **Festung,** Eingang Georg-Treu-Platz, Apr.–Okt. 10–18 Uhr, Nov.–März 10–17 Uhr, Elbfront und Jungfernbastei der früheren Stadtbefestigung.
- **Universitätssammlungen Kunst u. Technik,** TU Dresden, Görges-Bau, Helmholtzstraße 9, www.tu-dresden.de/kunst-plus-technik, Mo–Fr 10–18 Uhr, Sa 10–14 Uhr.
- **Kreuzkirche Dresden,** Kunstdienst d. Ev.-Luth. Landeskirche Sachsens, An der Kreuzkirche 6, tgl. 10–18 Uhr.
- **Kulturrathaus,** Königstraße 15, Mo–Do 8–17 Uhr, Fr 8–15 Uhr.
- **Kunstausstellung Kühl,** Sophia-Therese Schmidt-Kühl, Nordstraße 5, www.kunstausstellung-kuehl.de, Di 14–18 Uhr, Mi/Do 10–12 und 14–18 Uhr, Fr 10–12 und 14–19 Uhr, Sa 10–13 Uhr.
- **Kunsthalle T3,** Bautzner Straße 23, www.kunsthalle-t3.de, Mi–Fr 14–19 Uhr, Sa 10–16 Uhr.
- **Kunsthaus Dresden,** Städtische Galerie für Gegenwartskunst, www.kunsthausdresden.de, Di–Fr 14–19 Uhr, Sa/So 12–20 Uhr.
- **Kunsthaus Raskolnikow,** Böhmische Straße 34, www.galerie-raskolnikow.de, Mi–Fr 15–19 Uhr, Sa 11–16 Uhr.

- **Leonhardi-Museum,** Grundstraße 26, www.leonhardi-museum.de, Di–Fr 14–18 Uhr, Sa/So 10–18 Uhr, Mo geschlossen.
- **Motorenhalle,** Wachsbleichstraße 4a, www.motorenhalle.de, Di–Sa 16–20 Uhr.
- **Refugium,** Böhmerstraße 6, Do/Fr 15–20 Uhr, Sa/So 11–19 Uhr.
- **Stadtarchiv Dresden,** Elisabeth-Boer-Straße 1, Di, Do 9–18 Uhr, Mi 9–16 Uhr, Fr 9–12 Uhr, Mo geschlossen.
- **Deutsches Hygiene-Museum Dresden,** Lingnerplatz 1, www.dhmd.de, Di–So 10–18 Uhr, Mo geschlossen.
- **Landesmuseum für Vorgeschichte,** Palaisplatz 11, www.archsax.sachsen.de, tgl. 10–18 Uhr.
- **Militärhistorisches Museum der Bundeswehr Dresden,** Olbrichtplatz 3, www.militaerhistorischesmuseum.bundeswehr.de. Di–So 9–17 Uhr, Mo geschlossen.
- **Richard-Wagner-Museum,** Graupa, Richard-Wagner-Straße 6, www.richardwagnermuseum.de, Di–So 10–16 Uhr.
- **Museum für Völkerkunde Dresden,** Palaisplatz 11, www.voelkerkunde-dresden.de, Di–So 10–18 Uhr, Mo geschlossen.

Tierpark

- **Zoologischer Garten,** Tiergartenstraße 1, Sommer: 8.30–18.30, Winter: 8.30–16.30 Uhr, Eintritt 8 €, Familienkarte 20 €, weitere Ermäßigungen, 2700 Tiere in 400 Arten, berühmte Orang-Utan-Zucht, Streichelgehege, Zooschule, Afrikahaus, Zoo unter der Erde.

Aussichtstürme

- **Schlossturm (Hausmannsturm),** 100 m, Apr.–Okt. Di–So 10–18 Uhr.
- **Rathausturm,** 98 m, Apr.–Okt. 10–18 Uhr.
- **Turm der Kreuzkirche,** 92 m, Ostern–Okt. Mo–Sa 10–17.30 Uhr, So 12–17.30 Uhr, Nov.–Ostern bis 16 Uhr, zum Striezelmarkt bis 20 Uhr.
- **Turm der Dreikönigskirche,** 87,5 m, Mo–Sa 10–18 Uhr.
- **Ernemannturm,** 48 m (technische Sammlungen), Di–Fr 9–17 Uhr, Sa/So 10–18 Uhr.

Theater

Altstadt

- **Staatsschauspiel Dresden, Schauspielhaus, Theater Oben,** Ostra-Allee 3, **Kleines Haus,** Glacisstr. 28, www.staatsschauspiel-dresden.de.

- **Sächsische Staatsoper Dresden, Semperoper,** Theaterplatz 2, www.semperoper.de.
- **Puppentheater,** Rundkino Prager Straße.
- **Kulturpalast Dresden,** Schlossstraße 2, www.kulturpalast-dresden.de.
- **Theaterkahn,** Terrassenufer an der Augustusbrücke, www.theaterkahn-dresden.de.
- **Dresdens Kabarett-Theater „Die Herkuleskeule",** Sternplatz 1, www.herkuleskeule.de.

Sonstiges Stadtgebiet

- **Kleine Szene,** Bautzener Straße 107, Tel. (0351) 4911780.
- **IG Schauspiel Dresden e. V.,** Neuländer Straße 81.
- **Landesbühnen Sachsen, Stammhaus Radebeul/ Studiobühne,** Meißner Straße 152, Radebeul, www.dresden-theater.de.
- **Parktheater am Palaisteich,** Hauptallee im Großen Garten.
- **Staatsoperette Dresden,** Pirnaer Landstraße 131, www.staatsoperette-dresden.de.
- **Theater Junge Generation,** Meißner Landstraße 4, www.tjg-dresden.de
- **Komödie Dresden,** Freiberger Straße 39, www.komoedie-dresden.de.
- **wechselbad der Gefühle,** Maternistraße 17, www.theater-wechselbad.de.
- **Societaetstheater,** An der Dreikönigskirche 1a, www.societaetstheater.de.
- **Schloß Albrechtsberg,** Bautzner Straße 130, www.schloss-albrechtsberg.de.
- **Hoftheater Dresden,** Hauptstraße 35, Dresden-Weißig, www.hoftheater-dresden.de.
- **Dresdner Kabarett Breschke & Schuch,** Wettiner Platz 10, www.kabarett-breschke-schuch.de.
- **mai hof puppentheater Weißig,** Hauptstraße 46, Dresden-Weißig, www.puppentheater-dresden.de.
- **Theaterhaus Rudi,** Fechnerstraße 2a, www.theaterhaus-rudi.de.
- **projekttheater dresden,** Louisenstraße 47, www.projekttheater.de.
- **Kulturrathaus,** Königstraße 15, Mo–Do 8–17 Uhr, Fr 8–15 Uhr.
- **Europäisches Zentrum der Künste Hellerau,** Festspielhaus Hellerau, Karl-Liebknecht-Straße 56, Tel. (0351) 264620, www.kunstforumhellerau.de.

Konzerte

- **Sächsische Staatskapelle Dresden,** Semperoper, Theaterplatz 2, www.semperoper.de.

- **Dresdner Philharmonie,** Kulturpalast, Schlossstraße 2, www.kulturpalast-dresden.de.
- **Dresdner Kreuzchor,** Kreuzkirche, An der Kreuzkirche 6, www.kreuzchor.de.
- **Frauenkirche,** Gottesdienste: So 11 Uhr mit vokaler Kirchenmusik, 18 Uhr mit instrumentaler Kirchenmusik. Ökumenisches Abendgebet: donnerstags 18 Uhr in der Unterkirche. Orgelandachten mit Kirchenführung: Mo–Sa 12 Uhr und Mo, Mi und Fr um 18 Uhr. Freie Besichtigung der Kirche: Mo–Fr 10–12 Uhr und 13–18 Uhr, Einschränkungen bei Konzertproben, Unterkirche ist zu Andacht und Gebet geöffnet. Kuppelaufstieg täglich ab 10 Uhr. Geistliche Sonntagsmusik: 14-tägig So 15 Uhr, mit Vokal- und Instrumentalmusik und geistlichem Wort. Orgelmittwoch um 20 Uhr im wöchentlichen Wechsel mit Kreuzkirche und Kathedrale, www.frauenkirche-dresden.de.

Medien

- **Tageszeitungen:** Sächsische Zeitung (donnerstags mit Veranstaltungsmagazin PLUSZ); Dresdner Neueste Nachrichten.
- **Stadtmagazine:** SAX; Dresdner; PRINZ.
- **www.cybersax.de**
- **www.dresdner-stadtteile.de**
- **www.dresden-online.de**
- **www.mdr.de**

Festspielhaus in Hellerau

Freibäder

- **Cossebaude,** Meißner Str. 26, Strandbad am Stausee, Tageskarte 3,50 €.
- **Cotta,** Hebbelstraße 33, Freibad im Stadtteil, sehr große Liegewiese, Tageskarte 3 €.
- **Dölzschen,** Luftbadstraße 31, FKK, Luftbad auf dem Dach von Dresden, ausgedehnte Liegewiese, Tageskarte 3 €.
- **Georg-Arnold-Bad,** Hauptallee 2, Hallenfreibad am Großen Garten, vielfältige Spielanlagen, Tageskarte 9 €.
- **Langebrück,** Stiehlerstraße 23, Waldbad am Rand der Dresdner Heide, Tageskarte 3 €.
- **Mockritz,** Münzteichweg 22b, Freibad, Tageskarte 3 €.
- **Prohlis,** Senftenberger Str. 58, Freibad am Neubaugebiet, großer Nichtschwimmerbereich, Tageskarte 3 €.
- **Weißig,** Am Marienbad 12, Freibad am Rand der Dresdner Heide, Gondelteich, großer Spielplatz, Tageskarte 3 €.
- **Weixdorf,** Zum Sportplatz 1a, Waldbad in der Dresdner Heide, Bootsverleih, Tageskarte 3 €.
- **Wostra,** Wilhelm-Weitling-Straße 39, FKK-Strandbad in Elbnähe, großer Nichtschwimmerbereich, Tageskarte 3 €.
- **Wostra,** An der Wostra 7, Freibad in Elbnähe, Tageskarte 3,50 €.

136ss Foto: ls

Ausflüge rund um Dresden

Meißen

Überblick

Die **Wiege des Landes Sachsens** stand 26 Kilometer nordwestlich von Dresden, an der Elbe selbstverständlich. Meißen, die Stadt am Burgberg, mit Albrechtsburg und Dom, gotischem Rathaus und Renaissance-Markt, die Stadt des Weines und des Porzellans lebt von 1000 Jahren Geschichte.

Geschichte

In der Chronik des *Thietmar von Merseburg* wird berichtet, dass die Gründung der Burg Misni als erster Stützpunkt der Deutschen auf slawischem Land 928/29 durch *Heinrich I.* erfolgt sei. Die christliche Ostexpansion ins heidnische Land sicherte sich auf dem Burgberg ihren ersten Stützpunkt; 983 wurde zum Schutz der Elbfurt auch am Fuße des Berges eine Siedlung angelegt. Ein Jahrmarkt ist seit dem Jahr 1002 bezeugt. 1205 folgte die planmäßige Stadtgründung. Bis 1485 blieb Meißen die **sächsische Residenzstadt;** erst mit der Teilung des wettinischen Hauses in den ernestinischen und albertinischen Teil musste die Stadt diesen Rang an Dresden abgeben. Mit Durchsetzung der Reformation im albertinischen Sachsen 1539 verlor Meißen auch noch den Bischofssitz. Im Dreißigjährigen Krieg verlor Meißen fast alle Bewohner. 1637 brannten die Schweden die Hälfte der Gebäude nieder. Meißen blieb ärmste Provinz.

Bis 1710, als *August der Starke* seine erst kurz zuvor gegründete **Porzellanmanufaktur** vom Dresdner Schloss in die leerstehende Albrechtsburg verlegte und damit auch das Handwerk und Gewerbe förderte. Die Meißner bekamen Arbeit; die

S. 346/347: Weinberge in Radebeul

Meißen ist berühmt für seine Porzellanmanufaktur – 2010 begeht sie ihr 300-jähriges Bestehen

611ss Foto: ls

Stadt wieder einen Namen, und zwar einen, der bald in der ganzen Welt berühmt werden sollte.

1990 wurde Meißen in das Modellprojekt **Altstadtsanierung** aufgenommen. Seitdem ist die Altstadt wiedererstanden, und in die mittelalterlichen Gassen ist das Leben zurückgekehrt.

Sehenswertes

Wer mit der S-Bahn kommt, hat gleich vom rechten Elbufer den schönsten Blick auf den Burgberg. Über die **Eisenbahnbrücke** (Zugang unter der Brücke an der Straße; nicht die verkehrsüberlastete Autobrücke benutzen) gelangt man an die gegenüberliegende Uferstraße und ins Gassengewirr der Altstadt, aus dem man unfehlbar bis zum **Marktplatz** findet. Dort erklingt zu jeder vollen Stunde ein Meißner **Porzellanglockenspiel.**

Beherrschende Gebäude sind das gotische **Rathaus** (1472) mit dem achtzehn Meter hohen Dach, die gotische **Frauenkirche** (1457) und die **Renaissance-Apotheke** (1560). Sehenswert ist jedes der Bürgerhäuser, neben der Frauenkirche die historische **Weinstube** „Vinzenz Richter" und vom Markt aus jede noch so kleine Gasse. Die belebte **Burgstraße** oder die stillen **Frauenstufen** führen zum Burgplateau. Erst noch ein Blick auf die ineinandergeschachtelten Dächer der Altstadt, dann durch das Torhaus zum **Burgplatz.** An der Schmalseite dieses dreieckigen Platzes erhebt sich der hochgotische, zweitürmige **Dom,** das bedeutendste Bauwerk des Mittelalters in Sachsen. Er wurde um 1250 errichtet. Das großartige Innere mit den **Stifterfiguren** aus der Werkstatt des Naumburger Meisters kann man bei einer Führung oder bei Orgelkonzerten erleben.

Neben dem Dom steht die ab 1471 erbaute **Albrechtsburg.** Unter Leitung des wettinischen Hofarchitekten *Arnold von Westfalen* entstand die bedeutendste spätmittelalterliche Burg Deutschlands. Auftraggeber waren die Brüder *Ernst* und *Albrecht von Wettin,* die gemeinsam Thüringen und Sachsen beherrschten. Durch den Verzicht auf die in der Gotik sonst üblichen Strebepfeiler und die Verlagerung des Gewölbeschubs auf die starken Außenmauern gelang es dem Baumeister, ein spielerisch **graziles Schloss** auf den Berg zu stellen. Eine Neuerung, die von Meißen aus die spätgotische Architektur beeinflusste, waren die **Vorhangfenster,** die den Eindruck eines lichten Schlosses noch verstärkten. Die Albrechtsburg ist einer der wenigen nahezu unverfälscht erhaltenen Profanbauten aus der Spätgotik. Vollendet wurde die Burg im Geiste der aufkommenden Renaissance, unter *Jakob Heilmann von Schweinfurt.*

Das dritte Bauwerk an dieser Schmalseite ist der ehemalige **Bischofssitz.** Durch einen Torbogen

612ss Foto: ls

gelangt man in dessen Hof, mit Aussicht auf die Weinberge. An der Längsseite des Burgplatzes steht das **Kornhaus** (umgebaut 1866) mit einer Verbindungsgalerie zur Burg, gegenüber die **Domherrenhäuser** mit Amtsfronveste und Propstei.

Praktische Reisetipps

Anreise

- **S-Bahn S-1**

Info

- **Tourist-Information Meißen,** Markt 3, 01662 Meißen, Tel. (03521) 41940; Fax (03521) 419419.
- **Stadtführungen** ab Tourist-Info Apr.–Okt. tgl. 13 Uhr, Teilnahme 4 €. 2-Stunden-Führung für Gruppen bis 20 Personen 70 €.
- Informationen zu Veranstaltungen und Zimmervermittlung findet man unter **www.touristinfo-meissen.de.**

Museen

- **Albrechtsburg,** Domplatz, Tel. (03521) 470710, Fax (03521) 470711, tgl. 10–18 Uhr, letzter Einlass 17 Uhr, Eintritt: 3,50 €, im Januar geschlossen.
- **Dom,** Domplatz, Tel. (03521) 452490, Fax (03521) 453833, Apr.–Okt. 9–18 Uhr, Nov.–März 10–16 Uhr, Führung: 2 €, Orgelkonzerte 2,50 €.
- **Frauenkirche,** An der Frauenkirche 11, Tel. (03521) 453832, Mai–Okt. tgl. 10–12 und 13–16 Uhr, Eintritt frei.
- **Staatliche Porzellan-Manufaktur,** Talstraße 9, Tel. (03521) 468208; Fax (03521) 468804, Schauhalle Mai–Okt. tgl. 9–18 Uhr, Nov.–Apr. 9–17 Uhr, Eintritt Schauhalle mit Sonderausstellung und Schauwerkstatt 8,50 €.

Die Sächsische Weinstraße

Überblick

Von Diesbar-Seußlitz über Meißen, Radebeul, Dresden, Pillnitz nach Pirna führt die nur 55 Kilometer lange, 1992 eröffnete Sächsische Weinstraße. Sie durchquert wie die Elbe das mit 350 Hektar **kleinste und nordöstlichste Weinbaugebiet Deutschlands** – wenn man von Kleinstlagen an der Neiße (Kloster Marienthal) einmal absieht. Verbreitetste **Trauben** sind Müller-Thurgau, Weißburgunder und Grauburgunder. Auch Riesling, Ruländer, Traminer und Kerner reifen an der Elbe auf lößbedecktem Granitfels. Sie bringen einen trockenen Wein mit Charakter; leicht, fruchtig und sehr bekömmlich. Elbtal-**Spezialitäten** sind der Goldriesling, eine Kreuzung aus Riesling und Cartillier musque, und der Schieler, der wie ein Rosé aussieht, aber eine Mischung aus roten und weißen Trauben ist. **Spitzenlagen** sind Proschwitzer Katzensprung, Meißner Rosengründchen, Meißner Kapitelberg, Radebeuler Goldener Wagen, Pillnitzer Königlicher Weinberg.

Das Elbtal erreicht eine Jahresdurchschnittstemperatur von 9 °C und bekommt 650 Millimeter Niederschlag. Unter diesen Bedingungen ist gerade noch ein wirtschaftlicher Anbau möglich.

Die Handarbeit im kleinen Anbaugebiet fordert ihren **Preis:** Unter 8 Euro ist ein Elbtalwein nicht zu haben.

101ss Foto: ls

Die Weinstraße ist gut ausgeschildert. An den Stationen Seußlitz/Diesbar, Meißen, Radebeul, und Dresden halten täglich zweimal (einmal Hin- und einmal Rückfahrt) **Linienschiffe** der Sächsischen Dampfschifffahrt.

Diesbar-Seußlitz

Schon im 14. Jahrhundert wurden die Elbhänge in der Gegend von Diesbar und Seußlitz (auf halber Strecke zwischen Meißen und Riesa) mit Reben bepflanzt. Den beiden zusammengewachsenen Dörfern ist anzusehen, dass sie mit Rebensaft aufgewachsen sind. In den **Seußlitzer Weinstuben**

Weinlese vor dem Meißner Dom

kann man die Exkursion entlang der Weinstraße mit einem „Seußlitzer Rotling" oder einem „Schieler" beginnen, unter Kastanien, in aller Ruhe. Danach ein Spaziergang durch die Weinberge, über Steintreppen und Pfade, unterhalten auch von den Informationstafeln, die entlang der gesamten Weinstraße zu finden sind.

Das **Barockschloss Diesbar** wurde nach Plänen von *George Bähr* erbaut. Im Park stehen Figuren von *Balthasar Permoser,* heiter, wie sie nur im Weinrausch entstanden sein können. Hinter dem Schloss, das heute ein Seniorenheim ist, liegt das Naturschutzgebiet Seußlitzer Grund. Gegenüber dem Schlossberg liegt die zierliche Heinrichsburg, auch dahin kann man auf markiertem Weg laufen.

Ein sehenswertes Winzerdorf in der Nähe ist **Zadel.** Dort haben Mönche des Zisterzienserklosters Altzella mit dem Weinbau begonnen.

Meißen

Mit dem Auto ist man schnell in Meißen; aber es führt auch ein Wanderweg über Löbsal, durch den Golker Wald und Zadel in die Winzerstadt an der Albrechtsburg.

Am Weg liegt der Proschwitzer Katzensprung, zweihundert steinerne Stufen führen diesen Berg hinauf nach **Proschwitz.** Das Schloss wurde 1707 erbaut und liegt an einem englischen Park. Der „Kleine Johnson" für 2000 vermerkt unter Schloss Proschwitz: „Wiederaufgebautes fürstliches Weingut in Meißen. Spitzenklasse in den ostdeutschen Anbaugebieten, insbesondere mit trockenem Weißburgunder."

Bischof *Benno,* der Schutzheilige Münchens, soll mit dem Weinbau in Meißen begonnen haben. Das war im 11. Jahrhundert; und *Benno* wurde fast 100 Jahre alt. Am Bennoweg liegt die **Probierstube der Sächsischen Winzergenossenschaft.** Meißens berühmteste Weinstube eröffnete 1873 der Raritätensammler und Schlachtmeister *Vinzenz Richter* in einem Fachwerkhaus neben der Frauenkirche.

Bäckerei Ziegner am Fuße des Burgberges führt ein Gebäck, das eigentlich nicht zum Verspeisen gedacht war: **Meißner Fummeln.** Dieses hauchdünne, spröde Riesenbrötchen mit Luftfüllung wurde auf Geheiß des sächsischen Hofes erfunden. Jeder Kurier und Kutscher, der im Auftrag des Kurfürsten von Meißen nach Dresden unterwegs war, musste solchen zerbrechlichen Kuchen bei sich führen. Und wehe dem, der bei der Kontrolle nur Krümel vorweisen konnte. Überführt des unmäßigen Genusses Meißner Weines!

Wer länger in Meißen bleibt, sollte ins **Spaargebirge** wandern. Es ist neben dem Bocksberg (Proschwitzer Katzensprung) das zweite Anbaugebiet dieser Großlage. Von der historischen Altstadt über die Eisenbahnbrücke auf die rechte Elbseite, dann an der Elbe entlang den zumeist angenehmen, markierten Weg nach Oberspaar und hinauf ins Spaargebirge mit seinen namhaften Weinhängen. Besonders empfehlenswert der Kapitelberg. Ein Lehrpfad führt durch die Geschichte des Weinbaus in dem kleinen Gebirge. Mehrere Aussichtspunkte bieten Fernsichten auf das Elbtal.

Am Fuß des Spaargebirges liegt **Sörnewitz.** Dort wohnten früher die Winzer. Heute sind es Obstbauern. Die Sächsische Weinstraße entfernt sich nun ein Stück von der Elbe, die hier in einem weiten Tal liegt, und dieses Stück ist keine Wanderung wert. Wer nicht mit dem Auto fährt, nimmt den Bus und fährt bis Radebeul-Zitzschewig, wo der „Johannisberg" wächst.

Weinböhla hat einen vielversprechenden Namen, doch vom einst größten geschlossenen Weinbaugebiet des Meißner Landes blieb seit der Reblaus nicht viel mehr als die Erinnerung. Die wird im Peter-Keller gepflegt, einem restaurierten Weingut mit Ausschank. Dazu gehört das Heimatmuseum. Die „Laubenhöhe" ist eine Empfehlung für Feinschmecker und führt Weine aus allen deutschen Anbaugebieten.

108ss Foto: ls

Radebeul

Ein Wanderpfad klettert nun durch die **Radebeuler Weinberge.** Von der Geschichte des Anbaugebietes Lößnitz sprechen die kleinen, ockerfarbenen, in den Weinbergen verstreuten Barockpavillons, die Winzerbauten und Lustschlösser, von denen sich reizvolle Ausblicke auf das Elbtal darbieten. Einzellagen sind der Johannisberg, Steinrücken, Goldene Wagen.

Unterhalb des Jacobsteins steht das barocke Schloss **„Wackerbarths Ruh".** *Johann Christoph Knöffel* baute es 1727/31 für den sächsischen Feldmarschall und Weinkenner *Graf Wackerbarth.* Seit 1958 wird dort ein hervorragender Sekt produziert. Das Schloss ist Sitz des Sächsischen Staats-Weingutes. Dazu gehört selbstverständlich eine Probierstube. Vor dem Schloss liegt ein Park.

Ein historisches Weinlokal ist das weithin sichtbare **Spitzhaus.** Der Weg dahin, einer der schönsten an der Sächsischen Weinstraße, führt über die 365 Steinstufen der Spitzhaustreppe durch die Lage „Goldener Wagen". 1750 ließ *Matthäus Daniel Pöppelmann* diese Anlage bauen, eine Referenz

102ss Foto: ls

an das Winzerjahr. Falls jemand nachzählt: Bei einer Rekonstruktion der Treppe wurden Stufen hinzugefügt, deshalb (eine Tafel weist darauf hin) erst bei Stufe 33 beginnen. Das Lokal verwöhnt mit gepflegten Weinen und Winzerbraten.

Vom 1907 erbauten **Bismarckturm** („Turm der Jugend") kann man über das Elbtal bis in die Sächsische Schweiz schauen.

Vor der ehemals kurfürstlichen Weingutanlage **Hoflößnitz** steht eine hölzerne Weinpresse. Das **Weinbaumuseum** illustriert die Winzergeschichte der Lößnitz. Das Renaissancegebäude wurde im frühen 17. Jahrhundert als „Berg- und Lusthaus" im

Elbufer bei Sörnewitz

Sächsisches Staatsweingut in Radebeul, im Hintergrund das Belvedere

Auftrag des Kurfürsten *Johann Georg I.* erbaut. An der Decke des Festsaales sind 80 farbenprächtige Vogel-Darstellungen zu sehen. Der Maler *Albert van Eyckhout* hatte diese Tiere 1637/44 bei einer Brasilien-Exkursion kennengelernt.

Dresden

Die Weinstraße erreicht nun Dresden – wo Wein nicht angebaut, sondern getrunken wird. Weinstuben gibt es viele; hier eine kleine Auswahl derer, die sächsischen Wein führen. In den Gewölben der Brühlschen Terrasse liegt der Wettiner Keller (Hilton Hotel). Das **Bacchus** im Stadtteil Löbtau (Dresden-West) ist nicht ganz einfach zu finden, aber eine Empfehlung wert. Das **Chiaveri** auf dem Dach des Sächsischen Landtages bietet zum Wein den Postkartenblick auf Altstadt und Elbe. Im Weinkeller **Die 100** auf der Alaunstraße geht es etwas lockerer zu, preiswerter allemal.

Auch in den Loschwitzer Hängen rankten die Reben, bis 1886 die Rebläuse kamen. Das mittlere der drei Elbschlösser, **Schloss Albrechtsberg,** baute der Schinkelschüler und preußische Landbaumeister *Adolph Lohse* um 1850 im Findlaterschen Weinberg. Heute liegt dort der stadtnächste Weinberg in der Großlage Elbhänge.

Jetzt wird *Friedrich Schiller* rezitiert. In „Wallensteins Lager" lässt er die Marketenderin mit Wein kommen: „Glück zur Ankunft, ihr Herrn!" Und der Erste Jäger ruft: „Was? der Blitz! Das ist ja die **Gustel aus Blasewitz."** *Justine Segedin* hieß die Wirtstochter aus dem Gasthaus Blasewitz, und sie wird *Schiller,* der dort gern einkehrte, wohl nicht nur durch Wein angeregt haben. *„Gustel"* schaut als Skulptur von der Blasewitzer Rathausfassade am Blauen Wunder. *Gustel* heute geht in die **Villa Marie** – gleich um die Ecke. Drüben, in **Loschwitz,** steht an der Elbe der Fachwerkbau des Fährgutes. Es wurde im 17. Jahrhundert als Weingut errichtet: „Hier, wo sich Fluss und Weinbau fanden, ist dieses alte Gut entstanden." Gleich nebenan lädt das Café Clara ein.

074ss Foto: ls

Pillnitz

Über Wachwitz führt die Weinstraße, immer nahe der Elbe, nach Pillnitz. Nicht das Schloss ist bei dieser Rebenexkursion so interessant, sondern das **Dorf Pillnitz,** dessen Wappen eine Traube zeigt. Schon 1403 wurden Pillnitzer Weinberge urkundlich erwähnt. Berühmteste Einzellage ist bis heute der Königliche Weinberg. 1980 begannen Freizeitwinzer, die nach Reblausplage und Obstanbau verwilderten Weinbergterrassen aufzureben. Mitten im Wein steht die von *Pöppelmann,* von wem sonst, 1727 erbaute **Weinbergkirche.** Die Pillnitzer Winzer führen sie im Signet ihrer Genossen-

Detail am Wallpavillon des Zwinger in Dresden

schaft. Sie kümmern sich um die Erhaltung des Hauses, laden zu Weinfesten und Konzerten ein.

Oberhalb der denkmalgeschützten Weinterrassen, zwischen Steinmauer und Waldhang, liegt der Weinbergweg, der in den Leitenweg übergeht. Er führt von Pillnitz über Graupa in den Liebethaler Grund, der historische Fremdenweg in die Sächsische Schweiz (siehe Exkurs „Mit den Romantikern auf der Malerstraße").

Die Winzergenossenschaft hat hier einen **Lehrpfad** angelegt, der nicht nur informativ ist: An Aussichtspunkten stehen Tische und Bänke; man kann in Ruhe sein Glas füllen und zuschauen, wie in der Sonne der neue Jahrgang gedeiht.

Wächterhäuschen markieren die besten Aussichtspunkte – aus praktischen Gründen, dienten sie den Wächtern des Weinberges doch als Unterkünfte. Drei von ehemals vier Pavillons werden noch von den Winzern genutzt.

Es gibt in Pillnitz mehrere Gaststätten, die sächsische Weine führen. Die äußerlich attraktive Weinbergschänke, ein Fachwerkbau in der Ortsmitte, erweist sich drinnen leider als etwas plüschig.

Pirna

Letzte Station der Sächsischen Weinstraße ist Pirna. Rechts der Elbe sind die alten Weinterrassen noch erkennbar. Am südlichsten Weinberg des Elbtals wird von einem Hobbywinzer die Pirnaer Weinbautradition weitergeführt, für den Eigenbedarf.

Praktische Reisetipps

Info

- **Regionaler Fremdenverkehrsverband „Sächsisches Elbland",** Niederauer Str. 26, 01662 Meißen, Tel. (03521) 76350, www.saechsisches-elbland.de.
- **Fremdenverkehrsbüro Diesbar-Seußlitz,** An der Weinstraße 29, 01612 Diesbar-Seußlitz, Tel. (035267) 50225.
- **Fremdenverkehrsbüro Weinböhla,** Rathausplatz 2, 01689 Weinböhla, Tel. (035243) 32241.
- **Tourist-Information Coswig,** Hauptstraße 20, 01640 Coswig, Tel. (03523) 66751.

- **Fremdenverkehrsbüros** in Meißen, Dresden, Radebeul, Pirna siehe unter den Ortsbeschreibungen.

Gastronomie

- **Sächsische Winzergenossenschaft Meißen,** Bennoweg 8, Tel. (03521) 732676, Weinproben mit Kellerführung; Weinbergsführung, Direktverkauf.
- **Schloss Wackerbarth,** Radebeul, Tel. (0351) 89550, Fax (0351) 74651, Führungen, Wein- und Sektproben, Verkauf tgl. 10–18 Uhr.
- **Vinzenz Richter**€€, An der Frauenkirche 12, Meißen, Tel. (03521) 453285, Di–Fr 16–23 Uhr, Sa 12–24 Uhr, So 12–17 Uhr. Stimmungsvolle Weinschänke mit Innenhof, Raritätensammlung und Folterkammer.
- **Laubenhöhe**€€, Köhlerstraße 77, Weinböhla, Tel. (035243) 36183, Di–So 12–15 Uhr und 18–24 Uhr, Gourmet-Küche, Wein aus allen deutschen Anbaugebieten.
- **Wettiner Keller**€€, Terrassengasse, Dresden, Tel. (0351) 8642860, Di–Sa 18–24 Uhr, in einem Gewölbe der Brühlschen Terrasse.
- **Bacchus**€€, Clara-Zetkin-Straße 15, Dresden, Tel. (0351) 4214069, tgl. ab 18 Uhr, sehr gutes Essen.
- **Chiaveri**€€, Holländische Straße 2, Dresden, Tel. (0351) 4960399, tgl. ab 11 Uhr. Kühle Atmosphäre, Blick auf die Altstadt.
- **Die 100**€, Alaunstraße 100, Dresden, Tel. (0351) 8013957, tgl. ab 17 Uhr, wunderbar verwinkeltes Gewölbe, Garten, Szenetreff, auch Selbstbedienung.

Museum

- **Museum für Weinbau und Lebenskultur,** Knohllweg 37, Hoflößnitz, Tel./Fax (0351) 8398344, Di–Fr 14–17 Uhr, Sa 10–17 Uhr. Schoppenstube: Mi–Fr 16–20 Uhr, Sa/So 14–20 Uhr, historisches Weingut, Museum für Anbau und Kultur des Weines, Sonderausstellungen, Weinverkostung, So ab 15 Uhr Spaziergänge auf Winzerpfaden rund um das Museum, veranstaltet vom Fremdenverkehrsamt Radebeul, Anreise mit S-Bahn: Bhf. Radebeul-Weintraube.

Moritzburg

Überblick

15 Kilometer nordwestlich von Dresden liegt Moritzburg inmitten einer sanft hügeligen Wald- und Teichlandschaft. Das **Barockschloss** ließ sich Herzog *Moritz* 1542-46 von *Hans Dehn-Rothfelser* auf der Landzunge eines Teiches errichten. Es war einer der ersten Renaissance-Bauten Sachsens, 1723-26 wurde es unter Leitung von *Matthäus Da-*

niel Pöppelmann für *August den Starken* umgebaut, mit vier Prunksälen und über 200 Zimmern.

Bedeutende Künstler und Architekten wie *Johann Christoph Knöffel, Benjamin Thomae* und *Louis de Silvestre* formten dieses in den Farben des sächsischen Barock, weiß und ocker, leuchtende Schloss. Seit 1947 zeigt das **Barockmuseum** Porzellan, Möbel, Gemälde, Kutschen und eine einzigartige Trophäensammlung.

1730 wurde der französische **Park** angelegt. Auf dem **Schlossteich** zelebrierte der sächsische Hof theatralische Seeschlachten. 34 weitere Teiche blinken in der nahen Umgebung. An einem steht sogar ein **Leuchtturm,** erbaut mit dem zweigeschossigen **Fasanenschlösschen** in der Zeit des Rokoko.

Im Sommer 1907 zogen die jungen Maler der Künstlervereinigung **„Brücke"** mit ihren Modellen in die Moritzburger Teichlandschaft.

Im barocken **Rüdenhof** lebte die Grafikerin **Käthe Kollwitz** von Juli 1944 bis zu ihrem Tod am 22. April 1945. Zu ihrem 50. Todestag wurde eine Gedenkstätte mit Galerie eingerichtet (siehe Exkurs „Käthe Kollwitz im Rüdenhof").

Die einheimische Tierwelt in freier Natur kann man im **Wildgehege** an der Straße nach Radeburg beobachten. Zur Zeit *Augusts des Starken* wurde es als „Menagerie aller seltenen Arten von Hochwild" eingerichtet.

Sechs **Badeteiche** gibt es im Moritzburger Wald, darunter den Oberen Waldteich für FKK.

Schloss Moritzburg und Umgebung waren einer der Drehorte des seit 30 Jahren erfolgreichen Märchenfilms „Drei Haselnüsse für Aschenbrödel" (DDR/CSSR 1973). Der Film entstand nach der literarischen Vorlage der tschechischen Nationaldichterin *Božena Nemcová.*

Schloss Moritzburg

103ss Foto: ls

Praktische Reisetipps

Anreise

- **Regionalbus**
- Die **Dampfbetriebene Schmalspurbahn „Lößnitzdackel“,** verkehrt über 16,55 Kilometer zwischen Radebeul-Ost und Radeburg durch Moritzburg und die Teichlandschaft, seit 1884. Fahrzeit von Radebeul-Ost nach Moritzburg 30 Minuten, nach Radeburg (Geburtsstadt *Heinrich Zilles,* Ausstellung im Heimatmuseum) 56 Minuten. Fahrradverleih am Bahnhof Moritzburg.

Info

- **Touristinformation,** Schlossallee 3, 01468 Moritzburg, Tel. (035207) 8540.

Gastronomie

- **Adams Gasthof€€,** Markt 9, Tel. (035207) 99775, tgl. 11–23 Uhr, Wild im ältesten Moritzburger Gasthof, mit Garten.
- **Räuberhütte€€,** Alte Dresdner Straße 2, Tel. (035207) 81292, tgl. 18–24 Uhr, Wochenende ab 12 Uhr, der Name sagt alles, mitten im Wald, Räubermusik live.
- **Restaurant im Schloss€€,** Tel. (035207) 81482, tgl. ab 10 Uhr.
- **Waldschänke€€,** Fasanenstraße, Tel. (035207) 81489, tgl. 11.30–22.30 Uhr, Wild im Wald, dazu Wein aus Sachsen, an den Wänden hängen Ledertapeten aus dem 17. Jahrhundert.

Käthe Kollwitz im Rüdenhof

Das barocke Schloss mit seinen kurzen, trutzigen Türmen zittert leise. Wellen kräuseln sein Spiegelbild. Wie ein Klecks, mitten im Teich, hält sich eine Insel. Eine Baumgruppe verbirgt den Pavillon auf dem Wasser, als ob er allein für dieses Schwanenpaar errichtet worden wäre. Drüben, auf der Schlosspromenade, ergehen sich Touristen in wettinischer Historie.

Am geöffneten Fenster des „Rüdenhofes" hatte auch die Künstlerin dieses Bild vor Augen. Die kleine Insel, das Wasser, die Wolken beschrieb sie in ihrem Tagebuch. Am 22. April 1945 starb *Käthe Kollwitz* im Moritzburger Rüdenhof. Im Juli darauf wollte die „Deutsche Volkszeitung" noch zum Geburtstag gratulieren: „Wir drücken der Künstlerin die Hand."

Käthe Kollwitz, schwerkrank und von den Nazis verfemt, war im Juli 1944 vom kunstsinnigen Prinzen *Ernst Heinrich von Sachsen* aus dem von Bombardements bedrohten Nordhausen nach Moritzburg geholt und in den „Rüdenhof" einquartiert worden. Dort lebte sie zurückgezogen, halb erblindet, verzweifelt wartend auf den Tod. Schon im Dezember 1942 hatte sie dem Tagebuch anvertraut: *„Tot sein, o ja, das ist mir oft ein guter Gedanke."* 1940 war ihr Ehemann *Karl* gestorben, im September 1942 Enkel *Peter* in Russland gefallen. Am 23. November 1943 ging die Berliner Wohnung bei einem Bombardement in Flammen auf, mit Bildern und Druckstöcken, drei Monate nachdem die *Kollwitz* von der befreundeten Bildhauerin *Margarete Böning* in die Nordhausener Zuflucht geholt worden war.

Das Barockmuseum im Schloss Moritzburg richtete 1950 eine kleine Gedenkausstellung für *Käthe Kollwitz* ein. Der Rüdenhof selbst war seit dem Ende des Krieges über die zentrale „Wohnraumlenkung" vermietet worden, obwohl es einen Beschluss der Landesverwaltung Sachsen gab, dort eine Gedenkstätte einzurichten. Es blieb bei einer unscheinbaren Erinnerungstafel.

Ein „Freundeskreis Käthe Kollwitz", legitimiert unter dem Dach des Kulturbundes, bemühte sich ab 1985 um Räume im Rüdenhof. Am 5. August 1990 wurde eine provisorische Gedenkstätte eröffnet.

1994 begannen Bauarbeiten an dem Gutshof, wo im 18. Jahrhundert die kurfürstlichen Jagdhunde scharfgemacht worden waren. Zum 50. Todestag von Käthe Kollwitz, am 22. April 1995, wurde im einzigen erhaltenen Wohnhaus der Künstlerin eine **Gedenkstätte** eröffnet. Dort werden Zeugnisse ihrer Moritzburger Jahre und wechselnde Ausstellungen gegenwärtiger Kunst gezeigt, vor allem aber die Grafiken der *Kollwitz,* über die 1927 *Gerhart Hauptmann* notierte: „Ihre schweigenden Linien dringen ins Mark wie ein Schmerzensschrei."

104ss Foto: ls

Museen

- **Barockschloss,** Tel. (035207) 81439, Apr.–Okt. tgl. 10–17.30 Uhr, Nov.–März Di–So 10–16 Uhr stündliche Rundgänge, im Januar und Februar ist nur an den Wochenenden geöffnet.
- **Käthe-Kollwitz-Gedenkstätte,** Rüdenhof, Meißner Str. 7, Moritzburg, Tel. (035207) 82818, geöffnet Apr.–Okt. Sa/So 10–17 Uhr, Di–Fr 11–17 Uhr.

Wildgehege

- März–Sept. tgl. 10–18 Uhr, Okt.–Febr. tgl. 9–16 Uhr, Wildfütterung tgl. 15 Uhr.

Kapelle von Schloss Moritzburg

128ss Foto: ls

Anhang

Literaturhinweise

Historische Reiseliteratur

- *Dietrich, Ewald Victorin:* **Führer durch die Sächsische Schweiz und in das Riesengebirge,** Meißen 1835.
- *Fehrmann, Rudolf:* **Der Bergsteiger im Sächsischen Elbsandsteingebirge,** Dresden 1923.
- *Götzinger, Wilhelm Lebrecht:* **Rundgesang in der prächtigen Kuhstall-Höhle der sog. Sächsischen Schweiz zu singen/mit einigen erklärenden Anmerkungen in Druck gegeben von Wilhelm Leberecht Götzinger,** Bautzen 1802.
- *Hofmann, Carl Julius:* **Das Meißner Hochland oder die sächsische Schweiz,** Lohmen 1842 (historischer Exkurs).
- *Körner, Theodor:* **Die Reise nach Schandau,** in: Theodor Körners Sämtliche Werke, Berlin, Nicolaische Buchhandlung 1835.
- *Meiche, Alfred:* **Die Burgen und vorgeschichtlichen Wohnstätten der Sächsischen Schweiz,** Dresden 1907.
- *Meiche, Alfred:* **Slawische Reste und deutsche Anfänge in der Sächsischen Schweiz,** Dresden 1911.
- *Schäfer, Theodor:* **Meinholds Führer durch die Sächsische Schweiz und die angrenzenden Gebiete,** Dresden 1910.

Reprints

- *Andersen, Hans Christian:* **Reise von Leipzig nach Dresden und in die Sächsische Schweiz.** Mit siebzehn Bildern von Carl August und Adrian Ludwig Richter, Text nach: Andersens Gesammelte Werke, 17. Band, Leipzig 1847, Dresden, Hellerau-Verlag 1991.
- *Götzinger, Wilhelm Leberecht:* **Schandau und seine Umgebungen oder Beschreibung der Sächsischen Schweiz,** Reprint der 2. Aufl. Dresden 1812, Leipziger Zentralantiquariat 1973, Verlag der Kunst, Dresden 1991.
- *Nicolai, Carl Heinrich:* **Wegweiser durch die Sächsische Schweiz,** Reprint der 1. Auflage Pirna 1801, Hellerau-Verlag, Dresden 2005.
- *Thal, Ferdinand:* **Neuester kurzgefasster und doch vollständiger Wegweiser durch die Sächsische Schweiz,** Dresden 1855, Fliegenkopf Verlag, Halle 1999.
- **Zur Geschichte des sächsischen Felsenkletterns.** Illustrierte historische Beiträge, Reprint aus den Originalausgaben 1925, 1922, 1908, Vorwort von Bernd Arnold, Leipziger Reprintverlag im Zentralantiquariat 1991.

S. 366/367: Die drei Elbschlösser

Sprachführer

- *Bendixen, Eva-Maria* und *Werner, Klaus:* **Sächsisch – das wahre Deutsch,** aus der Reihe Kauderwelsch, REISE KNOW-HOW Verlag, Bielefeld.

Wander- und Kletterführer

- **Wanderführer Elbsandsteingebirge – Nationalpark Sächsische Schweiz – Böhmische Schweiz,** Kompass-Wanderkarte mit Kurzführer und Radrouten im Maßstab 1:30.000.
- *Brichzin, Hans:* **Wandern in der Sächsischen Schweiz,** 35 Wanderungen mit Karten und Höhenprofilen.

Kulturgeschichte

- *Quinger, Heinz:* **Pirna.** Kunstgeschichtliche Würdigung einer Stadt, Verlag der Kunst, Dresden 1993.
- *Sarfert, Hans-Jürgen:* **Hellerau. Die Gartenstadt und Künstlerkolonie,** Hellerau-Verlag Dresden 1999.
- *Gretzschel, Mathias und Werner, Winfried (Hrsg.):* **Reise Textbuch Dresden.** Ein literarischer Begleiter auf den Wegen durch die Stadt, dtv, München 1990.
- *Fellmann, Walter:* **Sachsen.** Kunst-Reiseführer, DuMont Buchverlag Köln 2006.
- *Griebel, Mathias (Hrsg.):* **August Kotzsch 1836–1910. Photograph in Loschwitz bei Dresden,** Verlag der Kunst, Dresden 1986.
- *Lerm, Matthias:* **Abschied vom alten Dresden. Verluste historischer Bausubstanz nach 1945,** Forum-Verlag Leipzig 2001.
- *Löffler, Fritz:* **Das alte Dresden,** der Klassiker unter den Dresden-Büchern, kulturhist. Bestandsaufnahme der Stadt vor ihrer Zerstörung, Seemann Verlag, 2002.
- *Carus, Carl Gustav:* **Lebenserinnerungen und Denkwürdigkeiten,** Ein Leben in Dresden im 19. Jh. Kiepenheuer Verlag, Weimar 1966.
- *Borchert, Christian, Milde, Kurt und Czechowski, Heinz:* **Semperoper Dresden,** Bilder einer Baulandschaft, Verlag der Kunst, Dresden 1987.
- *Borchert, Christian:* **Zeitreise,** Dresden 1954–1995. Bilder einer Stadt, Verlag der Kunst Dresden 1996.
- *Förster, Wieland:* **Labyrinth,** 34 Zeichnungen 1974–85 sowie Notizen über die Entstehung eines Zyklus, Verlag Volk und Welt, Berlin 1988.
- *Sprenger, Lothar und Delau, Reinhard.* **Schmidts Erben. Die Deutschen Werkstätten Hellerau.** Verlag der Kunst, Dresden

Langfristige Sommerferienregelung

Bundesland	2010	2011
Baden-Württemberg	29.7.–10.9.	28.7.–10.9.
Bayern	2.8.–13.9.	30.7.–12.9.
Berlin	7.7.–21.8.	30.6.–12.8.
Brandenburg	8.7.–21.8.	30.6.–13.8.
Bremen	24.6.–4.8.	7.7.–17.8.
Hamburg	8.7.–18.8.	30.6.–10.8.
Hessen	5.7.–14.8.	27.6.–5.8.
Mecklenburg-Vorpommern	12.7.–21.8.	4.7.–13.8.
Niedersachsen	24.6.–4.8.	7.7.–17.8.
Nordrhein-Westfalen	15.7.–27.8.	25.7.–6.9.
Rheinland-Pfalz	5.7.–13.8.	27.6.–5.8.
Saarland	5.7.–14.8.	24.6.–5.8.
Sachsen	28.6.–6.8.	11.7.–19.8.
Sachsen-Anhalt	24.6.–4.8.	11.7.–24.8.
Schleswig-Holstein	12.7.–21.8.	4.7.–13.8.
Thüringen	24.6.–4.8.	11.7.–19.8.

Bundesland	2012	2013
Baden-Württemberg	26.7.–8.9.	25.7.–7.9.
Bayern	1.8.–12.9.	31.7.–11.9.
Berlin	21.6.–3.8.	20.6.–2.8.
Brandenburg	21.6.–4.8.	20.6.–3.8.
Bremen	23.7.–31.8.	27.6.–7.8.
Hamburg	21.6.–1.8.	20.6.–31.7.
Hessen	2.7.–10.8.	8.7.–16.8.
Mecklenburg-Vorpommern	23.6.–4.8.	22.6.–3.8.
Niedersachsen	23.7.–31.8.	27.6.–7.8.
Nordrhein-Westfalen	9.7.–21.8.	22.7.–3.9.
Rheinland-Pfalz	2.7.–10.8.	8.7.–16.8.
Saarland	2.7.–14.8.	8.7.–16.8.
Sachsen	23.7.–31.8.	15.7.–23.8.
Sachsen-Anhalt	23.7.–5.9.	15.7.–28.8.
Schleswig-Holstein	25.6.–4.8.	24.6.–3.8.
Thüringen	23.7.–31.8.	15.7.–23.8.

HILFE!

Dieses Reisehandbuch ist gespickt mit unzähligen Adressen, Preisen, Tipps und Infos. Nur vor Ort kann überprüft werden, was noch stimmt, was sich verändert hat, ob Preise gestiegen oder gefallen sind, ob ein Hotel, ein Restaurant immer noch empfehlenswert ist oder nicht mehr, ob ein Ziel noch oder jetzt erreichbar ist, ob es eine lohnende Alternative gibt usw.

Unsere Autoren sind zwar stetig unterwegs und versuchen, alle zwei Jahre eine komplette Aktualisierung zu erstellen, aber auf die Mithilfe von Reisenden können sie nicht verzichten.

Darum: Schreiben Sie uns, was sich geändert hat, was besser sein könnte, was gestrichen bzw. ergänzt werden soll. Nur so bleibt dieses Buch immer aktuell und zuverlässig. Wenn sich die Infos direkt auf das Buch beziehen, würde die Seitenangabe uns die Arbeit sehr erleichtern. Gut verwertbare Informationen belohnt der Verlag mit einem Sprechführer Ihrer Wahl aus der über 220 Bände umfassenden Reihe „Kauderwelsch" (siehe unten).

Bitte schreiben Sie an: Reise Know-How Verlag Peter Rump GmbH, Postfach 140666, D-33626 Bielefeld, E-mail: info@reise-know-how.de

Danke!

Kauderwelsch-Sprechführer – sprechen und verstehen rund um den Globus

Afrikaans • Albanisch • Amerikanisch – *American Slang, More American Slang,* Amerikanisch oder Britisch? • Amharisch • Arabisch – Hocharabisch, für Ägypten, Algerien, Golfstaaten, Irak, Jemen, Marokko, • Palästina & Syrien, Sudan, Tunesien • Armenisch • *Bairisch* • Balinesisch • Baskisch • Bengali • *Berlinerisch* • Brasilianisch • Bulgarisch • Burmesisch • Cebuano • Chinesisch – Hochchinesisch, kulinarisch • Dänisch • Deutsch – *Allemand, Almanca, Duits, German, Nemjetzkii, Tedesco* • *Elsässisch* • Englisch – *British Slang, Australian Slang, Canadian Slang, Neuseeland Slang,* für Australien, für Indien • Färöisch • Esperanto • Estnisch • Finnisch • Französisch – für Restaurant & Supermarkt, für den Senegal, für Tunesien, *Französisch Slang, Franko-Kanadisch* • Galicisch • Georgisch • Griechisch • Guarani • Gujarati • Hausa • Hebräisch • Hieroglyphisch • Hindi • Indonesisch • Irisch-Gälisch • Isländisch • Italienisch – *Italienisch Slang,* für Opernfans, kulinarisch • Japanisch • Javanisch • Jiddisch • Kantonesisch • Kasachisch • Katalanisch • Khmer • Kirgisisch • Kisuaheli • Kinyarwanda • *Kölsch* • Koreanisch • Kreol für Trinidad & Tobago • Kroatisch • Kurdisch • Laotisch • Lettisch • Lëtzebuergesch • Lingala • Litauisch • Madagassisch • Mazedonisch • Malaiisch • Mallorquinisch • Maltesisch • Mandinka • Marathi • Mongolisch • Nepali • Niederländisch – *Niederländisch Slang,* Flämisch • Norwegisch • Paschto • Patois • Persisch • Pidgin-English • *Plattdüütsch* • Polnisch • Portugiesisch • Punjabi • Quechua • *Ruhrdeutsch* • Rumänisch • Russisch • *Sächsisch* • *Schwäbisch* • Schwedisch • *Schwiizertüütsch* • *Scots* • Serbisch • Singhalesisch • Sizilianisch • Slowakisch • Slowenisch • Spanisch – *Spanisch Slang,* für Lateinamerika, für Argentinien, Chile, Costa Rica, Cuba, Dominikanische Republik, Ecuador, Guatemala, Honduras, Mexiko, Nicaragua, Panama, Peru, Venezuela, kulinarisch • Tadschikisch • Tagalog • Tamil • Tatarisch • Thai • Tibetisch • Tschechisch • Türkisch • Twi • Ukrainisch • Ungarisch • Urdu • Usbekisch • Vietnamesisch • Walisisch • Weißrussisch • *Wienerisch* • Wolof • Xhosa

Register

Der Autor

Detlef Krell, Jahrgang 1958, lebt in Dresden. Er ist Inhaber des Neisse Verlages und Mitherausgeber und Redakteur der deutsch-polnischen Vierteljahreszeitschrift „Silesia Nova" (www.neisseverlag.de). Dresden und die Sächsische Schweiz sind ihm seit der Kindheit vertraut.

Lothar Sprenger, Jahrgang 1959, Diplomfotograf, lebt in Dresden als freier Fotograf.